아! 그렇구나

우리 역사

❷

고조선 · 부여 · 삼한

* * *

이 책에 관해 궁금한 점이 생기면 송호정 선생님께 이메일로 문의하세요.

이메일 주소 : hjsong@knue.ac.kr

* * *

아! 그렇구나

우리 역사

❷ 고조선 · 부여 · 삼한

2002년 11월 11일   1판 1쇄 펴냄
2005년 7월 15일 개정판 1쇄 펴냄
2010년 2월 10일 개정판 5쇄 펴냄

글쓴이 · 송호정
그린이 · 민문옥
펴낸이 · 조영준

기획 · 조영준
책임 편집 · 최영옥 | 디자인 · 홍수진

출력 · (주)한국커뮤니케이션 | 종이 · 대림지업 |
인쇄 · 천일문화사 | 라미네이팅 · 상신 | 제책 · 대신문화사

펴낸곳 · 여유당출판사 | 출판등록 · 395-2004-00068
주소 · 서울시 마포구 서교동 451-48 2층
전화 · 02-326-2345 | 팩스 · 02-326-2335
이메일 · yybooks@hanmail.net

ISBN 89-955552-2-X 44910
ISBN 89-955552-0-3 (전15권)

아! 그렇구나

우리 역사

❷

고조선 · 부여 · 삼한

글 · 송호정 | 그림 · 민문옥

여유당

아! 그렇구나 우리 역사 개정판을 펴내며

　많은 사람들의 관심과 함께 시작한 《아! 그렇구나 우리 역사》는 이 일 저 일 어려운 과정을 거친 끝에 여유당출판사에서 첫 권부터 모두 출간하게 되었습니다. 이 시리즈를 손수 준비하고 책을 펴낸 기획 편집자 입장에서 완간 자체가 만만치 않다는 사실을 몰랐던 바 아니지만, 대대로 이어 온 우리 역사가 수없이 많은 가시밭길을 걸어온 것처럼 한 권 한 권 책을 낼 때마다 극심한 긴장과 고비를 피할 수는 없었습니다. 이 시리즈의 출간 준비에서부터 5권 신라·가야 편이 세상에 나오기까지 4년이 걸렸고, 이후 1년 반이 지나서야 6권, 7권, 8권이 뒤를 이었습니다. 그리고 이제 1~5권까지 고래실에서 여유당출판사로 판권을 옮겨 개정판을 펴내게 되었습니다. 개정판에서는 편집 체제를 부분 부분 바꾸고 부족했던 내용을 보충하면서 읽기에 더욱 편안한 문장으로 다듬었습니다. 독자들과의 약속대로라면 완간해야 할 시점인데, 이제야 절반에 다다랐으니 아직도 그만큼의 어려움이 남은 셈입니다. 먼저 독자들에게 미안한 일이고, 가능한 한 빨리 완간을 하는 게 그나마 미안함을 덜 수 있는 최선이라고 생각합니다.

　여유당 출판사에서는 이 시리즈를 처음 계획했던 총 17권을 15권으로 다시 조정했습니다. 11권 조선 시대 이후 근현대사가 다소 많은 비중을 차지한다는 집필진들의 생각에 따라, 12권 개항기와 13권 대한제국기를 한 권으로 줄였고, 마찬가지로 14, 15권 일제 강점기를 한 권으로 모았습니다. 물론 집필진은 이전과 같습니다.

　1권 원시 시대를 출간할 때만 해도 어린이·청소년층에 맞는 역사 관련 책을 찾기가 쉽지 않더니 지금은 몇몇 출판사에서 이미 출간했거나 장르별, 연령별로 준비하는 실정입니다. 이런 상황에서 《아! 그렇구나 우리 역사》 시리즈가 독자들뿐만 아니라 다양한 계층의 관계자들에게 소중한 자료로 자리매김했다는 사실에 필자들이나 기획자로서 보람을 느낍니다. 어린이·청소년 출판이 가야 할 길이 아직 멀고 멀지만 번역서나 창작 동화를 앞다투어 쏟아 내던 이전의 풍경에 비하면 아주 반가운 현상이라 하겠습니다.

　더불어 2004년은 중국의 동북 공정 문제로 우리 역사를 진지하게 바라볼 수 있는 한 해

4

가 되었습니다. 우리 역사를 어설프게 이해하고 우리 역사에 당당한 자신감을 갖지 못할 때 고구려 역사도 발해 역사도, 그리고 동해 끝 섬 독도까지도 중국과 일본의 틈바구니에서 부대낄 것은 뻔한 사실입니다. 특히 21세기를 이끌어 갈 10대 청소년들의 올바른 역사 인식은 민족의 운명을 가늠하는 발판임이 분명합니다.

학창 시절 대다수에게 그저 사건과 연대, 그리고 해당 시대의 영웅을 잘 외우면 그뿐이었던 잘못된 역사 인식을 꿈 많은 10대들에게 그대로 물려줄 수는 없습니다. 우리 역사는 한낱 조상들이 남긴 흔적이 아니라 개인에게는 자신의 가치관을 여물게 하는 귀중한 텃밭이요, 우리에게는 세계 무대에서 한국인이라는 자신감을 갖고 당당히 어깨를 겨루게 할 핏줄 같은 유산임을 잊지 말아야 합니다.

그런데 아직도 우리에게는 10대 청소년이 읽을 만한 역사책이 빈약합니다. 이제 전문가가 직접 쓴 책도 더러 눈에 띄지만 초·중학생 연령층이 쉽게 접할 수 있는 책은 여전히 많지 않습니다. 그나마 고등학생 나잇대의 청소년이 읽을 만한 역사물도 사실은 성인을 주 대상으로 만들어졌을 뿐입니다. 그만큼 내용과 문장의 난이도가 높거나 압축·생략이 많아 청소년들이 당시 역사의 과정을 제대로 이해하면서 읽어 나가기 어려운 게 현실입니다.

따라서 10대의 눈높이에 맞춰 역사를 서술하고, 역사의 의미를 제대로 이해할 수 있게 관점을 제시하며, 역사 이해의 근거로서 봐야 할 풍부한 유적·유물 자료, 상상력을 도와주는 바람직한 삽화, 게다가 청소년이 읽기에 적절한 활자 크기와 종이 질감 등을 고민한 책이 반드시 필요했습니다. 자신의 세계관과 올바른 역사관을 다질 수 있는 이 시리즈는 '전문 역사학자가 처음으로 쓴 10대 전반의 어린이·청소년을 위한 한국 통사'라는 데 의미가 크다고 하겠습니다. 이 시리즈는 이렇게 만들었습니다.

첫째, 이 책은 전문 역사학자들이 소신 있게 들려 주는 우리 조상들의 삶 이야기입니다.

원시 시대부터 해방 후 1987년 6월 항쟁까지를 15권에 아우르는 《아! 그렇구나 우리 역사》는 한 권 한 권, 해당 시대의 역사를 연구해 온 선생님이 직접 쓰셨습니다. 고구려 역사를 오래 공부한 선생님이 고구려 편을 쓰셨고, 조선의 역사를 연구하는 선생님이 조선 시대 편을 쓰셨습니다.

둘째, 초등학교 고학년과 중학생 연령층의 10대 어린이·청소년을 위해 만들었습니다.
지금까지 초등학교 저학년 어린이를 위한 위인전이나 동화 형식의 역사물은 여럿 있었고, 또 고등학생을 대상으로 펴낸 생활사, 왕조사 책도 눈에 띕니다. 하지만 위인전이나 동화 수준에서는 벗어나고, 고등학생의 독서 수준에는 아직 미치지 못하는 단계에 필요한 징검다리 책은 찾아볼 수 없었습니다. 《아! 그렇구나 우리 역사》는 초등학교 5·6학년과 중학생 연령층의 청소년에게 바로 이러한 징검다리가 될 것입니다.

셋째, 각 시대를 살았던 일반 백성의 생활을 구체적으로 생생하게 묘사했습니다.
그 동안 어린이·청소년을 위한 역사책이 대부분 영웅이나 사건 중심으로 이야기를 풀어 나갔다면, 이 시리즈는 과거 조상들의 생활에 중심을 두고 시대에 따른 정치·경제·사회·문화의 변화를 당시의 국제 정세와 함께 이해할 수 있도록 꾸몄습니다. 이 책을 읽으면서 독자 여러분은 당시 사람들의 생활 세계를 머릿속에 그려 나갈 수 있을 것입니다.

넷째, 최근 연구 성과에 따른 글쓴이의 목소리에도 힘을 주었습니다.
이미 교과서에 결론이 내려진 문제라 할지라도, 글쓴이의 견해에 따라 당시 상황의 발단과 과정에 확대경을 대고 결론을 달리 생각해 보거나 논쟁할 수 있도록 주제를 끌어냈습니다. 이는 곧 암기식 역사 교육의 틀을 깨고, 독자 한 사람 한 사람이 다양한 각도에서 역사의 비밀을 푸는 주인공이 되도록 유도하려 함입니다. 이는 역사적 사실과 인물을 통해 자신의 현재와 미래를 통합적인 시각으로 내다보게 하는 장치이며, 여기에 바로 이 시리즈를 출간하는 의도가 있습니다.

다섯째, 전문적인 내용일수록 이해하기 쉽게 풀어 쓰려고 노력했습니다.

주제마다 독자의 상상력만으로 해결되지 않는 부분은 권마다 200여 장에 이르는 유적·유물 자료 사진과 학계의 고증을 거친 그림을 통해 충분히 이해할 수 있도록 했습니다. 또한 중간중간 독자 여러분이 좀더 깊이 있게 알았으면 하는 주제는 네모 상자 안에 자세히 정리해 정보의 극대화를 꾀했습니다.

이 책을 위해 젊은 역사학자 9명이 힘을 합쳐 독자와 함께 호흡하는 한국사, 재미있는 한국사를 쓰려고 노력했습니다. 그러나 역사란 너무나 많은 것을 품고 있기에, 집필진 모두는 한국 역사를 쉽게 풀어서 새롭게 쓴다는 것 자체가 매우 어려운 일임을 절감했습니다. 더구나 청소년의 정서에 맞추어 우리 역사 전체를 꿰뚫는 책을 쓴다는 것은 박사 학위 논문을 완성하는 것 못지않게 힘든 과정이었습니다. 거기에 한 문장 한 단어마다 꼼꼼한 교열 교정을 거듭했습니다.

이 시리즈는 단순히 10대 어린이·청소년만을 위한 책이 아닙니다. 우리 역사를 소홀히 여겼던 어른이 있다면, 이 책을 함께 읽으면서 새로운 양식을 얻을 수 있으리라 생각합니다. 나아가 이 시리즈는 온 가족이 함께 읽는 데 큰 어려움이 없게 공을 들였습니다.

아직 미흡한 점이 많으나, 이 시리즈를 통해 여러분이 우리 역사를 올바로 이해하고 자신만의 세상을 더불어 열어 나가는 데 도움이 되기를 바랍니다.

2005년 7월
집필진과 편집진

| 차 례 |

밭
마을 근교에 밭을 개간했다.

돌널 무덤 만드는 곳

타작 마당
마을 사람들이 모여 같이 일하
거나 놀이를 즐기는 곳

청동기 대장간

민무늬 토기 공방
부여 송국리의 청동기 시대 유적에서는 이와 같은
땅굴 가마가 발견되지 않았지만, 청동기 시대 후기
에 가면 땅굴에 토기를 넣고 굽기 시작했다.

논
저습지에 논을 개간했다.

부여 송국리의 청동기 시대 마을

울타리
마을을 지키는 담

망루
외부의 침입을 경계하기
위해 망을 보는 곳

일러두기

1. 연대를 표기할 때는 지금 우리 나라에서 공통으로 사용하는 서력 기원(서기)에 따랐다. 따라서 본문에 '서기전 1500년'이라 쓴 연대는 서력 기원 전 1500년을 의미한다. 흔히 쓰이는 '기원전'이라는 말을 피하고 '서기전'이라 한 것은, 기원전이란 말 자체가 '서력 기원 전'의 준말이기도 하거니와, 단군 기원인지 로마 건국 기원인지 예수 탄생 기원인지 분명하게 드러나지 않는 '기원전'보다 서기전이라는 말이 그 본디 의미를 더 잘 전달한다고 보기 때문이다.

2. 외국의 인명과 지명은 기본적으로 외래어 표기법을 따랐다. 다만 중국 지명인 경우, 먼저 중국어 발음에 근거하여 외래어 표기법에 따라 쓴 다음 괄호 ( ) 안에 한자와 우리 말 한자 발음을 같이 적었다. 중국어 발음을 확인하기 어려운 마을 이름은 우리 말 한자 발음으로 적었다. 그리고 훈장 강(渾江)은 '훈 강'으로 썼다.

3. 시대 구분과 역사 용어는 기본적으로 국사편찬위원회의 분류에 따랐으나, 역사를 서술하는 흐름에 맞춰 다른 견해를 채택한 경우도 있다. 예를 들어 국사편찬위원회에서는 구석기·신석기 시대와 청동기 시대를 아울러 역사책에 기록되기 이전의 시대라는 뜻으로 '선사 시대'라고 하나, 《아! 그렇구나 우리 역사》에서는 청동기 시대에 지배 계급과 고대 국가가 탄생, 고조선이 일어났기 때문에 2권 고조선·부여·삼한 시대 편에 청동기 시대의 역사를 서술했다. 따라서 1권에서는 구석기 시대와 신석기 시대만 다루었고, 이에 1권의 제목도 인류 발전의 시작 단계에서 자연과 밀착해서 생활하던 시대라는 뜻으로 '원시 시대'라 붙였다.

4. 유적·유물의 이름과 고고학 용어는 국립문화재연구소에서 펴낸 《한국고고학사전》(2002)의 표기법을 따랐다. 다만 사전의 표기와 외래어 표기법이 어긋날 경우에는 외래어 표기법을 따랐다.
   (예 : 죠몽 토기 → 조몬 토기)

5. 글쓴이의 견해가 교과서와 다르거나 역사 해석에 논쟁의 여지가 있는 경우, 역사학계의 최신 연구 성과에 근거하여 글쓴이의 관점과 해석에 따라 서술하고, 그와 다른 견해도 있음을 밝혔다.

1

청동기를 손에 쥔 지배자

불평등과 계급

청동으로 만든 도구의 시대

까마득한 원시 시대 여행 잘 하셨나요? 옛 사람들이 남긴 유적과 유물만으로 글자로 기록되지 않은 역사를 추적하다 보니 다소 지루하기도 했을 것입니다. 원시 시대뿐 아니라 앞으로 만날 고조선 시대도 기록된 부분이 많지 않아 연구하기가 쉽지 않습니다. 그러나 밝혀지지 않은 부분이 많은 만큼 앞으로 새로운 발견이 일어날 가능성이 무궁한 분야이지요.

지금까지 우리는, 걷기 시작한 인류가 불을 발견한 뒤, 움집을 만들고 농사를 짓기 시작하면서 씨족 사회를 이루고, 먼 거리를 여행

하며 중국과 일본하고까지 교역을 했던 원시 시대를 만나 보았습니다. 수만 년에 이르는 시간을 더듬는 과정이었지요.

수만 년 동안 사람들은 돌과 나무, 짐승과 생선 뼈로 도구를 만들었습니다. 시간이 지나면서 도구를 만드는 솜씨는 점점 정교해졌고, 인류의 경험과 자연 지식은 점점 높이 쌓였지요.

그러다 사람들은 마침내 금속을 발견했습니다. 활활 타는 불에 금속을 녹여 원하는 모양을 만들고, 다시 그것을 식혀서 모양을 굳힐 수 있다는 사실을 알게 된 사람들은 금속으로 여러 도구를 만들기 시작했습니다.

인류가 도구를 만드는 데 처음 쓴 금속은 구리였으나, 구리는 너무 물러서 그다지 쓸모가 없었습니다. 그래서 구리에 주석이나 납, 아연을 약간 섞어 청동이라는 금속을 만들어 냈어요. 청동으로 만든 도구의 날은 구리와 달리 날카롭게 번쩍였습니다.

도구를 만드는 전문가, 장인

원시 사회에서 돌을 떼거나 깨어 연장을 만드는 것은 누구라도 할 수 있었습니다. 간석기도 자꾸 연습하면 누구나 만들 수 있었지요. 그래도 뼈로 만든 바늘이나 돌로 만든 화살촉을 매끈하고 날카롭게 다듬는 일에 특별히 재주가 뛰어난 사람들이 있었습니다. 석기뿐 아니라 질그릇을 만드는 일에도 솜씨 좋은 사람이 있는가 하면, 영 소질이 없는 사람도 있었지요.

그러다 보니 석기나 질그릇 만드는 일은 아예 솜씨 좋은 사람들에

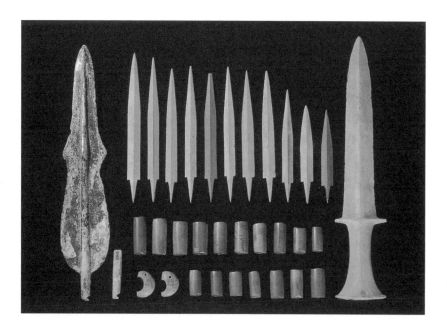

부여 송국리에서 발견된 청동기 시대의 무덤에서 비파 모양 청동 칼(길이 33센티미터)과 돌을 갈아 만든 칼, 옥으로 만든 치레거리(장신구)가 나왔다.

게 맡기고, 나머지 마을 사람들은 그 동안에 농사 짓고 채집이나 사냥을 하는 것이 더 편리했습니다. 그리고 도구를 만드는 사람은 마을 사람들에게 자기가 만든 도구를 나누어 주고, 식량을 가진 사람들은 그들에게 자기네가 일해서 얻은 식량을 나누어 주었습니다.

그런데 구리에 여러 가지 금속을 섞어 청동을 만들고 또 그것으로 도구를 만들려면 더욱 특별한 지식과 기술이 필요했어요. 그래서 청동기를 만드는 특별한 지식과 기술을 익히고 발휘하며 제자에게 가르치는 전문가가 나타나게 되었지요. 이런 전문가를 장인이라고 합니다.

청동기는 특권의 상징

청동으로 만든 도구들은 나무나 돌로 만든 것과 달리, 잘 부러지지 않는데다가 번쩍거려서 부족의 우두머리가 특별한 힘을 과시하는 데 아주 좋은 물건이 되었습니다.

청동기 시대에 부족의 우두머리, 곧 부족장은 제사를 책임지는 제사장이기도 했습니다. 제사장이 되면 마을에서 하늘과 자연에게 경배하는 제사를 지낼 때 앞에 나서서 행사를 이끌고, 마을 사람들에게 어려운 일이 생겼을 때 하늘의 뜻을 알아내어 문제를 해결했지요.

자연 속에서 자연과 함께 살아온 사람들은 자연의 아름다움을 찬미하기도 하고, 한편으로는 그 힘을 매우 두려워하기도 했습니다. 그러한 두려움을 제사장이 해결해 주었으니, 제사장의 권위는 매우 높았지요.

장인들만이 만들 수 있는 청동 칼이나 거울은 아무나 쉽게 가질 수 있는 물건이 아니고, 제사장처럼 지위가 높은 사람들만 가지는 물건이었습니다.

검자루 모양 청동기

청동으로 만든 농기구나 생활 용품도 있기는 하지만 아주 드물었습니다. 청동은 매우 귀한 물건이라 마을 사람들이 너도나도 들고 다녀야 하는 보습(나무로 만든 쟁기나 극젱이의 끝부분에 맞추어 끼우는 삽과 비슷한 쇳조각)이나 낫 같은 농기구를 모두 청동으로 만들 수는 없었습니다. 농사를 짓는 데는 여전히 돌로 만든 도구가 더 쓸모 있었지요. 청동기가 돌처럼 잘 깨지지는 않는다 해도 농기구로 쓸 만큼은 단단하지 않습니다. 그래서 청동기 시대에는 간석기가 더욱 발달했던 것이지요.

그런데 청동 도끼나 청동 끌, 청동 칼은 날카로워서 나무를 다듬기에 아주 좋았어요. 청동 화살촉도 성능이 좋았고요.

청동 거울(뒷면)
거울 뒷면에는 꼭지를 달아 끈을 연결한다. 그리고 매끈한
앞면과 달리 여러 가지 모양으로 줄무늬를 새겨 장식했다.

비파 모양 동검   세형 동검(날이 좁은 청동 칼)

청동 방울

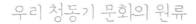
우리 청동기 문화의 원류

가장 이른 시기의 금속기인 청동을 주로 사용한 때를 청동기 시대라고 합니다. 그런데 청동기 시대라는 말을 사용한 지는 얼마 되지 않았어요. 청동기 시대라는 용어는 1950년대 북한 학자들이 먼저 사용했지요. 일제 강점기 때만 해도 청동기 시대라는 말 대신 석기와 금속을 함께 사용한 시기라는 뜻으로 '금석 병용기'라는 말을 썼습니다. 그런데 새로 발굴하는 유적마다 청동기와 무늬 없는 질그릇(민무늬 토기) 유물이 땅 속에서 출토되자, 이들 도구를 사용한 시대를 가리키는 이름으로 '청동기 시대'라는 말을 쓰기 시작했습니다.

우리 겨레가 금속 도구를 처음 사용한 시대는 서기전 1000년 무렵부터입니다. 100년이 한 세기이니까 서기전 10세기부터 청동을 사용한 것이지요. 중국 랴오닝 성(遼寧省 : 요령성)과 지린 성(吉林省 : 길림성) 지방을 아우르는 만주(중국 동북부 지방)와 한반도의 여러 곳에서 우리 겨레가 청동기로 생활한 흔적이 발견되고 있습니다.

평안 북도 용천군 신암리에서 청동 손칼과 청동 단추가 발견되었습니다. 이것은 서기전 1000년 무렵의 것으로 추정되는데, 요즘에는 이보다 더 오래 된 청동기 유물이 나오곤 합니다. 그러나 학자들은 우리 청동기 시대가 서기전 10세기보다 더 먼저 시작했다고 결론 내리기 전에, 더 많은 자료가 발견되기를 신중하게 기다리고 있답니다.

황해 북도 봉산군 지탑리 유적을 발굴할 때 일입니다. 현재 주민들이 사용하는 땅을 파 내려갔더니 청동기 시대의 유물이 나왔어요. 그런데 조사 팀은 여기서 그치지 않고 계속 흙바닥을 파 내려갔더니, 바로 아랫부분에서 신석기 시대의 유물들이 보였지요. 신석기

신암리에서 출토한 청동 손칼과 청동 단추

시대의 지층 바로 위에 청동기 시대의 지층이 있었던 것입니다. 사람들이 이 곳에서 신석기 시대부터 청동기 시대까지 죽 이어서 살았다는 증거이지요.

청동기 문화를 누리던 사람들이 다른 곳에서 한반도 땅으로 들어와 신석기 시대부터 살던 사람들을 쫓아낸 것이 아니라, 한반도에서 신석기 시대부터 살던 사람들이 다른 곳에서 청동기를 사용하던 사람들과 그 문화를 받아들여 새로운 시대의 문화를 창조한 것입니다.

이러한 모습은 여러 곳에서 확인할 수 있습니다. 한강 남쪽 충청남도 부여군 송국리에서는 서기전 6세기까지 그 연대가 올라가는 비파 모양 청동 칼이 나와, 일찍부터 우리 땅에서 청동기 문화가 발달했음을 알 수 있습니다.

대체로 청동기 문화는 서기전 10세기 무렵부터 중국 랴오닝(요령) 지방에서 한반도 쪽으로 퍼져 들어왔는데, 이 때 남만주(중국의 동북 지방 남부)에서 한반도 서북부에 걸쳐서 청동기 문화를 누리며 살았던 주민이 중국의 옛 문헌에 나오는 예족과 맥족, 곧 예맥족입니다. 이 사람들이 바로 우리의 조상입니다.

오늘날까지 전해 오는 우리 역사책 가운데 가장 오래 된 것은 《삼국사기》입니다. 고구려, 신라, 백제가 힘을 거루던 시대의 역사를 고려 시대(1123년)에 기록한 책이지요. 이보다 더 오래 전의 역사책이 있었지만 지금은 전하지 않습니다. 그래서 그 전의 역사는 중국의 책에 간단히 기록된 것만으로 짐작할 수밖에 없지요. 남의 역사책에 기록된 것만으로 우리 역사를 짐작해야 하다니, 어쩐지 자존심이 상하지요? 역사를 기록하고 보존하는 일이 얼마나 중요한 일인지 새삼

내몽골
오르도스
지방

시라무렌허

츠펑(적봉)

차오양
(조양)

청더(승덕)

롼허(난허)

베이징(북경)

톈진(천진)

황허(황하)

후허하오터(호화호특)

중국 동북부와 한반도의 주요 청동기 시대 유적

헤이룽장 성(흑룡강성)

싱카이(흥개) 호수

하얼빈

송화 강(송화강)

블라디보스토크

창춘(장춘)　지린(길림)　옌지(연길)　회령 오동
굴포리 서포항
나진 초도

두만강　범의구석

지린 성(길림성)

랴오허(요하)
토성리
선양(심양)
혼 강(혼강)
압록강

오닝 성
(오령성)

창디엔허(장전하)

금야

미송리　세죽리
신암리
청천강

평양　남경
대동강
침촌리

지탑리
금곡동

다롄(대련)

서울
한강
아산 남성리

대전 괴정동

부여 송국리
진동리

생각하게 됩니다.

중국의 삼국 시대 역사를 기록한 《삼국지》 동이전을 보면, 대수(오늘날의 압록강) 유역과 소수[오늘날의 창디엔허(長甸河 : 장전하)] 유역에 '맥'이라는 종족이 살았다고 합니다. 그리고 중국의 한나라 역사를 기록한 《한서》와 《후한서》 동이전에는 '예'라는 종족이 맥족 주변에 살았다고 하고요. 사마천이 쓴 《사기》의 흉노전에도 '예맥족'이 보입니다. 이들은 만주와 한반도에서 나오고 있는 청동기 유물을 사용한 우리 조상들이 분명합니다.

우리 청동기 문화는 무엇이 다른가

서기전 10세기 무렵이 되면 한반도와 만주 지방에서 청동기 문화가 발전합니다. 이 청동기 문화는 한반도 북부와 랴오닝 지방에 살던 사람들이 먼저 일으켰고, 이어서 한반도 중부 남쪽과 랴오닝 동북쪽으로 전파되었지요. 그 과정에서 남만주 지역에 살던 주민 일부가 한반도로 옮아 와, 이 곳에서 이미 살던 주민들과 함께 지내게 된 것으로 보입니다.

우리 땅에서 사용된 청동기는 중국 황허(황하) 유역이나 내몽골의 남쪽 끝 지역인 오르도스 지방의 청동기하고는 다른 특징이 있습니다. 그 동쪽인 랴오닝(랴오시와 랴오둥) 지방에서는 우리 것과 비슷한 청동기가 많지만, 나중 시기로 가면서 한반도 지역의 청동기는 랴오닝 지방과도 뚜렷이 다른 특징을 보입니다. 한반도 청동기의 특징을 잘 보여 주는 유물이 바로 청동 검과 청동 거울입니다.

《삼국지》 〈위서〉 동이전
〈위서〉는 위·촉·오 세 나라의 역사를 기록한 《삼국지》 중 위나라 부분을 말한다. 여기서 말하는 《삼국지》는 우리가 흔히 '삼국지'라고 하는 소설 《삼국지연의》와는 다른 역사책이다.
〈위서〉 중에서 위나라 동쪽에 있었던 여러 민족에 관해 기록한 부분이 '동이전'이다.

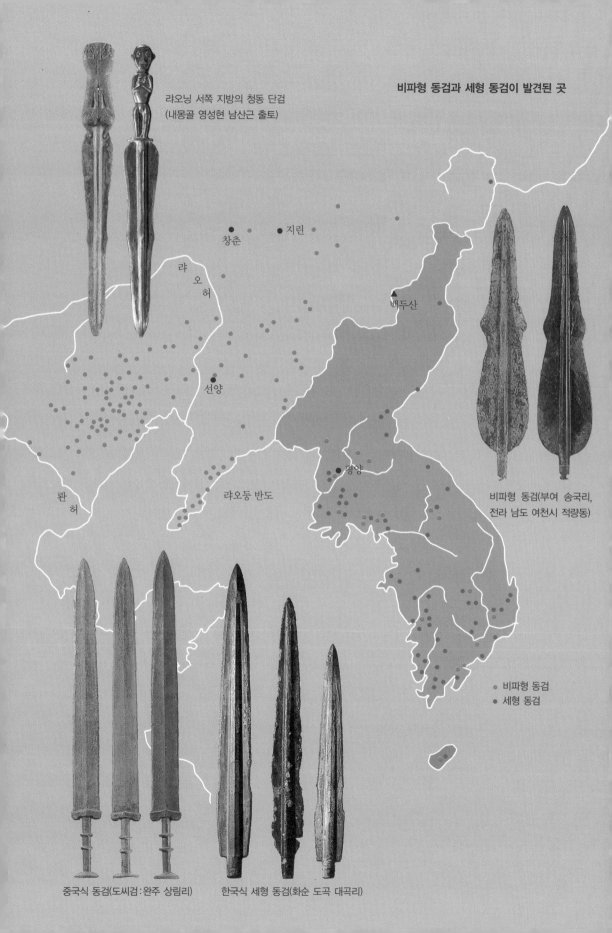

라오닝 서쪽 지방의 청동 단검
(내몽골 영성현 남산근 출토)

비파형 동검과 세형 동검이 발견된 곳

창춘   지린

랴
오
허

백두산

선양

콴
허

라오둥 반도

평양

비파형 동검(부여 송국리,
전라 남도 여천시 적량동)

● 비파형 동검
● 세형 동검

중국식 동검(도씨검 : 완주 상림리)   한국식 세형 동검(화순 도곡 대곡리)

청동기는 무엇보다도 무기로 사용하는 경우가 가장 많았습니다. 무기 중에서도 칼(검)이 가장 많았지요. 날카롭고 잘 깨지지 않는 청동제 무기는 싸울 때 위력도 크고, 수명도 길었지요. 중국의 검은 직선으로 죽 뻗은 모양인데, 랴오닝 지방과 한반도에서 사용된 청동칼은 칼날 모양이 비파라는 악기를 닮았다고 하여 비파형 동검이라고 부릅니다.

비파형 동검은 서기전 4세기 무렵부터 칼날 모양이 더욱 단단하고 세련된 모양으로 바뀝니다. 이 칼은 길고 가느다란 모양이라 세형 동검(좁은 놋단검)이라고 부릅니다. 중국의 칼은 날이 판판하고 홈이 없지만, 랴오닝과 한반도의 비파형 동검과 세형 동검에는 날 끝에서 손잡이 부분까지 긴 홈이 패어 있어요.

랴오허(遼河 : 요하) 강을 기준으로 서쪽 지방(랴오시)에서는 사람들이 농사 반 목축 반으로 생활하며 청동기 문화를 이룩했는데, 이는 산융·동호족이라는 유목민의 문화입니다. 산융족이란 산지에 흩어

청동기의 기하학 무늬
무슨 동물이나 식물의 형상 같은 구체적인 대상의 모양을 본떠서 그리지 않고, 점을 찍거나 줄, 빗금을 그어 세모, 네모, 동그라미, 별 모양, 매듭 모양으로 만든 무늬를 통틀어 기하학 무늬라고 한다.(《영산강의 고대문화》, 국립 광주 박물관)

져 사는 오랑캐라는 뜻이고, 동호족은 흉노족의
동쪽에 사는 오랑캐라는 뜻입니다. 이들 유목민
은 청동 칼의 자루나 자루 끝 부분에 짐승 장식을
많이 조각했습니다. 말이나 개구리, 가오리 따위의
모양을 새긴 장식품을 많이 사용했고, 호랑이 모양으로
장식한 허리띠 고리도 사용했지요. 자기들이 사는 곳에 그러
한 짐승들이 많기 때문에 많이 만든 것 같은데, 어떻게 사용했는
지는 잘 알지 못합니다.

중국의 한경
(평양 낙랑 구역 정백동 3호분)

　반면 한반도와 랴오허 강 동쪽에서 나오는 비파형
동검은 아무런 장식이 없습니다. 대신 청동 칼말
고도 청동 거울이나 방울, 청동 단추 같은 작
은 장식품을 많이 사용했지요. 청동 거울이나
단추에는 여러 가지 기하학 무늬를 새겼고요.
　청동 방울이나 거울은 특별한 의식을 치를
때 사용했던 것 같습니다. 방울은 전쟁을 지휘
하는 우두머리나 제사를 맡은 제사장이 주로 사
용했습니다. 요즘도 무당이 굿을 할 때는 방울을
흔들지요? 방울을 흔들면 사람들의 눈길이
쏠리고, 또 그 요란한 소리를 들으면
왠지 신이 납니다. 신이 나야 싸
움도 잘하고, 제사도 잘되었겠
지요. 당시에 제사는 축제와
같아서 방울을 흔들어 사람

**다뉴조문경(함평 나산
초포리)과 세문경(화순
도곡 대곡리)**

오·너라, 청동기!

돌에서 금속이 난다! 돌은 깨거나, 떼거나, 갈고 문지르기만 하는 것인 줄 알았습니다. 그런데 어떤 돌은 태양같이 뜨거운 불에 녹으면 신기한 성분을 토해 냈습니다. 그렇게 해서 얻어 낸 구리에 아연이나 주석을 섞었더니 푸르스름한 빛을 뿜어 내는 청동이 되었습니다.

| 무기 |

비파형 동검

꺾창(동과)
나무 자루를 청동 날과 직각이 되게 매달아 창이 ㄱ자 모양으로 되기 때문에 한 번 꺾였다 해서 '꺾창'이라 한다.

세형 동검

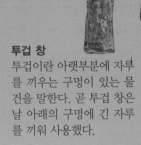

투겁 창
투겁이란 아랫부분에 자루를 끼우는 구멍이 있는 물건을 말한다. 곧 투겁 창은 날 아래의 구멍에 긴 자루를 끼워 사용했다.

| 공구 |

청동 끌

청동 칼

청동 도끼

| 치레거리 |

청동 단추

| 의례 도구 |

청동 방울

청동 거울

들의 신명을 돋웠을 것으로 짐작합니다.

청동 거울은 앞면을 햇빛에 비추면 번쩍거려 제사장이 하늘에 제사를 지낼 때 목에 걸거나 옷에 매달아 사용한 것 같습니다. 처음에 우리 땅에서 난 청동 거울은 꼭지가 두 개 달리고, 거울 면에 거친 줄무늬가 새겨져 있어 다뉴조문경이라고 부릅니다. '다뉴(多鈕)'란 꼭지가 여럿이라는 뜻이고, '조문(粗紋)'은 무늬가 정교하지 않고 거칠다는 뜻이며, '경(鏡)'은 거울을 뜻합니다. 꼭지에는 끈을 달았지요. 중국 거울이 뒷면에 동물 모양 같은 구체적인 모습이 그려진 것과 달리, 이 거울에는 줄이나 도형 같은 기하학 무늬가 있고, 꼭지도 중국 거울처럼 하나가 아니라 한쪽으로 약간 치우쳐서 두 개가 나란히 붙어 있습니다.

나중에는 줄무늬가 가는 잔무늬로 바뀌고 생김새도 세련되게 발전하는데, 이 잔무늬 거울을 세문경(細紋鏡)이라고 합니다. 여러분 모두 청동 거울 사진을 한번 주의 깊게 보세요. 무늬가 정말 정교하지 않나요? 이러한 청동 거울을 만들려면 거울 모양을 미리 새겨 놓은 거푸집에 청동 물을 부어야 합니다. 그런데 잔무늬 거울을 만드는 데 사용한 것과 똑같은 거푸집은 현대의 기술로도 만들기가 힘들다고 합니다. 그만큼 옛날 청동기 시대 사람들의 거울 만드는 기술이 뛰어났던 것이지요.

풍요와 빈곤이 생겨나다

농사 짓는 도구는 석기

청동기를 사용하면서부터 생산 도구도 더욱 날카롭고 정교하게 만들었습니다. 청동은 돌덩이보다 물러서 험하게 사용하면 금세 닳기 때문에, 도끼, 괭이, 낫, 보습 같은 농기구는 여전히 돌과 나무로 만들었어요. 대신 청동기를 사용해 전보다 훨씬 쓰기 좋게 잘 만들었지요.

이처럼 다양한 도구를 사용하게 된데다 자연에 대한 지식이 늘고 농업 기술이 발전하면서 곡식을 더 많이 거둘 수 있게 되었습니다. 이 때 주로 가꾼 곡식은 여전히 조, 피, 기장, 수수였습니다. 서기전 1500년 무렵의 볍씨 알갱이가 경기도 일산의 가와지와 김포 가현리에서 발견되는 등 신석기 시대 후기에 들어 사람들이 쌀을 먹은 흔적이 있긴 하지만 야생 벼일 가능성이 많습니다.

그러나 청동기 시대에는 골짜기 아래쪽의 물기가 많은 땅(저습지)에 벼농사를 짓기 시작한 것이 분명합니다. 그 전에는 밭만 일구었는데, 드디어 논농사를 알게 된 것이지요. 지금까지 청동기 시대의 논농사 유적은 약 30곳, 밭 유적은 20곳 정도 확인되었습니다. 이 가운데 부여 구봉리·노화리 유적에서 서기전 1300년 무렵에 경작했던 흔적이 나왔습니다. 또 다른 유적을 보아도 대개 서기전 1000 ~900년 무렵부터는 분명히 논에서 벼농사를 짓기 시작한 것 같습니다.

그리고 이 무렵부터 돼지, 소, 말, 개와 같은 집짐승도 우리에 가

두어 길렀습니다. 사람들이 집에서 짐승을 기르기 시작한 것은 신석기 시대이지만, 그 때는 아마 짐승들을 우리 안에 가두어 기르지는 않았을 것입니다. 청동기 시대에 와서야 개인이 물건을 소유하려는 생각이 커졌고, 개인 재산으로 집짐승이 중요해졌기 때문에 남의 것과 내 것을 구별하고, 또 남이 가져가지 못하도록 집짐승을 우리에 가두기 시작한 것이지요.

농경이 발달하면서 사람들은 강가, 들판을 앞에 둔 야산 아래나 나지막한 언덕 기슭에서 살았습니다. 지금도 전통 농촌 마을을 가 보면, 뒤로는 북서풍을 막아 주는 산이 있고 앞으로는 시내가 흐르는 곳에서 우물을 중심으로 여러 집이 모여 마을을 이룹니다. 이런 곳을 바로 살기 좋은 명당이라고 하지요.

불평등과 계급

이제 야생에서 먹을 것을 채집하고 사냥하는 것보다 농사일과 집짐승 기르는 일(목축)이 훨씬 더 중요해졌습니다. 여성은 아이를 낳다 보니 아무래도 아이들 돌보는 일을 우선 하게 되었지요. 그 일이 매우 힘들고 어려운지라, 마을 밖으로 나가는 일보다는 마을 안에서 아이들을 돌보면서 음식과 옷을 만들거나 곡식을 관리하는 일을 많이 했습니다.

곡식을 재배하는 농사, 고기와 가죽을 생산하는 목축 같은 일은 주로 남성들이 했는데, 도구와 기술이 발달하면서 생산량이 늘자 남성들이 사회의 주도권을 잡기 시작했습니다. 남성들은 이제 자신이 일해서 수확한 것을 자신이 관리하고, 여러 가지 도구와 재물도 공동의 것으로 하지 않고 개인이 차지하려고 했습니다. 또 자기 재산을 자기 자식에게만 물려주려고 했지요. 그렇게 되자 가족 가운데 아버지 역할이 커졌고, 여성이 하는 집안일과 아이 기르기는 일은 될 중요하게 여겼습니다.

이제 모든 사람이 평등했던 원시 공동체는 무너졌습니다. 부자와 가난한 자가 생겨나고, 재산을 바탕으로 권력을 얻어 남을 부리는 이도 나타났습니다. 부유하고 힘 있는 이가 집단의 우두머리가 되었고, 재산과 함께 지위와 권세까지 자손에게 물려주어, 그 후손은 대대로 지배층이 되었습니다.

막강한 힘과 재산을 지닌 군장과 신의 대리인 제사장

힘과 재산을 지닌, 부족의 우두머리를 군장이라고 합니다. 군장은 태양과 같이 빛나는 청동 거울을 목에 걸고 청동 방울을 흔들며 자신이 신의 뜻을 전해 주는 존재임을 과시했습니다.

요즘 우리는 아침마다 얼굴과 옷매무새를 가다듬기 위해 거울을 봅니다. 그러나 청동기 시대에 거울은 요즘과 같이 흔한 것이 아니었습니다. 그래서 누구나 필요할 때 얼굴을 비추어 볼 수 있는 도구가 아니라, 지배자만이 가질 수 있는 화려한 장식품이었지요. 아마 군장들은 청동 거울 뒷면에 달린 꼭지에 끈을 꿰어 거울을 목에 걸거나 몸에 붙이고 사람들 위에서 떵떵거리며 살았을 것입니다.

청동기를 소유할 능력이 되는 사람만이 군장이 되었고, 또 군장만이 부족의 가장 중요한 제사 의식을 주관할 수 있었습니다. 이렇게 군장이 제사장 역할까지 하는 사회를, 제사와 정치가 일치한다 해서 제정 일치 사회라고 합니다. 세계의 많은 나라를 보더라도 처음에는 제정 일치 사회인 경우가 많습니다.

비파형 동검은 군장이 허리에 차고 다니는 권위의 상징물이었습니다. 그리고 제사를 지낼 때 희생 제물로 바칠 짐승을 찌르거나, 의식을 주관하면서 손에 쥐는 도구였겠지요.

지배자가 된 사람들은 살아서만이 아니라 죽어서도 자기 권위를 과시했습니다. 많은 사람을 부려서 엄청나게 큰 돌로 무덤을 만들고, 그 안에 청동 칼 같은 것들을 시신과 함께 묻게 했습니다. 이렇게 무덤에 함께 묻는 물건을 '부장품', 우리말로는 죽은 사람과 함께 껴묻는다 해서 '껴묻거리'라고 합니다. 우리 나라 여러 지방에서 볼 수 있는 고인돌은 이 때 지배자들의 무덤이지요.

우리 겨레가 랴오허 강 동쪽과 한반도 서북부에 처음 세운 나라는 고조선입니다. 고조선 문화의 가장 큰 특징은 마치 거대한 탁자처럼 생긴 고인돌을 만들었다는 점이지요. 큰 돌을 바닥에 세워 다리로 삼고, 그 위에 넓적한 덮개돌(=뚜껑돌)을 올려 마치 탁자처럼 만들었습니다. 이런 탁자 모양 고인돌은 다른 사람들이 아래에서 올려다보아야 하는 높은 언덕에 홀로 세웠습니다.

탁자 모양 고인돌
(황해 남도 은율 관산리)

한강 북쪽과 달리 한강 남쪽에는 바둑판 모양 고인돌이 많습니다. 덮개돌이 바둑판처럼 다리가 짧거나

바둑판 모양 고인돌
(화순군 도곡면 효산리)

땅 속에 묻혀 있지요. 고인돌에 대해서는 3장에서 자세히 이야기하겠습니다.

지배자들은 많은 사람을 다스리고 권력과 재산을 지키기 위해서 법을 만들었습니다. 그리고 사람들이 그 법을 지키도록 감시하고, 법을 어기면 처벌할 수 있도록 관리와 군대를 두었습니다. 이처럼 자기 땅을 가지고 있으면서 법과 관청, 그리고 군대를 가진 사람들 집단을 나라, 곧 국가라고 합니다.

고대 국가가 된 지역 집단들은 이제 다른 지역 집단과 다툼이 생기면 마지막에는 전쟁까지 벌였습니다. 전쟁에서 이긴 나라는 진 나라의 주민을 붙잡아 노비로 삼고, 식량과 여러 가지 재물도 빼앗아 점점 더 크고 강한 나라가 되었습니다.

전쟁과 방어벽 탄생

청동기 시대가 되면 서서히 한 부족 안에서도 집단 간에 경제 면에서 차이가 생겨납니다.

굽이굽이 흐르는 강가에 여러 마을이 있는 경우를 볼까요? 어느

해 몹시 가뭄이 들자, 상류에 있는 윗마을 사람들이 강에 둑을 쌓아 자기네 논과 밭 쪽으로 물길을 돌려 버렸습니다. 그러자 하류 쪽 아랫마을에 사는 사람들은 강물을 쓸 수 없게 되었지요. 가뭄이 들어 속이 타는 건 똑같은데, 아랫마을에서는 윗마을에 강을 빼앗긴 셈입니다. 그러니 아랫마을 사람들이 가만 있겠어요?

또 이런 경우도 있습니다. 재 너머 싸리 마을은 땅이 기름져 농사가 잘됩니다. 그리고 가뭄이 들어도 마르지 않는 샘이 있어 늘 물이 풍족합니다. 그런데 이쪽 나리 마을은 땅도 척박하고 물길도 좋지 않습니다. 그래서 나리 마을 사람들은 싸리 마을의 영역에 있는 빈 땅에 슬금슬금 밭을 일구기 시작했습니다. 싸리 마을 사람들은 자기네 땅을 빼앗길까 봐 펄펄 뛰며 화를 냈습니다.

이러다 마을끼리 싸움이 나면, 이긴 마을은 진 마을을 지배하고, 진 마을은 이긴 마을에 종속됩니다. 이제 마을 사이에 긴장이 흐르면서 다른 마을 사람이 침입하지 못하도록 마을을 빙 둘러 도랑을 파고, 나무로 성벽(담장)을 세우게 됩니다. 울산 검단리나 부여 송국리의 청동기 시대 마을 유적을 보면 알 수 있지요.

시간이 지나 나무 담장은 흙으로 지은 토성이 되기도 합니다. 토성으로 둘러싼 마을, 이것은 성채(성으로 둘러싸인 요새)라고 할 수 있지요. 이러한 성채는 그 지역 일대의 여러 마을을 다스리는 정치와 종교의 중심지가 됩니다. 옛날 기록을 보면 이러한 정치적 중심지를 작은 나라로 보아 소국, 또는 국가의 중심 마을이라는 뜻의 국읍이라고 불렀습니다. 그 가운데 고조선이 우리 땅의 첫 번째 나라로 성장하게 됩니다.

쇠뇌
고조선 시대에 이미 사용했으리라 생각되는 쇠뇌는 방아쇠를 당기면 화살이 나가는 무기이다.

투겁 창
나무 자루에 투겁처럼 창날을 씌운 창. 창날 아랫부분에 자루를 끼우는 구멍이 있다.

정복과 약탈의 시대

청동기 시대에는 경제가 발전하고 인구가 늘어나면서 씨족 사회보다 규모가 큰 부족 사회가 이루어졌습니다. 재산과 힘을 지닌 부족장이 부족 사회를 다스리고, 발달한 청동 무기를 사용하여 정복 전쟁을 벌이기 시작한 시기입니다.

청동기 시대의 유물 중에는 전에 볼 수 없었던 살상용 무기, 방어용 무기가 많습니다. 이 시대에 강력한 청동 무기를 사용한 약탈 전쟁이나 정복 전쟁이 치열하게 벌어졌다는 증거이지요. 전쟁에서 승리한 쪽은 재물과 영토를 갖게 되고, 정복자는 포로나 범죄자를 노비로 만들어 생산 노동에 동원했습니다. 이러한 과정이 거듭되면서 힘 있는 집단은 더욱 큰 정치 집단으로 성장해 갔습니다.

꺾창
날과 자루를 ㄱ자 모양으로 연결한 창.

반구대의 숨은 그림 찾기

청동기 시대 사람들은 벼랑이나 큰 바위의 편평한 면에 홈을 파서 바위 그림(암각화)을 많이 그렸습니다. 바위 그림은 대부분 강가의 절벽이나 바위에 새겨졌고, 그림 밑에는 대개 제사를 지내거나 의식을 올릴 수 있을 만큼 넓은 공간이 있지요. 이것은 바위 그림이 단순한 낙서가 아님을 뜻합니다.

오늘날 사람들이 부처님 그림이나 성모 마리아 상을 앞에 두고 고개를 조아리며 기도를 올리듯이, 옛날 사람들도 뭔가 신성한 존재를 그림으로 표현하고 그 앞에서 제사를 지낸 것이 아닐까요?

우리 땅의 물 맑은 골짜기에는 신석기 시대부터 사람들이 그리기 시작했을 것으로 보이는 바위 그림이 많이 있습니다. 그 중에서도 울주 천전리와 대곡리 반구대의 바위 그림은 국보로 지정될 만큼 중요한 문화 유산이지요.

반구대는 울산시 울주군 대곡리를 흐르는 태

화강 물가에 마치 병풍처럼 곧게 선 큰 바위 절벽입니다. 반구대에는 너비 10미터, 높이 약 3미터에 이르는 범위에 걸쳐서 배❶, 그물❷, 작살, 방패❸와 사람 얼굴❹을 비롯해 개, 멧돼지, 호랑이, 사슴, 고래, 물개, 거북 따위의 형상이 200여 점이나 그려져 있습니다. 일상 생활 도구가 아니라 사냥과 물고기 잡이에 필요한 도구와 뭍짐승, 바닷짐승이 그림의 중심이지요.

아래 그림에 간결하고도 뚜렷하게 표현된 작살이 꽂힌 고래, 새끼를 가진 고래, 배를 탄 사람을 직접 찾아봅시다.

이처럼 큰 규모로 다채롭게 구성된 반구대

바위 그림은 어느 한 사람이 그린 것이 아니라 마을 공동체 사람들이 오랜 시간을 두고 그려 나간 것으로 보입니다. 언제부터 언제까지 그림을 그렸는지 정확히 알 수는 없지만, 이 지역에 살던 사람들이 아주 오랜 세월에 걸쳐서 대를 이어 가며 이 훌륭한 작품을 창작한 것은 분명합니다.

반구대 바위 그림은 물감 같은 것으로 칠한 그림이 아니라 날카로운 도구로 바위 면을 긁어서 새긴 것입니다. 돌칼로 선을 그어 형체의 윤곽을 표현한 그림도 있지만, 대개 윤곽 안쪽 면을 끌 같은 것으로 우묵하게 파내어 형체의 덩어리를 표현했습니다.

바위 그림의 맨 위, 3미터 가까이 되는 높이에 있는 '춤추는 무당(샤먼)' ❺을 그릴 때는 틀림없이 사다리까지 대어 놓고 그 위에 올라가서 그려야 했을 것입니다.

따라서 이들 그림은 재주가 상당한 그림꾼들이 달라붙어 그리지 않고서는 결코 나올 수 없는 작품이었다고 봅니다.

그렇다면 그들은 무엇을 위해 그 힘든 작업을 했을까요? 그림에서 바닷짐승, 물고기와 뭍짐승이 가장 많이 그려져 있고, 또 이를 잡는 도구와 무기를 함께 그린 것으로 볼 때, 이 거대한 바위 그림은 어른들이 어린 아이들에게 사냥과 고기잡이를 가르치는 교과서였던 것 같습니다. 그리고 중요한 이유가 하나 더 있습니다. 마을 사람들이 험한·바다로 고기잡이 나갈 적에는 이 그림 앞에 모여 고기를 많이 잡아 무사히 돌아오기를 빌었을 것입니다.

아이들은 어른들을 따라다니며 사냥과 고기잡이를 배웁니다. 아이들은 창 던지는 법, 그물 치는 법, 짐승의 종류와 물고기의 생김새를 하나씩 터득해 가지요. 또 산과 들에서 자라는 식물 가운데 먹을 수 있는 것과 독성이 있는 것을 구별하는 방법, 강이나 바다에서 나는 해초의 종류, 조개를 비롯해 얕은 뻘에서 손쉽게 잡을 수 있는 물고기와 그런 것들에 독성이 있는지 없는지 등, 살기 위해 필요한 지식을 낱낱이 배우게 됩니다.

그러한 현장 실습 교육과 함께 체계적인 이론 교육도 반드시 필요합니다. 더욱이 뭍에 사는 사람이 바다에 나가 고기를 잡아야 할 경우 경험 많은 어른의 지혜를 미리 새겨들을 필요가 있지요. 뭍짐승을 사냥할 때도, 여럿이 힘을 모아야 하는 일인 만큼 어른들은 자라나는 세대에게 사전 지식을 쌓고 미리 기술을 연습하도록 했을 것입니다.

그렇다면 반구대는 바로 청동기 시대의 학교였던 셈이군요. 바위에 새긴 그림을 봐 가면서 선생님, 곧 마을 어른의 설명을 들으면 훨씬 이해하기 쉬웠을 것입니다. 반구대 그림에는 고래들의 종류마다 독특한 특성을 잘 표현해 놓았습니다. 등에서 두 갈래로 물을 뿜어 내는 긴수염고래 ❻, 새끼를 등에 업고 다니는 쇠고래(귀신

고래), 머리 모양이 뭉툭한 향유고래 등……

한편 반구대에서 멀지 않은 곳에 있는 천전리의 바위 그림에는 고래나 사람의 구체적인 형상은 없습니다. 언뜻 보면 현대 미술가의 낙서처럼 보이기도 하는 천전리의 바위 그림은 반구대의 것보다 훨씬 전에 그려진 것으로 추정됩니다. 우리 땅에서 발견된 바위 그림 중에서는 가장 오래 된 것으로 보입니다. 이 그림에 나오는 기하학 무늬와 비슷한 모양이 다른 여러 곳의 바위 그림에 많이 있습니다.

무늬 가운데에는 눈과 눈동자를 동그랗게 그린 것 같은 동심원도 있고, 마름모꼴을 띠처럼 죽 이은 모양도 있으며, 남성의 성기 형태를 그린 것도 있습니다. 청동 칼의 손잡이나 청동기 시대의 다른 도구에도 이들과 비슷한 무늬가 새겨지곤 했지요. 비슷한 무늬가 여기저기 많이 쓰였다면, 이들 무늬는 당시 사람들의 공통된 마음이나 생각, 지식을 표현한 것이 아닐까요?

이들 무늬는 태양이나 별의 모양을 표현한 것일 수도 있고, 아이를 많이 낳기를 바라는 당시 사람들의 소원을 표현한 것일 수도 있습니다. 아직 학자들은 천전리 바위 그림의 무늬 하나 하나가 무엇을 의미하는지 밝혀 내지 못했습니다. 여러분이 한번 도전해 보실래요?

울주 천전리 바위 그림

영천 어은동의 단추들

황해도 신천에서 출토했다고 전해지는 동검 손잡이

2

우리 겨레가 처음 세운 나라, 고조선

고조선과 단군 신화

역사의 무대에 등장하다

고조선은 우리 땅에 처음 나타난 나라(국가)입니다. 따라서 고조선의 역사를 공부하는 것은 우리 겨레가 국가를 어떻게 이루었는지, 우리 역사의 시작 단계는 어떤 모습이었는지, 이후의 역사는 어떻게 발전했는지를 이해하는 데 매우 중요합니다.

게다가 고조선은 부여, 동옥저, 삼한을 비롯하여 고구려, 신라, 백제에 이르기까지 이후에 우리 겨레가 세운 여러 나라의 출현과 성장에 중요한 영향을 미쳤습니다. 따라서 고조선 역사를 정확히 밝혀내야만 우리 고대사, 나아가 우리 역사 전체를 체계적으로 정리할

고조선의 판도
예맥 거주 지역
산융·동호 거주 지역

쑹화 강

시라무렌허

랴오시

랴오허

환허

다링허

북동촌

랴오둥

훈 강

연

발해만

랴오둥 반도

평양

▲구월산

▲마리산

황허

산둥 반도

진(晉)

위

제

진(秦)

노

중국

초

양쯔 강

오

월

**고조선과 춘추 시대의
중국**

수 있다고 하겠습니다.

　고조선 사람들은 랴오둥 일대와 한반도 서북부 땅에 살았습니다. 이 지역은 일찍부터 농경이 발달했습니다. 이 곳의 주민은 주로 예족과 맥족으로 언어와 풍속이 서로 비슷했고, 일찍부터 한반도 서북부와 발해만 일대에 퍼져 살았지요.

　처음에는 이 지역에서 조그만 정치 집단이 군데군데 생겨나 그 중 우세한 세력이 다른 집단을 정복하거나 통합했습니다. 그리하여 서기전 8~7세기 무렵이 되면 고조선이 역사상에 뚜렷한 모습을 드러냅니다. 중국의 여러 기록에 이 무렵부터 '조선'이라는 이름이 등장하고, 또 고조선이 중국 춘추 시대(서기전 770~서기전 403년)의 제나라와 교역을 한 사실도 분명히 기록되었습니다.

고조선은 언제부터 있었나?

고조선(古朝鮮)이라는 나라는 말 그대로 '옛 조선'을 가리킵니다. 그냥 '조선'이라 하면 태조 이성계가 세우고 일제 강점기 전까지 500년 동안 이어졌던 조선 왕조와 헷갈리기 때문에, 그 전에 있었던 '조선'이라는 의미에서 고조선이라고 합니다.

하지만 사실 '고조선'이란 표현은 《삼국유사》에 처음 나옵니다. 고려 시대에 일연 스님이 쓴 《삼국유사》에서는, 옛 조선의 역사를 단군이 세운 조선(고조선)과 위만이 세운 조선(위만 조선)으로 구분하여 기록했어요. 위만이 세운 위만 조선보다 옛날에 세워진 조선이라는 뜻으로 고조선이라 불렀던 것이지요. 그래서 위만이 왕위를 빼앗기 전의 조선만을 고조선이라 하고, 서기전 2세기 무렵에 세워진 위만 조선은 다른 나라로 보는 학자도 있습니다.

고조선 사람들의 활동 모습은 오늘날의 중국 동북부 지방에서 청동기 문화가 한창 발전하던 서기전 7세기 무렵부터 역사에 나타납니다. 그러면 고조선은 언제 국가로 일어섰을까요?

《삼국유사》에서는, 단군이 나라를 세운 때가 중국의 첫 번째 임금인 요 임금이 왕위에 오른 지 50년 되는 해라고 했습니다. 이 기록 때문에 조선 시대 초기의 역사책 《동국통감》에서는 단군이 나라를 세운 때가 서기전 2333년이라고 했지요. 그래서 교과서에도 고조선

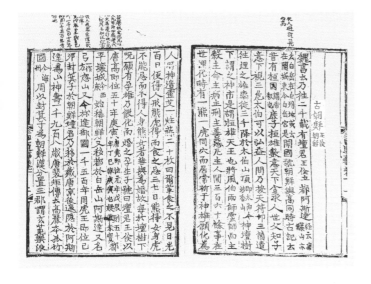

이 서기전 2333년에 일어섰다고 나옵니다.

그러나 이러한 주장은 다음과 같은 이유 때문에 잘못되었다고 봅니다. 하나는 요 임금의 실체에 관해서입니다. 요 임금은 전설 속의 인물로, 실제 살았던 사람인지, 언제 임금이 되었는지는 전혀 알 수 없습니다. 서기전 2333년은 중국 송나라 때 소강

《삼국유사》 고조선조

절이라는 사람이 요 임금의 활동 연대를 추측한 것을 바탕으로 《동국통감》을 쓴 사람들이 연대를 맞춘 것이지요. 따라서 분명한 연대는 잘 알 수 없습니다.

다른 하나는 서기전 2000년대에 한반도와 그 주변 지역은 신석기 시대였다는 사실입니다. 아직 계급이 생기지 않아 사람들이 공동체(공동 집단)를 이루어 살던 때였습니다. 그런데 고대 국가는 보통 청동기 문화가 퍼지고, 공동체가 지배하는 사람과 지배받는 사람들로 갈라진 뒤에야 나타납니다. 지역에 따라 차이가 있기는 하지만, 우리 땅에서는 청동기 문화가 대개 서기전 10세기 무렵에 시작했다고 할 수 있습니다. 따라서 고조선이 일어선 것은 그 뒤로 보는 것이 타당하겠지요.

자, 여러분은 어떻게 생각하시나요?

'조선'이라는 이름이 처음 나오는 곳은 중국의 《관자》라는 책입니

다. 이 책의 내용은 서기전 7~6세기 무렵의 사정을 전하는 것이라고 합니다. 좀더 믿을 만한 것이 《전국책》과 《사기》의 기록입니다. 모두 중국 책인데, 이들 기록을 보면 서기전 4~3세기 무렵에 조선이란 나라의 지배자가 스스로 왕이라 하며, 상당한 세력을 이루어 중국의 연나라와 누가 힘이 센지를 다투었다고 합니다. 그러므로 고조선은 적어도 서기전 4세기 이전, 더 올라가면 서기전 7~6세기 무렵부터는 분명히 존재한 것으로 보입니다.

'고조선'이라고 하면 서기전 7세기 무렵부터 기록에 나타나기 시작해 서기전 108년 한나라에게 멸망할 때까지 존속한 나라를 가리킵니다. 그리고 쇠로 만든 도구, 곧 철기를 사용하면서 나라 모습이 크게 변했기 때문에, 청동기를 주로 사용했던 때를 전기 고조선, 철기를 주로 사용했던 때를 후기 고조선으로 나누어 보는 것이 좋습니다.

청동기 문화가 발전하면서 만주 남쪽 지방과 한반도의 여러 지역에 부족이 나타났습니다. 이들 가운데 세력이 강한 부족장이 주변의 여러 부족 사회를 통합하여 점차 권력을 키워 나갔고, 그 중 가장 먼저 나라로 발전한 집단이 고조선입니다. 고조선은 우리 겨레의 첫 번째 나라라고 할 수 있지요.

'조선'이라는 말의 기원

조선이라는 말은 원래 한 지역의 이름이면서 종족의 이름이었습니다. '조선'이라는 지역에 사는 종족이 점점 성장하여 나라를 이루게 되자, 그 지역(종족) 이름이 나라 이름으로 통용된 것입니다.

애초에 어떤 말에서 조선이란 이름이 나왔는지는 확실히 알 수 없지만, 학자들은 대체로 조선을 '조용하고 신선한(鮮) 아침(朝)' 혹은 '아침 햇빛이 처음 비치는 곳'이란 뜻이라고 봅니다. 조선 사람들이 살던 곳에 흐르는 강의 이름에서 조선이란 말이 나왔다고 보는 분도 있습니다.

어떤 것이 맞는지는 분명하지 않지만, 중국 사람들이 동쪽의 어떤 땅을 보고 그 곳의 특징을 한자로 표현해 나라 이름으로 붙인 것은 분명합니다.

중국 전국 시대에 쓰여진 《관자》의 기록에 따르면, 서기전 7세기 무렵 중국의 산둥(山東:산동) 반도에 있었던 제나라는 조선과 교류하면서 짐승 가죽 등을 무역했다고 합니다. 그리고 조선은 중국 제나라에서 8000리 떨어진 곳에 있었다고 합니다.

요즘의 거리 개념으로 하면 8000리는 3140킬로미터가 넘는데, 제나라가 있었던 산둥 반도에서 랴오둥 반도까지는 200킬로미터가 넘는 정도, 그리고 랴오둥 반도의 끝에서 백두산까지는 800여 킬로미터입니다. 산둥 반도에서 평양까지는 370여 킬로미터이지요. 다만 이는 바다를 가로지르는 직선 거리이고, 당시 중국 내륙에서 고조선까지 육로로 가려면 이보다 훨씬 먼 길을 가야 했겠지요. 고대 중국인들은 넓은 땅덩이를 보통 사방 2000리라고 표현합니다. 그렇다면 그네 배나 되는 8000리는 실제 거리가 아니고, 아마 중국에서 굉장히 먼 곳에 조선이 있음을 말하려는 의도였던 듯합니다.

우리 겨레의 이름

중국 사람들은 자기네 나라를 세상의 중심으로 생각하고 주변의 작은 종족을 모두 오랑캐로 보았다. 그래서 우리 조상들을 제일 먼저 동쪽의 오랑캐란 뜻으로 '동이(東夷)'라고 했다. 그러나 동이족 가운데는 우리 겨레와 관계없는 숙신족이나 동호족, 왜(일본)도 포함된다.

나중에 중국 사람들은 우리 조상들을 가리켜 '더럽고 지저분한 사람들'이란 뜻으로 예맥(濊貊)이라고 불렀다. 이 예맥족이 여러 지역으로 흩어져 살면서 작은 나라를 많이 세우니, 북만주 땅에는 부여가, 한반도 서북쪽에는 조선이, 한반도 동북쪽에는 옥저와 동예가, 한반도 남쪽에는 삼한이 등장한 것이다. 모두가 한 핏줄에서 갈라져 나온 형제들이 세운 나라이다.

우리 겨레가 '배달 겨레'다 '한민족'이다 하는 말을 들어 보았을 것이다. 모두 고조선의 후손이라는 뜻에서 나온 말이다.

'배달 겨레'란 말은 《삼성기》, 《태백일사》와 같은, 고대 역사를 이야기하는 책에 처음 나오는데, 이들 책은 대개 그 지은이를 알 수 없고, 내용이 역사적 사실로 믿을 수 없는 내용이 많다. '단군(檀君)'의 '단(檀)' 자가 박달나무 단 자로 신성한 나무를 말하는데 여기서 '박달'→'배달'로 되었다고도 하고, 또는 단군 신화에 나오는 '백악산', '태백산'을 백두산으로 보고 '백산'→'배달'로 되었다고도 한다.

'한민족'의 '한'은 위만에게 왕위를 빼앗긴 고조선의 준왕이 한강 남쪽에 내려와 '한(韓)'이란 나라를 세운 데서 처음 등장한다. 그러니까 한강 이남에 정착한 고조선의 후예라는 뜻으로 '한민족'이란 말이 나온 것이다. 그러나 나중에는 '한'이 '하나', '크다'는 의미로 해석되면서 우리는 '같은 겨레', '위대한 민족'이라는 뜻으로 사용하기도 한다.

처음에 고조선은 하나로 통일된 강한 나라였나

앞 지도에서도 보았듯이 고조선이란 나라를 세우는 데 가담한 여러 작은 정치 집단은 지금의 평안도 일대와 랴오둥 반도에 걸쳐 흩어져 있었습니다. 그런데 사마천이 쓴 《사기》의 〈흉노전〉을 보면 '조선' 서쪽에 '산융', '동호'와 같은 종족이 있었는데, "100여 개 오랑캐가 하나로 통일되지 못했다"는 기록이 있습니다. 이들 종족 집단의 동쪽에 있었다는 고조선의 상황도 매우 비슷했을 것입니다. 따라서 청동기 시대의 고조선은 각기 우두머리를 지닌 집단들이 느슨하게 연합하고, 그 가운데 가장 힘이 강한 종족에서 왕이 나온 것으로 보입니다.

지금의 평안도 일대와 랴오둥 반도에 흩어져 살던 진번, 임둔, 옥저와 같은 여러 종족이 연합하여 한 나라를 이룬 것이 고조선입니다. 처음에는 각자의 지역을 느슨하게 통치했지만, 서기전 4세기 무렵에는 중국의 연나라와 겨룰 정도로 나라의 힘이 커집니다. 당시 중국 사람들은 고조선의 힘이 커지자 혹 자기네 땅을 침입할까 두려워하여 고조선 사람을 '교만하고 사납다'고 불렀다고 합니다.

청동기 시대의 고조선에는 훌륭한 법률과 힘센 군대가 있었고, 고조선 사람들은 멋진 궁궐도 지을 줄 알았습니다. 고조선에는 많은 관리와 군인, 그리고 평민과 노비가 있었지요. 중국 사람들은 이러한 고조선 사람들을 일부러 깎아내려 오랑캐라 불렀습니다. 더럽고 거친 땅에 사는 사람들이란 뜻으로 예맥족(濊貊族)이라는 이름을 지어 주기도 했지요.

심양 정가와자 유적과 고조선

이제 청동기 시대의 고조선 사람들을 만나 볼 차례입니다. 이 때만해도 문자 기록이 거의 없어 당시 사람들의 생생한 삶의 모습을 알수 없어 무척 답답하지요?

고조선 사람들의 생활 모습에 관심이 많은 저자는 2004년 말 심양시에 있는 정가와자 유적을 다녀왔습니다. 왜냐고요? 바로 그 곳에서 고조선의 지배자가 묻힌 유적이 발견되었기 때문이지요.

벌써 여섯 번째 답사건만 유적지는 조금도 달라진 것 없이 기찻길옆에 쓸쓸히 자리하고 있었습니다. 이 곳은 정씨 성을 가진 사람이오래 전부터 살았다 해서 정가와자 마을이라는 이름이 붙었지요. 주변을 유심히 보니 '청동'이라는 단어가 눈에 띄었습니다. 집들의 주소도 청동로 ○○번지로 되어 있어요. 마을 큰 도로변 상가에는 청동종합상가라는 간판이 걸려 있고요. 이처럼 랴오닝 성 심양시 정가와자 마을에는 유달리 청동이라는 말이 여기저기에 사용되고 있음을알 수 있습니다. 분명 그 까닭이 있겠지요?

그 이유는 주변에 청동 칼이 발견된 무덤이 있기 때문이라고 합니다. 청동 칼이 발견된 자리에는 지금도 박물관이 있습니다. 바로 정가와자 유적이라고 불리는곳이지요. 하지만 지금은 건물 안에 진열했던전시품을 모두 다른 곳으로 옮겨 놓고 사람들의출입을 막고 있습니다. 다만 건물 바깥에 그려진 그림만으로 이 유적에서 청동 칼과 청동 거울이 발견되었음을 확인할 수 있지요.

정가와자 유적지 전경

정가와자 유적을 발굴할 때 한 곳에서는 두 개의 큰 나무로 짠 무덤과 12개의 작은 구덩이를 파고 시신을 묻은 무덤이 드러났습니다. 나무로 곽을 짠 무덤은 그 크기가 매우 큰데다(길이 365센티미터), 기원전 6~5세기 즈음에 해당하는 청동기와 비파형 동검 등 많은 유물이 나왔습니다. 이 무덤의 주인공이 고조선의 최고 지배자였는지는 더 연구해 봐야겠지만 예맥족 가운데 한 지역 집단의 지배자가 묻힌 무덤임은 분명합니다. 그러니까 정가와자 유적의 주인공은 결국 청동기 시대 고조선 세력 아래 있던 강력한 우두머리의 무덤인 셈이지요.

정가와자 무덤의 주인공은 부유한 지배자이거나 그 이상의 신분을 가진 사람으로(혹시 고조선의 왕이 아니었을까요?) 그 주변 일대를 다스리던 대표자로 보입니다. 무덤 주인공의 가슴에 청동 거울이 많이 놓여 있고, 다리에는 청동 단추로 장식한 가죽 장화가 신겨 있었습니다. 더군다나 주인공은 네 마리 말이 끄는 수레를 타고 다녔으니까요.

여러분도 한번 상상해 보세요. 청동 투구와 갑옷을 입고, 허리에는 비파형 동검을 차고 가죽 장화를 신은 고조선 장수가 네 마리 말이 끄는 수레를 타고 전쟁에서 지휘하는 모습을 말이에요.

강상 무덤에 묻힌 백성과 노비들

지금부터 거의 3000년 전 일입니다. 대단한 권력과 엄청나게 많은 땅을 가진 고조선의 한 지배자가 있었습니다. 자기 집에서 부리는 노비 수가 워낙 많아 몇 명인지조차 모를 정도였지요. 노비들을 부리면서 편하게 살았지만 그 역시 세월은 거스를 수 없어 결국 늙어서 죽게 되었습니다.

지배자가 무덤에 묻히는 날, 고조선의 병졸들이 평소에 지배자가 부리던 일반 백성과 수많은 노비들을 무덤 곁으로 끌고 왔습니다. 농장에서 밭 갈던 사람들, 목장에서 집짐승 기르던 사람들, 창고지기와 대문지기, 집에서 빨래하고 청소하며 심부름하던 아이 등 남녀노소 모두 100명이 훨씬 넘었습니다.

두 팔을 묶인 사람도 있고 그냥 끌려온 사람도 있습니다. 무덤 주위는 사람들의 아우성 소리로 아수라장이 되었습니다. 순간 병졸들이 사람들을 장작불 속에 떠밀어 넣었습니다. 또 지배자 무덤 곁에 파 놓은 여러 구덩이에는 노비들을 산 채로 묻기 시작했고, 장작불에 타 죽은 사람들도 묻었습니다. 이렇게 해서 일반 백성과 노비들

이 지배자와 함께 묻힌 무덤이 생겨났습니다. 이 무덤을 '강상' 지방
에 있다고 해서 강상 무덤이라고 합니다.

그리고 3000년이라는 오랜 세월이 흘렀습니다. 지금부터 40여
년 전에 학자들이 이 무덤을 팠습니다. 23개의 무덤 구덩이에서는
140여 명의 사람 뼈가 나왔습니다. 비참하게 죽은 백성들과 노비들
이었지요.

여러 무덤 구덩이들 중 맨 가운데 것은 큰 돌을 다듬어 잘 만들었
는데, 여기에는 지배자가 묻혔습니다. 이 자리에서는 비파 모양의
청동 칼, 화살촉, 질그릇과 함께 많은 청동 장식품이 나왔습니다.

지배자들은 죽은 다음에도 살았을 때처럼 많은 사람과 노비들을
부리며 편하게 지내고 싶은 욕망에서 이처럼 노비와 많은 물건들을
자기 무덤 곁에 묻게 했습니다.

이렇게 주인공이 죽으면 산 사람들을 함께 껴묻는 것을 '순장'이라고
합니다. 지금은 상상도 할 수도 없는 일이지만 순장 제도는 고조선뿐
아니라 부여, 중국 등 고대의 다른 나라에도 흔히 있는 일이었습니다.

널리 인간을 이롭게 하고자 나라를 열다
– 단군 신화

고조선이 서서히 나라의 틀을 갖추어 가자, 지배자들은 자기들이 하늘에서 내려온 사람들이고 일반 백성들의 삶을 이롭게 하기 위해 노력한다는 사실을 알리기 위해, 나라를 세운 내력을 신화로 만들어 냈습니다.

단군 신화는 고조선 사람들이 나라를 세운 과정을 신들의 이야기, 곧 신화로 꾸민 것입니다. 그 신화의 주인공이 단군이어서 '단군 신화' 라는 이름이 붙었지요. 한마디로 건국 시조 단군에 관한 이야기입니다. 그러나 신화는 단순히 꾸며 낸 이야기가 아니라 어느 정도 역사적 진실을 포함하기 때문에, 단군 신화를 통해서도 고조선 성립 당시의 상황을 살펴볼 수 있습니다.

단군 할아버지가 세웠다는 고조선

"옛날 환인의 아들 환웅이 세상에 내려가 인간 세상을 구하고자 하므로, 아버지가 환웅의 뜻을 헤아려 천부인(하늘의 표시를 새긴 도장) 세 개를 주어 지상에 내려가 인간을 다스리라고 했습니다. 환웅은 무리 3000명을 거느리고 태백산(오늘날의 황해도 구월산으로 추정) 꼭대기의 신단수 아래에 내려와 그 곳을 신시라 일렀습니다. 환웅은 바람 신(풍백), 비 신(우사), 구름 신(운사)을 거느리고 곡식과 생명, 질병, 형벌,

선악 등 360여 가지나 되는 세상의 일을 맡아서 다스렸습니다.

이 때 곰 한 마리와 범(호랑이) 한 마리가 환웅에게 사람이 되게 해달라고 빌었습니다. 환웅은 이들에게 신령스러운 쑥 한 줌과 마늘 20쪽을 주면서, 이를 먹고 100일 동안 햇빛을 보지 않으면 사람이 된다고 일렀습니다. 곰은 잘 참아 세 이레(3×7=21일) 만에 여자가 되었으나, 범은 이를 못 참아 사람이 되지 못했습니다. 여자가 된 곰, 곧 웅녀는 혼인해 주는 이가 없어 신단수 아래에서 아이를 가지게 해 달라고 기원했습니다. 이에 환웅이 잠시 변하여 혼인을 하고

아이를 낳으니, 그가 곧 단군 왕검입니다.

　왕검은 고대 중국에서 나라를 처음 세워 태평성대를 이끌었다는 요 임금이 즉위한 지 50년 되는 해에 평양성에 도읍을 정하고 비로소 조선이라 이름 지었습니다. 이어서 도읍을 백악산의 아사달로 옮기고 그 곳을 궁홀산, 때로는 금미달이라고도 했습니다. 단군은 1500년 동안 나라를 다스리다가 주나라 무왕이 즉위한 해에 기자를 조선에 봉하므로 장당경으로 옮겼다가, 뒤에 아사달에 돌아와 숨어서 산신이 되니 이 때 나이가 1908세였습니다.”

기자
중국 은나라의 현명한 사람으로, 단군 조선에 와서 왕이 되었다는 전설이 있다. 자세한 내용은 66쪽의 〈기자 조선은 정말 있었을까〉에서 보자.

이것이 《삼국유사》에 실린 단군 신화입니다.

세계 모든 나라에는 그 나라가 처음 어떻게 생겨났는지를 이야기하는 신화가 전해 내려옵니다. 우리 나라에는 첫 번째 국가인 고조선 건국에 관한 '단군 신화'가 있습니다. 방금 앞에서 읽어 본 단군 신화는 고려 시대에 일연 스님이 옛 역사 이야기를 모아 펴낸 《삼국유사》에 실린 내용입니다. 이것은 현재 단군 신화에 관해 발견된 이야기 가운데 가장 오래 된 기록입니다.

단군 신화에 나타난 사상

단군 신화 내용을 한번 살펴볼까요? 단군 신화의 앞 부분에는 하늘에서 내려온 천신족 환웅이 주인공으로 나오고, 뒷부분에서는 환웅과 지상의 곰 여자가 결합해 낳은 단군이 주인공입니다. 고조선을 세웠다는 단군은 하늘(하느님)을 상징하는 환인, 환웅과 땅을 상징하는 곰의 결합으로 태어납니다. 이것은 하늘과 땅의 신비스러운 결합으로 우리 겨레가 탄생했음을 표현한 것이지요. 그리고 환웅이 인간 세상을 구하고자 했다는 데에 '널리 인간을 이롭게 한다'는 홍익인간(弘益人間) 사상이 담겨 있습니다.

고조선의 지배자들은 자신이 하늘의 선택을 받아 백성을 잘 다스릴 수 있는 인물이라고 생각했던 것이지요. 그들은 이러한 사상으로 백성을 다스렸습니다.

단군 왕검이라는 호칭이 뜻하는 것

단군 왕검은 1500년 동안 나라를 다스렸다고 합니다. 인간의 수명은 100세를 넘기기가 어려운데 어떻게 1500년 동안 나라를 다스릴 수 있었을까요? 이 수치는 당연히 곧이곧대로 믿을 수 있는 사실이 아니겠지요. 다만 옛날부터 우리 조상들은 단군 조선의 역사가 아주 오래 되었다고 믿었습니다. 그것을 1500년이라는 무척이나 긴 시간으로 표현한 것이지요.

단군 왕검은 어느 한 사람의 이름이 아닙니다. 당시 부족 사회에서 제사장을 의미하는 '단군'이라는 말과 정치 지배자를 가리키는 '왕검'이라는 말을 합해 놓은 호칭이었습니다. 따라서 '단군 왕검'은 한 사회의 지배자가 제사장과 정치 권력자의 지위를 겸하던 단계의 우두머리를 가리키는 말이지요. 또 아직은 제사를 담당하는 관리가 따로 없었음을 알려 주기도 하고요. 이러한 말이 주변 지역을 정복하고 다스리는 과정에서 고조선의 최고 지배자를 가리키는 호칭으로 자리 잡은 것입니다.

단군 신화에 등장하는 환인은 하늘 신(천신)이면서 태양신으로, 한마디로 하느님을 가리킵니다. 환웅도 하늘 신과 태양 신을 가리키며, 한자로 수컷 '웅' 자를 써서 남자 신임

위 : 정부에서 지정한 표준 단군 영정
아래 : 북한에서 단군으로 모시는, 솔거가 그렸다고 전해지는 단군 영정

을 말해 줍니다. 그러니까 단군 왕검은 제사장과 임금(군왕)이라는 두 가지 뜻을 품고 있군요.

결국 단군 신화는 우리 겨레의 첫 번째 지배자가 어떻게 등장했는

지를 말해 주고 있습니다. 신화 내용에 쑥과 마늘이 나오는 것으로 봐서 당시 우리 겨레의 생활은 농업을 중시하는 농업 공동체 사회였다고 생각합니다. 그 때 만주(중국 동북 지방)에서 신석기 시대를 거쳐 비파형 동검 문화가 생겨나기 시작(서기전 1000년 전후)했지요.

단군 기원

우리 겨레의 첫 국가 터전을 마련한 고조선이 일어선 때를 보통 서기전 2333년이라고 합니다. 이 해를 기준 해(원년)로 삼아 햇수를 계산하는 방식을 '단군 기원(줄여서 단기)'이라고 하는데, 이를테면 서기(서력 기원) 2005년은 단기 4338년(2333년+2005년)입니다.

앞에서도 이야기했지만, 원래 이 연대는 단군이 중국의 요 임금 시대에 나라를 세웠다고 한 《삼국유사》의 기록에 근거합니다. 거기에서 일연 스님은 단군이 나라를 세운 때를 요 임금과 같은 때라고만 이야기했지요. 그런데 조선 초기의 역사책인 《동국통감》에서는 요 임금이 나라를 세운 연대를 서기전 2357년으로 보고, 그보다 25년 뒤에 단군이 나라를 세웠다고 말했습니다. 그래서 서기전 2333년이라는 연대가 나왔지요.

단군이 나라를 세운 연대는 전설 속의 인물인 요 임금이 나라를 세운 연대를 근거로 계산했기 때문에 정확하지가 않습니다.

많은 연대 가운데 일연 스님은 왜 하필 그렇게 적었을까요? 아마도 중국에서 전설로 전해오는 첫 임금과 같이 우리 겨레의 첫 번째 임금도 아주 일찍이 나라를 세웠다고 말하고 싶었던 것이 아닐까요?

신화와 역사

우리 역사를 흔히 '반만년 역사'라고 한다. 이는 단군 기원을 기준으로 한 것으로, 우리 역사가 오래 되었다는 데 대한 자부심의 표현이다. 하지만 신화는 어디까지나 '신화'이다. 신화는 인간 세계의 이야기를 '신'들의 권위를 빌려 표현하려는 노력에서 나온 것이다. 따라서 신화는 국가가 막 세워질 무렵의 역사적 상황을 비유적으로 반영할 뿐, 신화 그 자체가 역사적 사실은 아니다.

단군 신화는 우리 겨레가 처음 나라를 창건한 역사적 경험을 신들의 이야기, 곧 신화의 형식으로 표현한 것이다. 다시 말해 단군 신화는 청동기 문화를 기반으로 하는 정치 세력이 여러 부족을 통합하고 고조선을 일으키면서, 자신들이 집권한 것은 매우 정당하며, 올바른 절차를 따른 일이었음을 주장하고, 그 주장을 뒷받침하기 위한 사상으로 제시한 것이다. 고구려, 백제, 신라와 고려의 역사에 등장하는 건국 설화도 마찬가지 성격을 띤다.

따라서 신화는 실제 있었던 사실은 아니지만 그렇다고 환상적으로 꾸며 낸 이야기만도 아니다. 신화는 단번에 생겨난 이야기가 아니라 오랜 세월 동안 여러 사람의 입을 거치면서 만들어졌기 때문에 글자가 없었던 당시 사람들의 생각과 생활상과 사상을 담고 있다. 그러니 지어 낸 이야기라고 무시해서는 안 된다. 신화 속에 담긴 역사적 진실을 찾아내는 것이 역사학자가 할 일이다.

신화는 오랜 세월이 흐르면서 그 내용이 바뀌기도 하고, 신화를 해석하는 시각도 시대에 따라 달라진다. 신화 속에 숨은 고대의 역사와 옛 사람들의 사고 방식을 연구하는 학문을 신화학이라고 한다. 우리 신화와 이웃 나라, 먼 나라의 신화를 비교해서 지구와 인류의 옛 역사를 탐구하는 것, 참 재미있을 것이다.

후대로 이어진
단군 신화의 전통

단군 신화에 반영된 세계관은 오늘날까지 우리 겨레의 정서와 풍습으로 이어졌습니다. 예를 들어, 아이가 태어나면 세 이레 동안 금줄을 치고 외부 사람의 출입을 막습니다. 또 아이가 태어난 지 100일째 되는 날에 백일을 지내고, 1년 되는 날에는 돌을 지냅니다. 세 이레(3×7)와 100, 1년을 나타내는 360은 모두 단군 신화에 나오는 수입니다.

또한 삼신은 아이를 점지하기도 하며 복을 내리기도 하고 화를 부르기도 한다고 믿는데, 애초에

곰 모양 상다리 받침(평양시)

삼신은 세 신, 곧 환인·환웅·단군 왕검을 가리켰습니다. 그러다 아이를 점지하는 신을 삼신 할머니라고 하게 되어, 옛날에 어머니들은 자식 낳기를 바랄 때 삼신 할머니에게 빌었답니다.

고구려 무덤 벽화에 나오는 곰과 호랑이

고대에 사람들은 특정한 동물이나 식물을 자기 부족이나 씨족의 조상으로 숭배했습니다. 이를 토테미즘이라 하는데, 단군 신화에서 사람이 되기를 원하는 곰과 호랑이는 각기 곰과 호랑이를 토템으로 숭배하는 집단으로 해석됩니다. 따라서 곰, 호랑이, 환웅의 관계는 여러 집단이 이동하면서 정복하고 서로 통합되는 과정에서 나라가 세워졌음을 의미합니다.

곧 하늘에서 내려왔다는 환웅은 외부로부터 앞선 기술을 가지고 들어온 집단이고, 곰과 호랑이는 일정한 지역에 정착해서 살고 있던 토착 부족 집단을 상징하지요.

고조선 다음에 일어선 나라, 고구려 사람들도 단군 신화의 영향을 받았습니다. 고구려의 옛 무덤인 씨름 무덤(각저총)의 벽화에는 씨름하는 사람들 왼쪽의 커다란 나무 밑동에 곰과 호랑이가 그려져 있습니다. 그리고 그림 가운데에 있는 나무는 하늘과 인간 세상을 연결해 준다는 신단수입니다.

역시 고구려의 옛 무덤인 장천 1호 무덤의 벽화에도 나무 밑동에 동굴이 있고, 그 안에 곰이 웅크리고 있습니다. 고구려 사람들이 그린 무덤 벽화에 곰과 호랑이가 등장하는 것은 단군 신화의 사상이 어느 정도 반영된 결과입니다.

이들 벽화에는 곰과 호랑이가 나무 밑동과 함께 등장합니다. 환웅은 태백산 꼭대기의 신단수를 통해 하늘에서 내려오고, 내려와서는 신단수 아래에 신시를 건설합니다. 또 곰 여자가 환웅에게 소원을 말하고, 뜻을 이루는 곳도 신단수 아래입니다. 곰과 호랑이가 사람이 되게 해 달라고 환웅에게 빌고 그 답을 들은 장소도 신단수 아래였겠지요.

고구려 사람들은 단군 신화의 줄거리와 그 바탕에 깔린 사상을 알고 있었을 것입니다. 게다가 커다란 나무를 숭배하는 신앙이 어우러지면서 단군 신화에 나오는 신단수와 곰, 호랑이를 고구려 사람들이 벽화에 표현하게 되었다고 생각합니다.

대동강변에 있는 평양시 낙랑 구역의 옛 무덤에서는 곰 모양으로 빚은 상다리 받침이 나왔습니다. 이것은 단군을 낳았다는 곰 여자에 관한 어떤 특별한 생각이 이 지방 사람들에게 오랫동안 이어져 왔음을 말해 줍니다.

마리산 참성단
일제 강점기에 마니산이라고 이름이 바뀌었다가 얼마 전 본디 이름을 찾은 강화도 마리산은 머리산이라고도 합니다. 마리, 머리는 말 그대로 머리, 우두머리를 뜻합니다. 마리산 꼭대기에 있는 참성

호랑이
곰

씨름 무덤의 벽화(부분)
무덤 안의 벽에 씨름하는 그림이 있어 '씨름 무덤'이라 한다. 씨름하는 사람들 왼쪽의 커다란 나무 밑동에 호랑이와 곰이 있다.

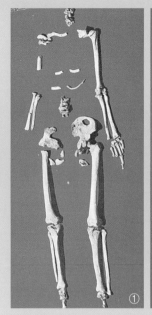
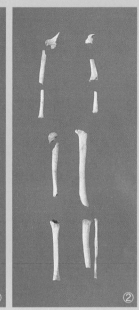

위: 강화도에 있는 마리산 참성단
오른쪽: 추정하는 단군(①)과 그 부인(②)의 뼈

단은 겨레의 우두머리인 단군이 하늘에 제사 지내기 위해 쌓은 단이라는 전설이 있습니다.

전해 오는 이야기에 따르면 삼국 시대의 왕들도 이 곳에서 제사를 지냈다고 합니다. 지금도 개천절이면 대종교를 비롯해 단군을 떠받드는 종교 단체가 이 곳에서 제사를 지내고, 전국 체육 대회의 성화도 이 곳 참성단에서 햇빛을 모아 불을 붙입니다. 하늘의 뜻에 따라 거룩한 나라 잔치를 벌인다는 의미이지요.

마리산이 단군 시대부터 신성하게 여겨지지는 않았을 것입니다. 그러나 고려 시대부터 그냥 하늘에 제사하는 것이 아닌, 시조 단군을 숭배하는 의식을 올리곤 했는데, 그런 의식을 올린 장소가 바로 이 곳입니다. 이것은 고려 시대부터 마리산 참성단이 하늘에 제사 지내는 중요한 장소가 되었다는 이야기이지요. 후대 사람들이 단군을 겨레의 시조로 숭배하면서 제단을 다시 꾸미고 신성한 구역으로 삼은 것이지요.

마리산 참성단에 대해서는 조선 시대에 고려 역사를 기록해 펴낸 《고려사》에 처음 나옵니다. "고려 원종이 친히 마리산 참성에서 제사를 지냈다", "마리산은 (강화)부의 남쪽에 있고, 산꼭대기에 참성단이 있는데 단군이 하늘에 제사 지내던 곳이라고 전한다"고 합니다.

아마 몽골의 침입으로 강화도로 도읍을 옮긴 고려 정부가 백성들의 원망을 잠재우고, 이 땅의 모든 사람이 단군의 한 핏줄이니 함께 위기를 헤쳐 나가자는 뜻을 강조하기 위해 참성단을 단군의 제사 유적으로 기리기 시작한 것으로 보입니다.

북한의 단군릉

1993년 북한은 단군의 뼈를 발굴했다면서 1994년 단군릉을 큰 규모로 지었습니다. 두 사람의 뼈와 금동관 장식이 발굴되었는데, 뼈는 단군과 그 부인의 것으로 연대를 측정한 결과 발견 당시에서부터 5011년 전의 것이라고 했어

요. 북한은 이것을 근거로 단군은 신화 속의 인물이 아니라 실재한 인물이었다고 주장합니다. 따라서 단군이 고조선을 세운 것은 서기전 2333년이 아니라 그보다 전이라고 봅니다.

그러나 남한 학계에서는 이런 주장을 인정하지 않습니다. 단군은 어느 한 사람의 이름이 아니라, 제사를 주관하는 제사장을 뜻하는 한자 말이기 때문입니다. 게다가 단군과 그의 부인으로 추정되는 뼈가 나온 무덤 안은 고구려 시기에 벽화를 그린 무덤과 완전히 똑같았지요. 고구려 사람이 사용한 질그릇과 금동관 장식도 나왔고요. 그렇다면 단군의 주검이 왜 고구려 무덤 안에 묻혔을까요? 단군의 무덤이 아닐 가능성이 높아 보입니다.

북한 학자의 주장대로 무덤에서 나온 뼈가 지금부터 5000여 년 이전의 것이라면 고대의 여러 지배자 중 어느 한 사람의 것일 수는 있겠지요. 그렇다고 단군의 무덤이라고 단정하기는 힘들 것 같아요.

단군릉은 평양시 강동군 대박산 기슭에 있던 단군의 무덤이라 전해지는 것을 강동군 문흥리 언덕배기에 옮겨 다시 세운 것입니다. 지금은 중국 땅인 지안(集安:집안)에 있는 옛 고구려 무덤 장군총의 모양을 본떠서 만들었지요. 장군총이 7단으로 쌓은 계단식 피라미드인데 단군릉은 9단으로, 규모가 장군총보다 3배 정도 더 큽니다. 높이는 22미터, 한 변의 길이는 50미터이고, 모두 화강암 1994개를 다듬어 쌓아 올렸습니다. 무덤 바깥에는 단군의 아들 네 명과 문무 신하 조각상을 배열했습니다. 북한 사람들은 이 곳을 실제 단군의 무덤으로 여기고 요즘도 참배합니다.

신화 속에 등장하는 주인공을 실제 인물이라고 해석한 것은, 북한 땅에서 우리 역사가 맨 먼저 꽃피었음을 말하고 싶은 생각이 지나치게 작용한 결과인 것 같습니다.

고조선은 어디에 있었나

고조선 사람들은 자기네 생활에 대해 기록을 남기지 않았습니다. 때문에 우리는 이웃에 살던 중국 역사가들이 보고 들은 기록으로 추측해 볼 수밖에 없습니다. 이 때 고조선 사회의 모습을 생생하게 복원하는 데 중요한 자료를 제공하는 것이 고고학자들과 역사학자들이 발굴한 유물입니다. 한반도나 만주 지방에서 나오는 청동기와 철기 유물을 꼼꼼히 살펴보면, 고조선 사람들이 살았던 곳과 그들의 생활 모습을 어느 정도 되살려 볼 수 있습니다.

이렇게 과거 사람들이 남긴 흔적과 함께 여러 문헌 기록에 짤막짤막하게 나오는 내용들을 검토하면 고조선 사회의 모습이 드러날 것입니다. 그런데 많은 연구자들의 기대와 달리 고조선 사람들이 살았던 곳을 정확히 알지 못하기 때문에 어떤 유물 자료를 이용해야 될지 고민을 하게 되었어요.

고인돌 사회와 고조선

청동기 시대 한반도와 가까운 랴오둥 지역과 한반도 서북부 지역을 보면 비파형 동검말고 눈에 띄는 유적과 유물이 있어요. 그것은 탁자 모양으로 생긴 고인돌과 팽이형 토기, 그리고 미송리형 토기입니다.

고인돌은 한자로 지석묘(支石墓)라고 합니다. 지석은 지탱하는 돌,

우리 말로는 굄돌이라는 뜻이지요. 따라서 고인돌은 한자 지석묘를 풀어 쓴 우리 말로, 덮개돌을 지탱하는 돌이 있는 무덤이라는 뜻입니다. 1960년대 초까지 사람들은 고인돌이 왜 세워졌는지 몰랐습니다. 그러나 고인돌 덮개돌 밑에서 사람 뼈와 부장품(껴묻거리)이 나와 무덤임을 알게 되었습니다. 이 고인돌에 대해서는 3장에서 자세히 살펴보겠습니다.

중국 학자들은 랴오둥 지역의 고인돌이 돌로 만든 책상 같다고 해서 석붕(石棚)이라고 합니다. 이것과 똑같은 모양의 고인돌이 한반도 서북부 지역에 3만 기 이상이나 있다고 합니다. 한반도 서북부 지역이 탁자 모양 고인돌의 중심지라고 할 수 있지요.

고인돌의 생김새를 보면 얇은 두께로 잘 다듬은 판돌을 짜 맞추어 벽체를 만들고 그 위에 커다란 덮개돌을 덮어 'ㅠ'자 모양 무덤방을 만들었습니다. 고인돌이 서 있는 바닥에는 일부러 흙을 돋우어 제단 같은 것을 만들었지요. 특히 고인돌은 주변을 내려다 볼 수 있는 높은 구릉 위에 홀로 있는 경우가 많은데, 이것은 한반도 서북부 지방의 경우도 똑같습니다.

한반도 서북부의 고인돌 안에서는 팽이형 토기가 나오고, 주변에서는 그 토기를 쓴 사람들의 집 자리가 많이 조사되었어요. 반면 랴오둥 지역 고인돌에서는 비파형 동검과 함께 미송리형 토기가 많이 나왔지요.

팽이형 토기는 아가리를 밖으로 한 번 접은 듯한 모양에 바닥이 좁아 마치 팽이같이 생겼다고 해서 그런 이름이 붙었습

팽이형 토기(평양 남경 유적)

미송리형 토기(미송리 동굴 유적)와 덧띠 토기(평북 신암리 유적)

니다. 이 토기는 고인돌이 있는 곳이나 일반 집자리 유적에서 많이 나오지요.

미송리형 토기는 찰흙에 모래를 약간 섞어 그릇 모양을 만든 다음 구워 낸 밝은 갈색 물 항아리입니다. 평안 북도 의주군 미송리에서 이런 질그릇을 처음 발굴했기 때문에 미송리형 토기라는 이름이 붙었는데, 그 뒤 한반도와 중국 동북 지방 여러 곳에서 형태가 같은 질그릇이 출토되었습니다. 몸체는 표주박의 윗부분을 잘라 버린 듯한 모양이고, 양쪽에 손잡이가 달렸으며, 바닥이 좁고 납작합니다. 둥실둥실한 몸체에는 자잘한 줄이 모여 굵은 띠를 이루는 줄무늬를 새겼고요. 이 그릇은 윤곽이 부드러운 곡선을 이루고 조화롭게 균형 잡힌데다 겉면이 매끈하여 퍽 아담한 느낌이 듭니다. 미송리형 토기가 나오는 곳에서는 아가리 둘레에 점토 띠를 두른 덧띠 토기도 같이 나옵니다.

대체로 이들 그릇은 비파형 동검을 쓰던 때(서기전 7세기~서기전 4세기)에 사용된 것으로 보이는데, 탁자 모양 고인돌이 많은 랴오허 강 동쪽부터 대동강 일대까지 고루 발견되어 고조선 시대의 이른 시기에 많이 쓴 질그릇으로 보입니다.

사람들이 살았던 곳에서 같은 모양의 무덤이 나오고 사용한 질그릇 또한 비슷하다는 사실은 그 곳에 같은 계통의 주민들이 살았다는 증거입니다. 그렇다면 랴오둥 지역과 한반도 서북부 지방에서 나오

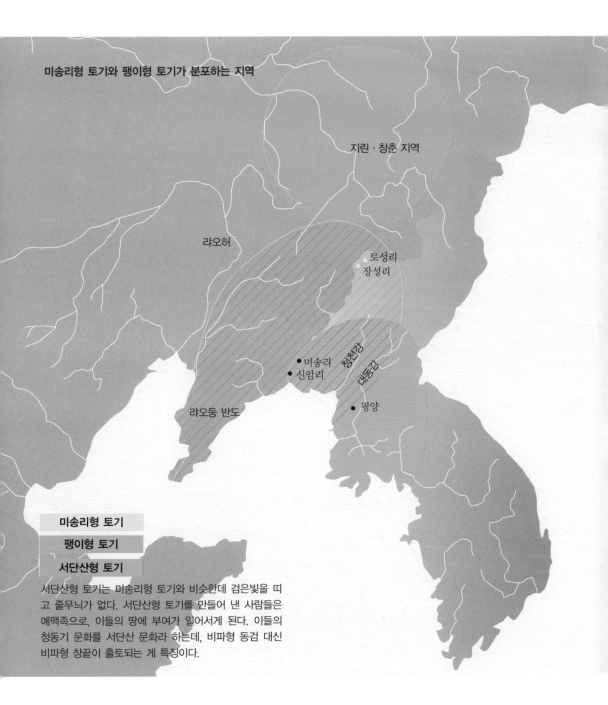

미송리형 토기와 팽이형 토기가 분포하는 지역

지린·창춘 지역

라오허

토성리
장성리

미송리
신암리

청천강
대동강

평양

라오둥 반도

미송리형 토기

팽이형 토기

서단산형 토기

서단산형 토기는 미송리형 토기와 비슷한데 검은빛을 띠고 줄무늬가 없다. 서단산형 토기를 만들어 낸 사람들은 예맥족으로, 이들의 땅에 부여가 일어서게 된다. 이들의 청동기 문화를 서단산 문화라 하는데, 비파형 동검 대신 비파형 창끝이 출토되는 게 특징이다.

는 탁자 모양 고인돌과 질그릇이 거의 비슷하므로 이 두 지역에 같은 주민들이 있었다고 봐야겠지요.

청동기 시대에 랴오둥 지역과 한반도 서북부 지역에 걸쳐 탁자 모양 고인돌을 사용한 집단은 고조선말고는 없습니다. 그리고 미송리형 토기는 랴오둥 지방에서, 팽이형 토기는 한반도 서북부 지방에서 특히 유행했지요. 이것은 고조선의 중심 세력이 두 군데 있었음을 말해 줍니다.

역사의 수수께끼-고조선의 도읍은 어디였나

고조선은 왕검성에 도성을 꾸몄습니다. 지금까지의 조사 결과에 따르면, 왕검성은 대동강 유역의 평양 지역에 있었음이 확실합니다. 왕검성에 도읍이 있을 때 고조선은 중국 한나라와 패수라는 강을 경계로 하고 있었습니다. 고조선 관련 기록 가운데 사마천이 쓴 《사기》를 보면, "위만이 랴오둥에 있는 장성 동쪽에 있는 패수를 건너 세력을 키워서 결국 왕위를 빼앗고 '왕검성'에 도읍했다"고 쓰여 있어요. 그리고 이보다 앞서 지금의 베이징 지역에 도읍한 연나라 소왕이 진개라는 장수를 시켜 랴오닝 지역(랴오시와 랴오둥)을 공격하고 장성을 설치했는데, 장성이 끝나는 곳에 있는 패수라는 강을 경계로 중국과 고조선이 나누어졌다고 합니다.

고조선은 랴오둥의 동쪽, 구체적으로는 패수 동쪽에 있었던 것이지요. 그렇다면 고조선 사람들이 살았던 곳을 알려면 패수의 위치를

시라무렌허

쑹화 강

랴오시 지방

랴오허

● 국내성(고구려)

랴오둥 지방

압록강

서북한 지방

청천강

● 평양

▲구월산

▲마리산

아는 것이 제일 중요한 것 같군요.

고조선의 도읍은 어디에 있었을까?

문헌 기록은 무척 애매해서 패수를 랴오허로 볼 수도 있고, 압록 강 또는 청천강으로도 볼 수도 있습니다. 패수까지 쌓았다는 연나라 의 장성은 비교적 분명해서 랴오닝 북부 일대에 뚜렷한 흔적을 남기 고 있고, 장성 끝은 대개 오늘의 랴오허 유역에 이릅니다. 따라서 장 성 동쪽에 있었던 패수(한나라와 고조선의 경계 강)는 랴오허 서쪽에서 는 찾을 수 없겠지요.

앞에서 왕검성은 대동강 유역에 있었다고 했지요? 그렇다면 패수 는 랴오허와 대동강 사이의 강이 되겠군요. 이렇게 볼 때 패수는 청 천강이거나 압록강, 둘 중 하나일 수밖에 없습니다.

서기전 3~2세기 무렵, 서북한 지역의 대표적 금속기 유물인 세형 동검은 청천강 선을 경계로 그 아래쪽에서만 사용되었습니다. 그리고 중국 연나라 세력이 가지고 와 만주 지역에서 사용한 명도전은 한반도 북부에서 많이 출토되는데, 청천강 북쪽에서 주로 나옵니다. 때문에 명도전 같은 중국 연나라 유물이 출토되는 청천강 북쪽은 중국의 힘이 미쳤던 지역이고, 세형 동검이라는 고조선만의 독특한 청동기가 나오는 청천강 남쪽 지역은 고조선이 있었다고 말할 수 있겠지요.

여기서 한 가지 궁금한 점이 생깁니다. 과연 고조선이 중국과 청천강을 경계로 삼기 전에도 도읍이 대동강 유역이었을까 하는 점입니다. 청동기 시대의 대표적 유물인 비파형 동검은 서기전 4세기 무렵이 되면 세형 동검으로 변합니다. 그런데 비파형 동검은 랴오닝 지방에서, 세형 동검은 대동강 유역에서 집중 출토되지요. 그래서 청동기 시대에는 고조선이 랴오닝 지방에서 성장하다가 중국 쪽에서 사람들이 몰려오자 대동강 유역으로 근거지를 옮겼다는 주장이 나왔습니다. 이 주장은 요즈음 가장 많은 지지를 받고 있지요.

어떤 학자는 비파형 동검이 나오는 지역은 모두 고조선 사람들이 살았던 곳으로 보기도 합니다. 고조선의 영토를 무척 넓게 보기 때문입니다.

모두 나름대로 일리가 있는 주장입니다. 이 가운데 분명 진실이 있을 것입니다. 그 진실을 찾기 위해 지금도 많은 학자들이 열심히 중국을 답사하고 문헌 자료를 뒤지고 있습니다. 어쨌든 많은 학자들이 공통으로 인정하는 사실은, 고조선이 청동기 시대부터 철기 시대에 걸쳐 한반도 서북 지방을 중심 무대로 성장했다는 점입니다.

끝으로 고조선의 영역을 생각할 때 가장 먼저 주의할 점이 한 가지 있습니다. 고조선의 영역이 시대에 따라 다양하게 변했을 가능성입니다. 고대 사회 초기에는 오늘날처럼 국가 간에 경계선이 뚜렷하지 않았습니다. 국가와 국가 사이에는 상당히 넓은 빈 땅들이 있었지요. 특히 고조선의 서쪽 경계선은 매우 유동적이었습니다. 이 지역의 종족도 하나가 아니어서 그야말로 다양한 종족들이 섞여 있었지요. 따라서 고조선의 영역이 처음부터 멸망할 때까지 한결같이 대동강 유역이었다거나, 만주와 한반도 북부에 걸친 커다란 왕국이었다고 고정시키는 것은 실제 사실과 거리가 있다고 하겠습니다.

기자 조선은 정말 있었을까

조선에 왔다는 중국 사람, 기자

일연이 쓴 《삼국유사》에서는 단군 할아버지가 기자에게 왕위를 물려주고 산신이 되었다고 한다. 단군 조선을 이은 사람이 기자라는 것이다. 아직까지는 많은 학자들이 기자가 단군 조선의 뒤를 이어 고조선 왕조를 이끌었다고 본다. 그러나 기자가 세운 조선 왕조는 전설일 뿐 실제로는 존재하지 않았다고 보는 학자들이 더 많다.

기자가 동쪽으로 가서 왕이 되었다는 이야기는 한나라 때(서기전 206년~서기 220년)의 중국 책인 《상서》에 처음 나온다. 사마천이 쓴 《사기》에도 비슷한 내용이 실렸는데, 줄거리는 대강 이렇다.

"은나라 말엽에 '기자'라는 현명한 사람이 있었는데 걸주라는 사람의 포악한 정치를 말리다가 감옥에 들어가게 되었다. 이윽고 걸주를 물리친 무왕이 주나라를 세워 왕위에 오른 뒤 기자를 감옥에서 풀어 주자, 기자는 곧바로 조선 땅으로 도망쳤다. 나중에 이를 알게 된 무왕은 기자를 조선 왕으로 임명했다. 그러자 기자는 조선의 제도와 문화가 발전하도록 이끌었고, '범금 8조'라는 법률을 정해서 조선 사람들에게 그것을 지키도록 가르쳤다. 뒷날에 기자는 무왕을 찾아가서 '홍범구주'라는 법을 전해 주고 통치의 기본 규범으로 삼도록 권유했다. 서기전 194년에 위만이 쫓아낸 조선의 준왕은 기자의 후예라고 한다."

'홍범구주(洪範九疇)'란 기자가 주나라 무왕의 물음에 응답한 것으로, 천하를 다스리는 아홉 가지 커다란 법을 말한다. 사람의 행동 규범과 해야 할 일, 정치의 도덕 같은 내용을 담았다.

우리 조상들 가운데 고려 시대와 조선 시대의 유학자들은 기자가 고조선에 와서 왕이 되었다는 주장을 그대로 믿었다. 기자를 우리 나라에 예의 범절을 가르친 성현으로 숭배하면서, 우리 나라가 기자의 가르침을 받은 문화 국가임을 자랑으로 여겼다. 중국의 문명을 존경하던 사람들은 기자가 조선 왕으로 임명되었다는 사실에, 조선이 중국과 동등한 문명을 가진 나라라는 자부심을 가졌던 것이다. 그래서 평양에 기자에게 제사하는 사당인 숭령전을 세워 그를 기리기도 했다.

여러분 가운데 부모님의 성이 한씨나 기씨, 선우씨인 사람은 만약 집에 족보가 있다면 한번 들춰 보기를 바란다. 분명 맨 첫 번째 조상, 곧 시조가 기자로 되어 있을 것이다. 기자 전설에는 고조선의 준왕이 기자의 후예라고 나오는데, 준왕은 위만에게 쫓겨 남쪽으로 내려가 한(삼한)을 세웠다. 그리고 준왕의 후손 중에 우량·우성·우평 형제가 있었는데, 이들이 각각 선우씨·기씨·한씨의 시조가 되었다고 한다.

이처럼 우리 조상들은 대개 기자가 단군을 이어 고조선 왕조를 이끌었다고 믿었던 것 같다.

그 사실을 입증해 주듯, 최근 중국 랴오닝 성 서부의 객좌현(喀左縣) 다링허(大凌河:대릉하) 강 유역의 북동촌(北洞村) 고산(孤山)에서 '기후(箕侯)'라는 글자가 쓰인 은나라(상나라) 시대의 청동 제사 용기가 나왔다.

'기후'란 '기자 제후'라는 뜻이다. 이것말고도 다링허 유역에서는 은·주 시대의 청동 제사 그릇이 많이 출토되었는데, 이 그릇들은 랴오닝 성 서쪽의 객좌현 일대가 기자 조선과 관계 있는 땅임을 증명하는 것이라고 한다(42쪽 지도 참조).

기자는 조선에 오지 않았다!

그러나 중국의 고대 문헌을 보면, 기자는 실제 은나라 끝 무렵에 살았던 인물로서, 중국 은나라 황제 밑에서 일하다가 주나라 무왕이 은나라를 치고 일어서자 무왕 밑에서 일했으며, 중국 땅에서 죽어 그의 무덤은 중국 양국 몽현이란 곳에 있다고 한다. 기자가 조선 땅에 왔다는 주장을 믿기 어려운 까닭이 또 있

'기후'란 글자가 있는 부분

고산에서 출토된 제사 용기
기후(箕侯)라는 글자가 새겨져 있다.

다. 만일 기자와 그를 따르는 은나라 사람들이 우리 땅에 왔다면, 그들이 사용하던 청동 제품 등 당시의 중국제 물건들이 우리 땅에서 발견되어야 하는데 전혀 안 나온다는 점이다. 이것은 기자가 대동강 유역에 오지 않았다는 반증이다.

현재 대동강 유역의 평양에 기자가 묻혔다고 전해지는 무덤과, 기자가 우리 땅에 정전 제도를 시행했다는 터가 있다. 한동안은 이것이 기자가 대동강 유역으로 와서 통치했다는 증거라고들 이야기했다. 그러나 기자의 무덤 이야기는 사람들 입으로만 전해진 것이라서 그 곳이 진짜 기자의 무덤인지는 누구도 알 수 없다. 정

고산 유적 전경

유적 발굴 지점

전 제도를 실시했다는 터는 고구려 시대의 군사 시설과 관련된 유적으로 판명되었다. 그래서 기자가 동쪽으로 왔다는 주장은 신빙성이 떨어지게 되었다.

땅 속에 묻혀 있는 유적과 유물을 발굴하여 과거 사실을 밝히는 고고학에서는, 어떤 유물이 하나 나왔다고 해서 곧바로 역사가 어떠어떠하다고 말하지 않는다. 유물과 유적은 한 마디씩밖에 이야기하지 않는다. 유물 하나 하나, 유적 한 군데 한 군데의 한 마디 한 마디를 마치 복잡한 퍼즐을 풀듯 이리저리 꿰어 맞추고 연결해야, 비로소 한 줄기로 엮을 수 있는 이야기가 나오기 때문이다. 더욱이 유물이 하나도 나오지 않는데, 그러한 역사가 있다고 말하기는 어렵다.

그리고 중국 랴오닝 성 지방은 청동기 시대에 매우 황량하던 지방으로 드나들기가 힘들었다. 상식적으로 생각해서 기자가 자기를 감옥에서 풀어 준 무왕을 버리고 굳이 힘들게 조선 땅으로 올 이유가 있었을까 의심스럽다.

본디 중국에서는 넓은 땅 이곳 저곳에 작은 나라가 여럿 일어서서 서로 어깨를 겨루

정전 제도란?
경작지를 9등분한다. 한가운데에 있는 구역은 공전이라 하여 여덟 집에서 공동 경작하고, 그 땅에서 거둔 곡식은 나라에 세금으로 바친다. 나머지 여덟 구역은 여덟 집에서 한 구역씩 가진다. 이렇게 한 조로 짜인 아홉 구역을 1정이라고 한다. 우물 정(井) 자 모양으로 밭을 나눈다 해서 '정전(井田) 제도'라 한다. 중국 하(전설상의 왕국)·은·주나라에서 실시했다는 제도이다.

곤 했는데, 서기전 3세기에 진나라 뒤를 이어 한나라가 매우 힘세고 큰 나라로 성장하자, 중국 사람들은 스스로를 세상의 중심이라고 생각했다. 그러니 기자 조선 이야기는 아마 동쪽의 미개한 고조선이 중국 사람의 가르침을 받아 문명 사회로 나갈 수 있었다는, 중국 사람들의 자부심을 표현한 것이라고 봐야 할 것 같다. 한마디로 기자가 동쪽으로 왔다는 주장은 중국 한나라의 역사가들이 만들어 낸 이야기라 할 수 있다.

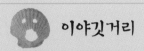 이야깃거리

개천절의 유래

대한 민국 정부는 정부 수립 다음 해인 1949년 10월 1일, 민족 의식과 민족 정기를 높이기 위하여 '국경일에 관한 법률'(법률 제53호)을 제정, 공포했습니다.

그 가운데 개천절은 우리 민족의 역사가 시작된 날을 기념하자는 뜻으로, 국민 모두가 가장 뜻 깊은 국경일로 여기고 있습니다. 세계 모든 나라와 마찬가지로 우리 민족과 국가의 시조가 태어난 날이니 만큼 개천절은 가장 중시해야 될 기념일로 생각합니다.

개천절의 유래는 먼 옛날부터 거행된 제천 행사에까지 올라갑니다. 대개 고구려의 동맹, 부여의 영고, 동예의 무천, 백제의 하늘 제사, 신라와 고려의 팔관회 등에서 행해진 제천 행사에 그 뿌리가 있지요. 고려 시대 이후에는 마리산의 참성단, 구월산의 삼성사, 평양의 숭령전 등에서 각각 단군에 대한 숭배 의식을 거행해 왔습니다.

단군을 숭배 대상으로 하는 대종교에서는 '개천'이란 본디 단군 조선이 세워진 것을 뜻하는 게 아니라, 단군이 하늘 신인 환인의 뜻을 받아 처음으로 하늘 문을 열고 태백산 신단수 아래에서 일을 시작한 서기전 2457년 음력 10월 3일을 뜻한다고 봅니다. 결국 이러한 명절을 개천절이라 이름 짓고 시작한 것은 대종교에서 비롯했지요.

상해 임시 정부는 개천절을 국경일로 정해 기념식을 행했고, 해방 후 대한 민국에서는 이 정신을 이어 개천절을 양력 10월 3일로 바꾸어 국경일로 정식 제정한 것입니다.

대부분의 사람들은 개천절이 단순히 단군이 우리 나라를 세운 날이라고 알고 있습니다. 우리 겨레는 예부터 외적의 침입을 받거나 어려운 일

태백산 정상에 있는 천제단
해마다 개천절이 되면 태백산 천제단과 마리산 참성단에서 하늘에 제사(천제)를 지낸다. 천제단은 우리 민족이 하늘의 자손이라는 믿음이 옛날부터 지금까지 이어지고 있음을 보여 주는 장소이다.

이 있을 때 단군의 자손이라는 생각으로 똘똘 뭉쳐 나라를 지켰지요. 때문에 정부에서도 비록 대종교에서 하늘이 열린 날로 정한 것이지만, 우리 민족에게 닥친 어려움을 극복했던 정신을 다시 생각해 보자는 뜻에서 개천절을 국경일로 정한 것입니다.

그런데 단군이 나라를 세웠다거나, 환웅이 하늘에서 내려온 날짜가 정확히 이 날이라서 기념하는 것은 아닙니다. 우리 조상들은 겨레의 시조라는 단군에 관한 신화를 계속해서 믿어 왔고, 그 믿음이 어려운 시절 우리를 하나로 묶어 주는 중요한 구실을 했기 때문에, 그 정신을 기리기 위해 날짜를 정해 개천절 행사를 하는 것이지요.

따라서 개천절에 우리 나라가 생겼다고 생각하기보다는 우리 역사의 시작이 언제인지, 우리 겨레가 어떤 역사를 걸어 왔는지를 되새겨 보는 것이 더 큰 의미가 있겠습니다.

3

민무늬 토기와 고인돌의 세계

고조선 사람들의 삶과 문화

일터에서 - 생산 활동

청동기 시대가 되면서 사람들은 돌로 만든 날을 나무 자루에 단 농
기구로 땅을 일구어 농경지를 넓히고, 또 밭을 깊이 갈아 생산량을
늘렸습니다. 생산력이 높아지면서 사회 전체가 농업을 중요하게 여
겼고, 벼농사도 본격적으로 시작되었지요. 그리하여 청동기 시대에
는 의·식·주 생활 모든 부분에 걸쳐 큰 변화가 일어납니다.

농사의 시작은 밭농사에서부터

농사는 자연에서 뭔가 완전한 것을 고스란히 얻는 채집이나 사냥, 고기잡이와는 달리 씨앗을 뿌리고 오랜 시간과 노력을 들여 그 산물을 거두는 생산 활동입니다.

진주 대평리 청동기 시대 밭자리 유적
네모진 곳이 집자리, 줄이 간 곳이 밭자리이다. 밭 이랑은 두둑과 고랑으로 이루어지는데, 두둑한 부분이 두둑, 두둑과 두둑 사이 움푹 들어간 곳이 고랑이다.

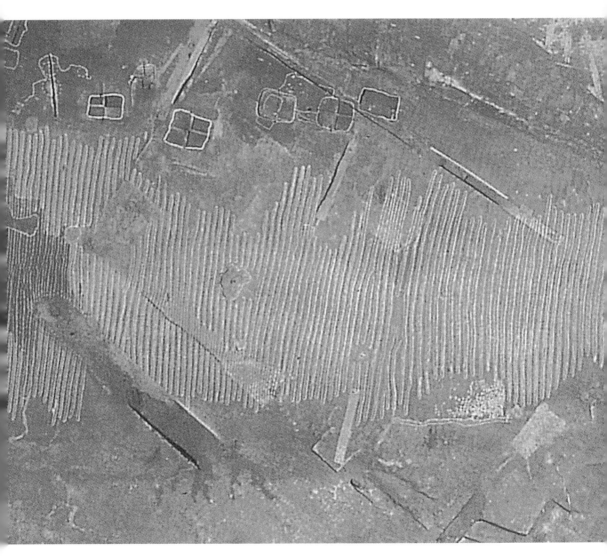

청동기 시대에 벌써 따비를 가지고 땅을 갈아 이랑을 만들어서 작물을 재배하는 농사 기술이 있었습니다. 봄이 되면 밭에 나가 땅 갈이 → 땅 고르기 → 씨 뿌리기 → 김매기 → 가을걷이 → 낟알 털기 순서로 농사를 지었지요. 이제 마을이나 집 근처의 땅을 온 식구가 다 같이 경작하는 생활이 기본이 되었고, 시간이 지나면서 습하고 낮은 땅을 중심으로 벼농사도 짓기 시작했어요.

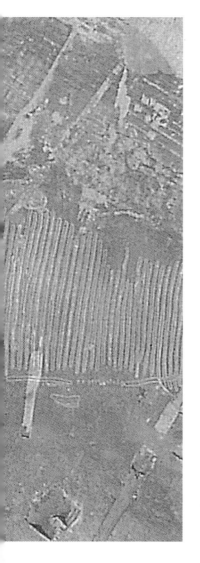

청동기 시대에 주로 재배한 곡식은 조, 피, 수수, 기장, 콩, 보리였습니다. 청동기 시대 유적에서는 불에 탄 쌀(탄화미)의 화석도 많이 나와, 이 때부터 벼농사를 짓기 시작했음을 알 수 있지요.

충남 논산 마전리와 울산 옥현리의 청동기 시대 유적에서는 논자리도 발견되었습니다. 논자리는 인공적으로 논에다 물을 대고 빼기 위한 관개 시설을 갖추고 있습니다.

집짐승은 더욱 늘어나 개와 돼지뿐 아니라 소나 말도 기르기 시작했습니다. 이 무렵부터 집짐승은 고기와 가죽을 제공할 뿐만 아니라, 농사를 짓고 짐을 나르는 데에도 사용되기 시작한 것으로 보입니다.

여러 가지 따비
따비로 땅을 갈면 흙이 부드러워진다. 사진의 따비는 모두 보습의 날이 쇠로 만들어진 조선 시대 이후의 것이지만, 청동기 시대부터 이와 비슷한 따비를 사용했다. 따비의 모양은 지방마다 다르다. 맨 오른쪽 외날 따비의 길이 162센티미터.

말굽쇠 모양 따비
보습의 날이 말굽쇠 모양으로 생긴 따비는 철기 시대에 접어든 뒤 등장했다.

쟁기
삼국 시대에 이르면 따비가 발달해 쟁기가 된다.
그러나 따비도 사라지지 않고 20세기까지 따로
존재했다.

두둑
파낸 흙을 고랑 옆에 쌓아 둑처럼 된 부분이
두둑이다. 이 곳에 씨앗을 심는다.

고랑
땅을 일직선으로 파낸 구덩이로, 비가 오면
이 고랑을 따라 물이 빠지니 씨앗이 비에
떠내려가지 않는다. 고랑과 두둑을 합쳐서
이랑이라고 한다.

돌삽
땅을 파거나 땅 속의 알뿌리를 캘 때 썼던 도구.
삽은 대개 돌로 만들었지만 짐승의 뼈나 나무로
만든 것도 많이 출토되었다. 돌삽도 자루는 나무
로 만들었다.

농경문 청동기

1970년대 초반, 대전의 한 고물상에서 기묘한 청동 판이 발견되었습니다. 마치 기와집 모양 같기도 하고 방패 모양 같기도 한 이 청동 판은 앞뒷면 양쪽에 그림이 선명하게 새겨져 있었습니다. 국립 중앙 박물관에서는 곧 이 청동기를 귀중한 유물이라 판단하여 사 들였고, 지금 국립 중앙 박물관에 가면 이 청동기를 볼 수 있어요.

이 손바닥만한 청동 판의 앞뒷면에 새겨진 그림은 바로 농사 짓는 장면입니다. 그래서 '농경문 청동기'라는 이름을 얻었습니다. 아랫부분은 파손되어 사라지고 없지만, 남은 부분에서 아주 간결하고도 생동감 있게 표현된 당시의 생활상을 볼 수 있습니다.

농경문 청동기 한쪽 면에는 한가운데에 세로로 난 무늬 띠를 사이에 두고, 오른쪽에는 남성 두 명이 따비와 괭이를 가지고 일하는 모양이, 왼쪽에는 여성 한 명이 그릇에 무엇인가(수확한 곡식이 아닐까요?)를 담는 모양이 새겨져 있습니다.

뒷면에는 가운데에 세로로 난 무늬 띠를 사이에 두고, 왼쪽과 오른쪽에 각각 Y자 모양으로 뻗은 나뭇가지에 새(독수리나 매)가 서로 마주 보고 있습니다.

이 청동기의 인물과 동물, 그 밖에 다른 형상들은 모두 간결하면서도 실감나게 표현되었습니다. 이것을 만든 장인은 남성의 머리에 달린 긴 장식과 성기, 농기구인 따비와 괭이, 밭의 두둑과 고랑, 질그릇, 그리고 새의 주둥이·꽁지·다리까지 분명히 묘사했어요.

그림으로 보아 풍요로운 수확을 기원하는 제사 의식에 쓰인 도구임이 분명해 보입니다. 봄에 씨앗을 뿌리는 시기에는 풍년을 기원하

농경문 청동기 앞면

고, 추수기에는 수확한 곡식에 대해 하늘에 감사하는 제례 의식이 있었는데, 이 때 의식을 주도하는 제사장(샤먼)이 옷에 매달거나 목에 걸었던 물건이 아니었나 생각합니다.

따비와 괭이를 들고 밭을 가는 장면은 씨앗을 뿌리는 파종 시기를 나타내고, 질그릇에 무엇인가를 담는 것은 추수기의 수확과 저장을

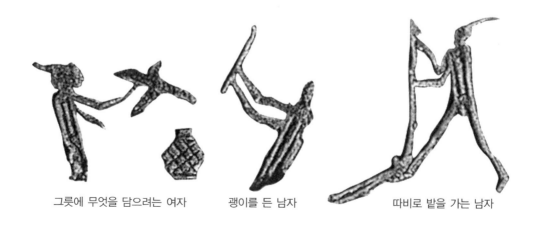

그릇에 무엇을 담으려는 여자　　괭이를 든 남자　　따비로 밭을 가는 남자

농경문 청동기 뒷면

나무가지에 새가
마주 앉아 있는 모습

나타낸 것으로 보입니다. 그리고 나무 위의 새는 예
전에 우리 농촌에서 흔히 볼 수 있었던 솟대를 연
상케 합니다.

솟대는 기다란 나무 장대 위에 곡령신(곡식과 농사를 관장하
는 신)을 불러오는 새를 나무로 만들어 얹은 것입니다. 예
전에 우리 농촌의 어른들은 섣달이면 마을 어귀에 세워
놓은 솟대에 볍씨를 넣은 주머니를 매달아 풍년을 기원
했어요. 고대 사람들은 새가 인간에게 풍요를 가져다
주고 영혼을 저승에 데려다 준다고 생각했거든요. 이 청
동기의 새 그림은 샤먼이 새처럼 천상과 지상을 오르내리며 신과 인
간을 이어 주는 존재임을 표현한 것인지도 모르지요.

해마다 파종기와 수확기에 제례를 지내고, 또 이런 청동기를 만든 것을 보면 우리 조상들이 농사와 생활을 자연과 신에게 얼마나 의지했는지를 알 수 있습니다. 그러나 한편으로, 문자가 없었던 당시에 이런 청동기를 만들고, 또 해마다 행사를 치름으로써, 어린 자녀들에게 씨 뿌리고 곡식 거두는 때를 맞추는 것이 얼마나 중요한지를 은연중에 가르친 것은 아닐까요? 곧 제사에 농사 짓는 방법과 기술을 교육하는 기능이 있었던 건 아닐까요? 그렇다면 이 농경문 청동기의 그림은 고대 사람들에게 문자와 같은 구실을 한 것으로 볼 수 있겠군요.

오곡을 모두 재배했다

고조선 땅에서는 기장, 수수, 콩, 팥, 조, 벼를 모두 재배했습니다. 이 곡식들은 대부분 오랜 적응 과정을 통해 우리 땅의 기후 풍토에 잘 맞게

솟대(남원 주천면 호경리)

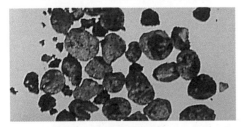

남경 유적에서 발굴된 탄화 곡물
(위부터 쌀, 조, 수수, 콩, 기장)

된 작물이었지요.

우리 겨레는 쌀(벼), 보리, 콩, 조, 기장을 '오곡'이라 하여 매우 중요한 곡식으로 재배해 왔습니다. 평양시 남경 유적의 청동기 시대 지층에서 쌀(벼), 조, 기장, 수수의 낟알과 콩 종류인 곡식이 불에 탄 채 벌써 나왔지요. 조, 기장, 콩과 같은 식물은 다 자라기까지 생육 기간이 짧은 편이고 추위에도 잘 견딥니다. 그리고 높고 건조한 지대에서도 키울 수 있지요. 반면에 벼는 생육 기간이 긴 편이고 추위에 약합니다. 또한 벼와 수수는 축축한 땅에서 자라는 작물이라는 특성이 있습니다.

그렇다면 당시 평양 지역에 살던 사람들이 습지대와 낮은 평지, 경사지와 높은 언덕을 골고루 개간하고, 그 땅에 알맞은 곡식을 찾아서 여러 가지 방법으로 농사를 지었다는 이야기입니다.

씨 뿌리기와 천문학

농사가 잘되려면 적당한 때에 씨를 뿌려 적당한 만큼 비를 맞고, 또 적당한 만큼 햇볕을 쬐어야 합니다. 곡식이 너무 익어 버리지 않도록 때를 맞춰 이삭을 거두는 일도 중요하지요. 농사의

길흉이 날씨와 계절의 변
화에 달렸던 것입니다. 날
씨와 계절의 변화를 예측
할 수 있다면……. 천문학
은 바로 여기서 시작했습
니다.

평양시 상원군 귀일리
와 평안 남도 중산군 용덕
리에 있는 고인돌의 덮개

돌에는 별자리로 보이는 구멍이 있습니다. 북한 학자들의 주장에 따
르면 청동기 시대에는 공기가 오염되지 않아 하늘의 별자리가 지금
보다 훨씬 더 많이 보였다고 합니다. 때문에 용덕리 고인돌에는 여
러분이 지금 맨눈으로 볼 수 없는 별자리가 많이 그려져 있다고 합
니다. 덮개돌에 팬 구멍 중에는 의미를 잘 알 수 없는 표시가 있기도
한데, 이것을 고조선 시대에 고도로 발달한 천문학의 기호로 보기도
합니다. 귀일리 고인돌의 덮개돌에 팬 구멍들은 남두육성으로 보기
도 하지요.

청동기 시대 사람들이 하늘을 관측해서 별의 위치를 가늠하고 계
절에 따라 별자리의 모양과 위치, 그리고 크기가 달라지는 것을 파
악했으리라는 것은 짐작할 수 있는 일입니다. 해와 달, 별의 움직임
을 세심히 관찰함으로써 1년의 절기를 파악하고 씨 뿌리는 데 적합
한 시기를 알아내려 노력했겠지요.

고인돌은 분명 무덤이지만 랴오둥 반도 하이청 현(海城縣 : 해성현)

남두육성
해와 달이 동쪽과 서쪽을
나타낸다면, 남두육성과
북두칠성은 남쪽과 북쪽을
가리키는 별자리이다. 중
국 위·진·남북조 시대의
도교 사상에서는 '남두육
성은 삶을 주관하고 북두
칠성은 죽음을 관장한다'고
해서 두 별자리를 매우 중
요시했다고 한다.

석목성(析木城)이나 가이저우 시(蓋州市 : 개주시) 석붕산(石棚山) 같은
곳의 고인돌을 보면 제단으로도 사용되었음이 분명합니다. 이 곳뿐
아니라 랴오둥 지방의 고인돌은 근처의 언덕보다 특별히 높고 사방
이 잘 내려다보이는 언덕배기에 서 있게 마련인데, 고인돌을 중심으
로 터가 잘 다져진 모양이 한눈에도 제단처럼 보입니다. 흙을 다져
단을 세우고 그 위에 고인돌을 만들었지요. 오늘날도 그 곳에서 고
인돌에 제사 지내는 점을 생각하면 당시에 고인돌은 분명 신성한 구
역이었을 것입니다.

결국 고인돌은 단순한 무덤이 아니라, 돌아가신 분께 제사를 지내
는 제단, 나아가서 신령을 섬기는 신전 건축물로서 만들어진 것이라
할 수 있습니다.

고인돌 안에 꾸민 제단
랴오둥 반도 석붕산 고인돌
안에는 지금도 마을 사람들
이 제상을 차려 놓는다.

그런데 사람들이 왜 고인돌의 덮개돌에 구멍을 팠을까요? 만약
고인돌을 세운 그 당시에 별자리를 새긴 것이라면, 아마 돌아가신
분이 하늘로 돌아갔으리라는 믿음을 나타내기 위해서였을 것입니
다. 어쩌면 하늘을 상징하는 별자리를 그려 놓고, 그 아래에서 풍년
을 기원하는 제사를 올렸을지도 모릅니다.

한편으론 꼭 별자리라기보다는 고인돌이 만들어진 뒤에, 사람들
이 자식을 많이 낳고 수확이 풍성하기를 기원하는 의미에서 여성의
생식기 모양을 새긴 것이라고 주장하는 학자도 있습니다. 태양을 숭
배하는 사상을 표현한 것이라는 학자도 있고요.

어떤 경우이든 덮개돌의 구멍은 사람들이 고인돌을 종교적 장소
로 이용하면서 자신들의 기원을 담아 새긴 것임을 보여 줍니다.

밭이 물에 잠겼네! 아니, 저게 논이라고요?

쌀은 다른 곡식보다 맛이 좋을 뿐만 아니라 낟알도 크고, 한 곳에서 많은 양을 수확할 수 있는 곡식입니다. 그러나 벼농사는 쉽지 않은 작업입니다. 기본적으로 따뜻한 기후와 충분한 물, 그리고 농업 기술이 뒷받침돼야 하기 때문입니다.

고조선 시대에는 밭농사가 중심이었지만, 쌀을 얻기 위한 벼농사도 활발히 이루어졌습니다. 사람들은 경사가 심하지 않은 비탈이나 언덕에 마을을 이루고, 마을 가까운 곳에는 밭을, 아래쪽 평지와 물이 흐르는 골짜기의 낮은 땅에는 논을 만들었습니다. 골짜기에 흐르는 물을 끌어들이는 물길을 내고, 논과 논 사이에 논둑을 세워 네모진 형태로 논을 만들었

울산 무거동의 청동기 시대 논자리 유적
동그라미로 표시된 부분이 논 사이에 낸 물꼬의 흔적이다. 물꼬를 막으면 물을 논 안에 가둘 수 있고, 트면 옆의 논으로 물을 흘려 보낼 수 있다.

습니다. 그리고 논에 물을 가두거나 흘려보낼 수 있는 물꼬를 만들었고요. 지금부터 2500년 전에 살았던 사람들이 지금과 똑같은 기

술로 논을 만들었던 것이지요.

고조선 시대 후기에 존재한 삼한(마한, 변한, 진한)의 땅이었던 충남 논산 마전리와 울산 무거동 옥현리, 광주 신창동에서 물길(수로)과 논 유적이 발견되었습니다. 모두 저습지에 논을 개간한 흔적입니다. 이들 논자리 유적에서는 논바닥, 논둑, 물길을 알아볼 수 있습니다. 논과 논 사이에는 물이 지나갈 수 있도록 길을 열어 놓았지요. 논의 모양은 네모났고, 크기는 3~10평방미터 정도로 지금의 논보다 훨씬 작았습니다.

지금의 논보다 크기는 작았지만, 이러한 논을 만들기 위해서는 인근 마을 사람들이 몇 달에 걸쳐 함께 일해야 했습니다. 한마디로 논

쌀·이·야·기

우리 땅 한반도는 어느 지방에서나 벼농사를 지을 수 있다. 하지만 지금까지 조사된 청동기 시대의 벼농사 유적 중에서 가장 북쪽에 있는 곳은 평양의 남경 유적이다. 더 북쪽 지방에서도 벼를 키울 수 있었겠지만 아직까지 유적이 발견되지 않았다.

평양 남경 유적 36호 집자리에서는 벼를 비롯해 조, 보리, 콩 등 곡식들의 낟알이 지름 1미터 범위 안에 흙과 함께 8~10센티미터 두께로 수북이 쌓여 있었다. 불에 탄 채로.

그렇다면 청동기 시대에 일반 백성이 쌀밥을 마음껏 먹고 살았을까? 확인할 수는 없지만 청동기 시대뿐만 아니라 삼국 시대까지도 일반 백성은 쌀밥을 마음대로 먹을 수 없었다. 쌀은 지배자나 특권층이 독차지한 귀중한 먹을거리였다.

벼껍질층(광주시 신창동)

을 만드는 것은 자기 혼자 할 수 있는 일이 아니었지요. 더욱이 논에 물을 대는 물길을 만들고, 그것을 고치거나 관리하는 데에는 많은 사람의 힘이 필요했습니다.

논에서 벼를 재배하는 방법은 지금과 큰 차이가 없었던 것으로 보입니다. 특히 벼 밑동이 가지런하게 나온 흔적을 보면, 모판에서 모를 키워 논에 모를 심는 오늘날의 모내기 방법을 이용한 것 같습니다. 그렇지만 많이 이용하지는 않았던 것 같아요. 아마 모를 심은 논에 물을 댈 수 있는 관개 시설이 발달하지 못했기 때문에, 거의 하늘에서 내리는 비에 의존해 농사를 지었을 것입니다.

눈길을 끄는 것은 남경 유적에서 나온 쌀알이 아주 짧은 종자라는 사실이다. 지금 것의 절반 정도밖에 되지 않는다. 야생에서 그냥 얻은 것은 아니고 농사를 지어 거둔 것이지만, 종자가 개량돼 지금의 쌀알보다는 길이가 짧고 더 야생 상태에 가까운 쌀알을 먹었던 것이다.

벼농사는 한강 이북 지방보다는 한강 이남에서 더 활발히 이루어졌다. 경기도 일산 가와지 유적 등에서 신석기 시대인 서기전 1500년 무렵의 볍씨가 발견되긴 했지만, 신석기 시대나 청동기 시대 초기까지도 벼농사는 그다지 널리 보급되지 않은 듯하다. 대개 서기전 1000년~서기전 600년에 이르면 한반도의 중남부 지방에 벼농사가 정착해 차츰 잡곡 농사보다 중요한 위치를 차지하게 된다.

탄화미(광주시 신창동)

가을은 수확의 계절

가을은 여름에 흘린 땀방울이 결실을 맺는 계절입니다. 농민들은 들에 나가, 잘 익어 고개 숙인 곡식의 이삭을 반달 돌칼로 따서 바구니에 담습니다.

　반달 돌칼은 이삭을 따는 도구입니다. 주로 반달 모양이지만 세모꼴이나 네모꼴인 돌칼도 있습니다. 돌칼은 신석기 시대가 끝날 무렵에 발명되어, 청동기 시대에 벼농사가 널리 퍼지면서 사람들이 본격적으로 사용한 도구입니다. 반달 돌칼의 등에 구멍을 하나나 두 개 뚫고 거기에 가죽 끈 같은 것을 끼워서 손목에 걸면, 손에 쥐거나 가지고 다니기에 편하고 잃어버릴 염려도 없지요. 하지만 이 돌칼을 가지고는 이삭을 하나씩밖에 자를 수가 없으므로 추수 작업을 하려면 여러 사람이 꽤 오랜 시간을 들여야 했겠지요.

　청동기 시대 초기에는 벼를 포함하여 오곡 작물을 거둘 때, 반달 돌칼로 이삭만 따는 기술을 주로 이용했습니다. 이삭을 따고 남은 줄기, 곧 짚을 이용할 생각을 못 했던 것이지요. 그런데 청동기 시대 후기에 이르면 반달 돌칼말고도 돌낫을 이용하게 되어, 곡식의 줄기

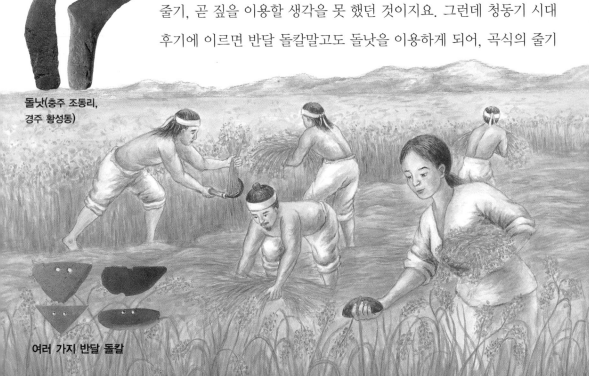

돌낫(충주 조동리,
경주 황성동)

여러 가지 반달 돌칼

돌절구와 공이

를 밑동째 잘라 내고 짚을 활용하는 농법이 등장합니다. 줄기에서 낟알을 떨어 내고 남은 짚으로 지붕을 얹거나 집 안의 바닥에 깔았 습니다. 바닥에 깐 짚은 푹신하고 따뜻한 잠자리가 되었어요. 뒤에 쇠를 사용할 줄 알게 되면서 쇠낫이 널리 퍼집니다.

곡식을 수확하면 바로 먹을 것만 조금 빼 놓고 나머지는 모두 바 람이 잘 통하는 곳간에 보관했습니다. 바로 먹을 것은 커다란 항아 리 같은 데에 담아 집 안에 두었지요.

수확한 곡식 낟알의 껍질을 벗겨 내는 도구로는 신석기 시대에 고 안된 갈돌이 있었지만, 갈돌로는 한 번에 많은 양을 갈지 못했 습니다. 그래서 등장한 것이 절구입니다. 절구 안에 곡식 을 넣고 공이로 찧으면 껍질이 벗겨집니다. 나중에 가 면 절구의 크기가 커져, 두 사람이 절구를 사이에 두고 서서 번갈아 가며 공이로 찧게 됩니다. 1980년대까지만 해도 농촌에 가면 집집마다 이런 절구가 있었지요.

다락 곳간 모양 토기
(삼국 시대, 경북대학교 박물관)
마치 다락 곳간처럼 생긴 걸 로 보아, 실제로 곡물이나 음식물을 담아 둔 질그릇이 아니었을까?

농기구 ·ㅣ·ㅑ기

청동기 시대 사람들이 농사 지을 때 사용하던 연장, 곧 농기구는 주로 돌로 만들었다. 재료를 구하기 쉽고, 단단해서 오래 쓸 수 있기 때문에 철기 시대에도 돌로 만든 농기구를 많이 썼다.

농기구를 만드는 데는 돌 외에 나무도 많이 쓰였다. 지금도 낫이나 호미, 삽을 보면 땅에 직접 닿는 부분만 쇠로 만들고 손잡이나 자루 부분은 나무로 만드는데, 당시에도 이와 같은 형태로 만들었다. 그러나 우리 땅에 있는 흙은 산성 성분이 강해서 나무로 만든 물건이 흙에 묻히면 오래 가지 못한다. 산성 성분이 나무를 분해해 버리기 때문이다. 나무로 만들어 사용했던 옛날 농기구들을 우리가 직접 볼 수 없는 이유가 바로 여기에 있다.

그런데 최근 충청 남도 부여 궁남지, 광주 신창동, 경상 남도 창원 다호리 같은 곳에서 나무로 만든 고대의 농기구가 많이 발굴되었다. 충청 남도 부여 노화리에서는 청동기 시대 논의 물길에 대었던 나무쪽도 나왔다. 그런 유물은 대개 현재 논으로 경작되는 곳이나 저습지같이 물기가 많은 곳에서 나왔다. 습지의 진흙이 공기를 차단해 보호막과 같은 구실을 해서, 진흙 속에 묻힌 나무 도구들이 썩지 않고 그대로 보존된 것이다.

청동으로는 농기구를 만들지 않았다. 청동은 쇠나 돌보다 무르기 때문이다. 또 돌은 청동보다 잘 깨어지고, 나무는 청동보다 잘 부러지지만 그 두 가지는 어디서나 쉽게 재료를 구해 다시 연장을 만들 수 있다. 청동은 귀한 물건이었기 때문에 농기구로는 적합하지 않았다. 대신 돌로 만든 도구는 닳으면 버려야 하는데, 금속 도구는 오래 써서 무뎌지더라도 숫돌에 잘 갈면 다시 날카로워진다. 청동으로는 도끼나 끌, 송곳과 같은 공구를 만들어 농기구를 제작하는 데 이용했다.

청동기 시대가 지나고 고조선 사회에서 쇠를 사용하면서부터, 곧 철기 시대가 시작되면서부터 쇠로 만든 농기구를 사용했다. 쇠로 만든 낫은 날이 예리하고 단단해, 힘을 많이 들이지 않고도 볏단을 뭉텅뭉텅 벨 수 있다.

쇠로 만든 연장을 가지게 된 농민들은 품을 적게 들이고도 깊이갈이를 할 수 있었다. 깊이갈이는 흙을 뒤집어 엎으며 고랑을 깊게 만드는 것인데, 이렇게 하면 작물이 땅 속 깊은 곳의 영양분을 잘 흡수하게 된다. 그리고 흙을 뒤집는 과정에서 곡식에게 갈 흙 속의 양분을 빼앗는 잡초의 뿌리도 뽑혀 나오고, 또 잡초의 씨앗이나 싹이 깊이 묻혀 자라지 못하게 되기 때문에 김매는 수고를 덜 수 있다. 결국 쇠 연장이 널리 보급되면서 농업 생산력은 획기적인 발전을 이루었다.

평안 북도 영변군 세죽리에서 고조선 시대의 커다란 마을 터가 발견되었다. 이 곳에서는 쇠로 만든 도끼가 수십 개나 나왔고, 낫이나 괭이, 호미 같은 농기구도 많이 나왔다. 이것은 고조선 사람들이 쇠 연장을 가지고 농사를 지었다는 증거이다. 평북 위원군 용연동에서도 쇠로 만든 도끼와 괭이, 삽괴 낫, 반달칼 등 중요한 농기구가 나왔다.

광주 신창동에서 나온 나무 농기구들

❶ 자루가 달린 나무 괭이
❷ 쇠스랑 모양 나무 괭이
❸ 나무 괭이
❹ 자귀자루
❺ 큰 절구에 쓰는 나무 절굿공이
❻ 낫자루

풍년은 임금 덕, 흉년도 임금 탓

고대 사회에서 임금은 백성의 어려움을 보살피는 존재였습니다. 농사를 주로 했던 고조선 사회에서 백성은 곧 농민이었지요.

농사가 잘되려면 비도 잘 내리고, 햇볕도 쨍쨍 내리쬐어야 합니다. 가뭄이 들거나 홍수가 나면 곡식이 제대로 영글지 못합니다. 흉년이

들면 백성들은 나무 열매나 뿌리 따위를 구하러 산으로 들로 헤매 다녔습니다. 그래도 주린 배를 채울 수가 없으면 백성들은 임금님을 원망하곤 했습니다. 날씨가 고르지 못해 농사를 망친 것은 임금님이 하늘의 뜻을 따라 잘 통치하지 못한 탓이라고 생각했습니다.

고조선보다 뒤늦게 일어난 이웃 나라 부여에서는 흉년이 극심하면 임금이 그 책임을 지고 물러나거나, 족장들의 손에 목숨을 잃기까지 했습니다.

그만큼 농사가 가장 중요한 일이었던 것이지요. 그래서 날이 가물면 비를 내려 달라고 하늘에 비는 것도 임금이 할 일이었습니다.

부여
고조선 후기에 위만이 집권할 당시 만주 동북 지방에서 일어선 나라. 고구려를 세운 주몽이 부여 사람이었던 만큼 우리 역사에서 중요한 나라이다. 부여에 대해서는 6장에서 자세히 다룬다.

비가 내리지 않으면 임금은 기우제를 지냈다.

일본에 전해 준 벼농사

우리 땅에서 살던 사람들이 쌀을 주식으로 하게 된 것은 언제부터일까요? 대개 청동기 시대부터라고들 하지요. 일산 가와지나 김포 가현리에서 신석기 시대의 볍씨가 나오기는 했으나, 야생에서 자란 볍씨가 아닌가 하는 학자도 있습니다. 본격적으로 농사를 지으면서 벼를 재배한 흔적은 청동기 시대의 유적에서 볼 수 있습니다.

그렇다고 우리 겨레가 제일 먼저 벼농사를 시작한 것은 아닙니다. 이웃 나라인 중국이나 서아시아의 오아시스에는 우리보다 이른 시기에 벼농사를 지은 흔적이 많습니다. 그렇다면 이들 지역에서 우리 땅에 농사 기술을 전해 주었다고 볼 수 있지요.

많은 학자들은 중국을 통해 우리 땅에 벼농사 기술이 들어왔다고 봅니다. 중국 대륙 가운데 동북쪽 만주 지방을 거쳐 한반도 북부 지방으로 들어왔다는 주장도 있고, 중국 양쯔 강 이남 지역의 벼가 바닷길을 통해 일본이나 한반도 중남부 지방으로 들어와 우리 땅 전체로 퍼졌다는 주장도 있습니다. 그런데 최근 랴오둥 반도 끝에 있는

일본의 청동기 시대 논 유적인 나가노 현 이시카와 조리〔石川条里〕 유적에서 나온 나무 농기구 유물

따쭈이즈 유적

따쭈이즈(大嘴子：대취자)라는 마을에서 청동기 시대의 볍씨가 나와, 중국 동북 지방을 거쳐 한반도에 벼농사 기술이 들어왔을 가능성이 높아졌습니다.

이 중 어느 길을 통해 벼농사가 전파되었을까?

  우리 땅에 들어온 벼 재배 기술은 청동기 시대의 중간 무렵에 일본 땅으로 전해집니다. 일본에서는 우리 나라와 지리적으로 가까운 지역, 곧 기타큐슈나 오사카, 나라 지방에서부터 벼농사를 짓기 시작했지요. 일본의 청동기 시대(야요이 시대) 유적인 이다츠케 유적에서는 삽, 가래와 같은 농기구 유물과 작은 논에 물을 가두고 농사를 지었던 흔적이 고스란히 모습을 드러냈습니다. 우리 땅에는 청동기 시대에 지었던 농사의 흔적이 많지는 않지만, 일본의 유적과 유물을 통해서도 그 양상을 짐작해 볼 수 있답니다.

자 떠나자, 고래 잡으러! ─ 고기잡이

청동기 시대 사람들은 생선도 많이 먹었습니다. 한반도는 3면이 바다로 둘러싸여 곳곳에 어장이 많이 있습니다. 바다뿐 아니라 시내와 강에도 물고기와 조개가 풍부합니다. 동해와 서해에는 따뜻한 해류(난류)와 차가운 해류(한류)가 계절에 따라 엇바뀌어 흐르기 때문에, 따뜻한 바다에서 사는 물고기와 차가운 바다에서 사는 물고기가 번갈아 많이 잡힙니다.

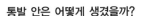

통발 아가리

통발 안은 어떻게 생겼을까?
통발은 물고기가 일단 그 안으로 들어가기만 하면 다시 밖으로 나오지 못하도록 만든 장치. 아가리에서 안쪽으로 오므라드는 댓살을 따라 안으로 들어간 물고기는, 통발 안에서 오므라든 댓살을 헤치고 밖으로 나갈 길을 찾지 못하게 된다.

우리 땅의 사람들은 이러한 조건을 이용해 원시 시대부터 여러 가지 도구를 만들어 물고기를 잡고, 바다와 가까이 생활했습니다.

청동 낚싯바늘 거푸집
(전라 남도 영암)

바닷가에서는 조개와 바닷말을 줍고, 배를 타고 바다로 나가서는 고래 같은 커다란 사냥감을 잡았습니다. 우리 바닷가에서 고래뼈 화석이 발견되기도 하고, 울주 반구대의 바위 그림에는 작살 맞은 고래나 고래잡이 배를 탄 사람들이 생생하게 그려져 있습니다. 이러한 사실로 보아 청동기 시대에 이미 위험하고 수준 높은 기술이 필요한 고래잡이가 성행했음을 알 수 있습니다.

벼농사가 발전하면서 논의 물길이나 도랑에서 송사리 같은 민물고기를 잡기도 했습니다. 논과 논 사이의 도랑에서 물고기를 잡는 도구로 통발이라는 것이 있습니다. 옛날에는 대나무로 만들었는데 요즘에는 비닐을 이용해 만들더군요. 통발 안에 된장 같은 냄새가 나는 음식을 넣어 두기만 하면 물고기들이 냄새를 맡고 들어갔다가 빠져 나오지 못하지요.

청동기 시대에는 낚시도 발전했습니다. 신석기 시대에 간석기와 뼈를 연결해 만들던 낚싯바늘을 이제는 청동으로 만들었지요. 물고기가 바늘에 끼운 미끼와 함께 바늘을 삼키면, 바늘에 연결한 낚싯줄을 낚아채어 물고기를 잡았습니다.

저절로 불어나는 양식 – 집짐승 기르기

북만주 지방에서는 집짐승이 중요한 식량 자원이었습니다. 농사도 지었지만, 초식 동물의 먹이가 많은 북쪽의 초원 지대에서 일찍부터 집짐승 기르는 일이 발전했습니다. 산이 적고 들판에 야생 풀밭이 넓게 펼쳐져, 집집마다 몇 마리씩 짐승을 기르기보다 부족 전체에서 다 함께 대단위로 짐승을 기르는 것이 더 좋았습니다.

하지만 그보다 남쪽, 곧 기온이 따뜻한 편이고 기름진 들판과 언덕, 산과 계곡이 펼쳐진 중국 지린 성 이남에서는 집짐승 기르는 일이 대단위 목축업으로 발전하지 못했습니다. 그저 집집마다 몇 마리

반구대 바위 그림 속의 물짐승들

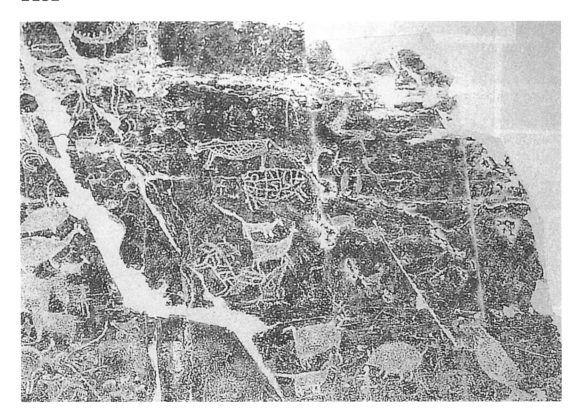

씩, 농사 일에 곁들여 기르는 수준이었지요.

사냥이 중요하던 시절, 사냥한 짐승은 오래 보관하기 어렵기 때문에 곧바로 먹어 버려야 했습니다. 그리고 농사를 짓게 되면서부터는 농번기를 피해 가끔씩 사냥을 했기 때문에 고기는 사람들의 주된 양식이 될 수 없었습니다. 그러나 집에서 키우는 집짐승은 필요에 따라 아무 때나 잡을 수 있으므로 저장된 식량과 같았습니다. 또 집짐승은 다 크면 새끼를 낳기 때문에, 저절로 불어나는 식량이기도 했지요.

그럼 청동기 시대 사람들은 무슨 짐승을 길렀을까요? 그 시대의 유적에서 개와 돼지, 소의 뼈가 많이 나오는 걸 보면 지금하고 크게 다르지 않았던 것 같아요. 집짐승 중에는 돼지가 가장 많았던 것 같습니다. 지금까지 청동기 시대 사람들의 집자리나 무덤을 조사한 결과 돼지 뼈가 제일 많이 나왔기 때문입니다.

수공업 – 청동기를 만드는 대장간

청동기 시대에는 청동을 만들거나 청동 공구를 이용해 여러 도구를 만드는 수공업이 발전했습니다. 청동은 대단히 정밀하고 복잡한 작업 과정을 거쳐야 얻을 수 있습니다. 당시의 제작 방식으로 청동기 시대의 걸작품인 청동 거울을 한번 만들어 볼까요?

청동 거울 만들기

① 도가니에 청동 용액을 만든다

청동은 그 자체가 땅 속에 들어 있는 것이 아니라, 먼저 구리 성분이 든 돌에서 구리를 뽑아 낸 뒤 그것에 주석 같은 다른 성분을 넣어 만들어 내는 것이다.

먼저 자연에서 찾아낸, 구리가 든 돌을 뜨거운 불로 녹여서 구리 성분을 액체 상태로 만든다. 이 과정을 위해서는 화로(용광로)와 도가니가 필요하다. 용광로와 도가니는 질그릇처럼 흙을 구워 만든다.

용광로에 구리가 든 돌을 넣고 불을 지펴서 구리를 녹인다. 용광로 옆에 낸 구멍에는 관을 연결하는데, 이 관으로 풀무질을 해서 바람을 불어 넣으면 용광로 안에

공기가 잘 통해 불이 매우 뜨겁게 잘 탄다. 이렇게 해서 불의 온도를 높이면 이윽고 용광로에서 구리가 녹아 내리고, 녹은 구리는 도가니에 받아 낸다.

녹은 구리에 주석이나 아연을 섞어 청동 용액을 만든다. 그러자면 주석이나 아연도 미리 녹여 둬야 한다. 구리에 주석이나 납, 아연을 섞는 비율에 따라 청동의 질이 달라지기 때문에 청동 용액을 만드는 것은 매우 수준 높은 기술이었다. 단단해야 하는 청동 칼을 만들 때는 구리가 차지하는 비율을 매우 높게 한다. 또 거울이나 방울처럼 빛을 잘 내야 하는 물건을 만들 때는 구리의 비율을 많이 떨어뜨려, 구리가 약 60%라면 주석은 22%, 나머지는 납이나 아연을 넣는다.

풀무질
용광로에 구멍을 내고 관을 연결한 뒤, 관에 막대기를 꽂고 세차게 밀고 당기면 그 압력으로 공기가 용광로 안으로 계속 들어간다.

도가니(평양 낙랑토성)
구릿물을 받아 내는 토기.

② 청동 용액을 거푸집에 붓는다

이렇게 해서 얻은 청동 용액을 진흙이나 곱돌(활석)로 만든 거푸집에 붓고 식혀서 굳히는 단계로 넘어간다. 거푸집은 청동기의 모양을 만들어 내는 틀이다.

청동 거울 뒷면에 장식 무늬가 나타나게 하려면 거푸집에 그 무늬를 새기는데, 국보 141호 청동 거울의 무늬처럼 매우 정교하고 복잡한 무늬는 거푸집에 곧바로 새길 수 없다. 현대 기술로도 만들기 어려운 이 정교한 무늬를 새기려면 먼저 밀랍(꿀 찌끼를 끓여 짜낸 기름)으로 속틀을 만들어야 한다.

부드러운 밀랍에 정교한 무늬를 새긴 뒤 무늬를 새긴 면에 진흙을 두껍게 입힌다. 그리고 불에 구우면 밀랍은 녹아 버리고 진흙은 단단해져 거푸집이 된다.

③ 다 굳기를 기다려 거푸집을 떼어 낸다

거푸집에 청동 용액을 붓고 다 굳기를 기다려 거푸집을 떼어 내면 멋진 청동 거울이 만들어진다.

④ 숫돌에 간다

마지막으로 표면의 거친 부분이나 티끌을 숫돌에 갈아서 매끈하고 반짝반짝 빛나게 외형을 다듬어야 한다.

이제 이 청동 거울의 주인이 나타나, 이것으로 제사를 주관하거나 신분을 과시하는 물건으로 차고 다닐 일만 남았다.

청동 거울의 거푸집(부여 송국리)

세형 동검의 거푸집
(전라 남도 영암)

국보 141호 청동 거울(충남 논산)

비단을 입은 그대, 삼베를 입은 나

농사를 지으면서 수확은 예전보다 훨씬 늘었지만, 이제 모든 사람이 평등하고 풍요롭게 살지는 못했습니다. 사람에 따라 가난한 자와 부유한 자가 생기고, 권력자가 등장하면서 사람들 간에 신분과 지위가 달라졌지요. 신분과 지위가 다르면 의·식·주 생활도 달랐습니다.

지위와 재산에 따라 달라진 옷차림

삼실과 삼베

처음에 사람들은 추위를 막기 위해 옷을 입었을지 모릅니다. 그런데 점차 옷은 다른 사람에게 예의를 지키고 자신을 꾸미기 위해 입는 것으로 그 목적이 바뀌어 갔습니다.

누구나 팔찌나 발찌 같은 장식을 하고 다니던 신석기 시대와 달리 청동기 시대에는 지위와 재산에 따라 옷차림과 꾸밈새가 달라진 것입니다. 부와 권력을 쥔 자들은 옥으로 만든 귀고리와 목걸이를 하고, 청동으로 만든 단추로 신발을 치장하기까지 했습니다.

사마천이 쓴 《사기》에서 〈조선전〉을 보면, 고조선의 마지막 왕조를 이끌었던 위만은 머리에 상투를 틀고 고조선의 고유한 옷을 입었다고 합니다. 고조선의 고유한 옷이란 과연 어떻게 생겼을까요? 구체적으로 알 수는 없지만, 삼베나 비단으로 만든 바지와 저고리를 기본으로 입었으리라 생각합니다. 여성의 옷차림은 남성들과 기본적으로 비슷하지만 그 밖에 치마를 따로 입었을 것으로 보입니다.

그리고 중국과 무역할 때 반점이 박인 짐승 가죽 옷과 가죽 천이 중요하게 취급된 것으로 보아 가죽 옷도 즐겨 입었으리라 봅니다.

웃옷으로는 보통 '포'나 '구'를 입었습니다. 정확히 알 수 없으나 이것은 소매 폭이 넓고 옷의 기장이 길게 내려오는, 두루마기와 형식이 같은 옷으로 보입니다. 고조선의 이웃 나라인 부여, 삼한에서 입는 소매가 큰 포를 '대매포'라 하고, 베로 지은 것을 '포포', 그리고 짐승 가죽으로 지은 것을 '구'라고 한다는 기록이 있습니다. 고조선 사람들도 비슷한 옷을 입었겠지요.

고조선 당시에는 옷감인 베를 만드는 기술도 뛰어나서, 중국 사람

날실

바디(베틀에서 천을 짜는 도구)
날실 사이로 씨실을 통과시킨 다음
바디를 잡아당겨 올을 다져 정돈한다.

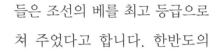

들은 조선의 베를 최고 등급으로 쳐 주었다고 합니다. 한반도의 중남부에 있었던 삼한 사람들도 일찍부터 뽕나무를 심고 누에를 쳐서 명주실을 뽑아 비단을 짰으며, 삼으로 실을 자아 베를 짰다고 합니다. 그리고 그 옷감의 질이 좋아 나라 밖에 널리 알려졌다고 합니다.

광주 신창동의 마한 유적에서는 베틀에서 천을 짜는 도구인 바디와 올이 촘촘한 천이 발견되었습니다. 바디는 날실과 씨실을 서로 교차시켜서 천이 짜이도록 하는 도구인데, 이것을 사용했다는 사실은 이미 고조선과 삼한 시대에 천을 짜는 기술이 상당히 발전했음을 뜻합니다. 실제 출토된 천은 지금의 옷감과 견주어 봐도 크게 뒤지지 않는 기술로 만들어졌음을 알 수 있습니다.

광주 신창동에서 나온 베 조각과 베틀의 바디

북만주에 있었던 부여에서도 이미 서력 기원 전후에 옷감 짜는 기술이 발달했다고 합니다. 부여의 지배층 사람들은 회의를 할 때나 외국에 나갈 때는 비단 옷을 갖춰 입었다고 합니다.

당시 사람들은 삼베 옷을 널리 입었고, 그 중 부유한 사람들은 비단 옷과 가죽 옷도 입었을 것입니다.

압록강 건너 현재는 중국 땅인 지린(吉林:길림)이나 랴오닝(遼寧:요령) 지방의 숲에 사는 동물들을 보면, 고조선 사람들이 어떤 가죽 제품을 썼을지 알 수 있습니다. 중국의 박물관에는 사슴과 노루 같은 초식 동물을 비롯해 여우, 살쾡이, 산양, 범, 곰, 족제비, 담비, 수달, 오소리, 너구리, 승냥이, 물개 같은 것이 중국 동북 지방에 사는 짐승으로 전시되어 있습니다. 청동기 시대에는 지금보다 야생 짐승의 종류가 더 많았겠지요.

짐승을 사냥하면 살코기는 먹고 그 가죽으로 옷을 만들었습니다. 사냥한 짐승뿐 아니라 말, 소, 돼지, 개와 같은 집짐승의 가죽도 이용했을 것입니다.

중국의 옛 문헌인 《삼국지》 중에서 동이전에는 부여의 지배자들이 여우나 담비 가죽으로 만든 옷을 즐겨 입었다고 나옵니다. 아마 부여가 추운 지방에 있었고, 담비같이 털이 고운 짐승이 많아 털가죽 옷이 유행했던 모양입니다.

제주도에 있었던 것으로 추정되는 주호국에서도 가죽 옷을 입었다고 하는데, 윗옷만 있고 아래옷은 없어서 마치 벗은 듯했다고 전합니다. 아마 기다란 천의 가운데에 구멍을 내고 머리만 넣어 옷처럼 걸치고 다녔나 봅니다. 이러한 풍습은 우리 땅 북방에 살았던 숙신족이나 읍루족에도 똑같이 있었다고 합니다.

바느질이 발달하기 전에 사람들이 처음 지어 입은 옷은 지금과 같이 여러 조각을 짜 맞추어 바느질을 해야 하는 옷이 아니었습니다. 동물의 가죽을 잘 펴서 목과 팔, 다리가 나오도록 구멍을 낸 뒤 그대로 뒤집어 쓰는 정도였겠지요.

몸치장과 치레거리들

고조선 사람들은 겉에 걸치는 옷 말고 나머지 꾸밈새는 어떻게 했을까요? 대개 남자 어른들은 상투를 틀고, 천으로 만든 머릿수건을 두르거나 풀을 엮어 만든 삿갓, 짐승 가죽으로 지은 쓰개 따위를 썼던

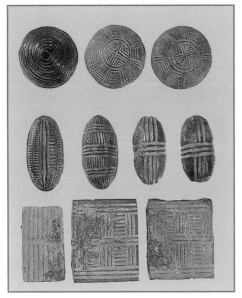

영천 어은동에서 출토한 청동
단추와 청동 허리띠 장식

대롱 옥 목걸이
(예산 동서리 출토)

것으로 보입니다. 밖으로 다닐 때 머리가 날리지 않도록 하기 위해서였지요.

　신발은 대부분 짚신이었을 것으로 보이지만, 날씨가 찬 고장이나 짐승 사냥을 많이 하는 지방의 사람들은 가죽 신을 신었을 것입니다. 부유한 이들은 신발 가죽에 비단 같은 천을 덧대어 멋을 냈지요.

　고조선 사람들은 귀고리나 목걸이, 팔찌, 가락지 따위로 꾸미기를 좋아했던 모양입니다. 고조선 시대의 무덤에서 청동으로 만든 단추와 치레거리 들이

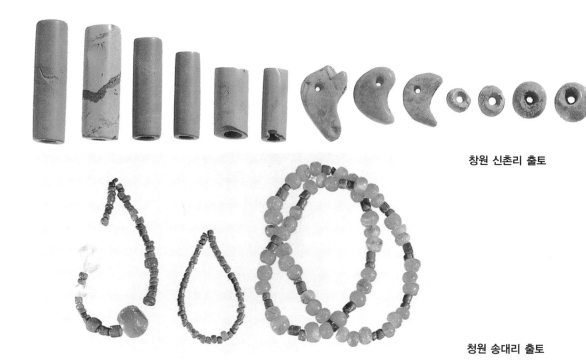

창원 신촌리 출토

청원 송대리 출토

나오는 것은 그 때 사람들이 몸을 화려하게 치장하는 것을 좋아했다는 증거이지요. 지배자들은 옷에 금과 은, 구리로 만든 여러 꾸미개를 달았습니다. 청동기 시대의 유물로 비취옥이나 붉은 옥, 벽옥 같은 옥 종류와 마노나 천하석을 비롯한 여러 가지 돌로 만든 꾸미개가 많이 나옵니다. 보석으로 쓰인 돌로는 대리석, 곱돌, 수정, 청석, 석회석 들이 있습니다.

　부여의 지배층 사람들은 나라 안에서는 흰옷을 즐겨 입고, 가죽신을 신었으며, 보석으로 만든 꾸미개를 잔뜩 달았다고 합니다. 이러한 차림새는 부여뿐만 아니라 고대 우리 겨레의 귀족 모두에게 공통된다고 볼 수 있지요.

먹을 거리와 민무늬 토기

풍부해진 먹을 거리

사람들이 처음 정착 생활을 시작하던 무렵에는 요리라고 해야 짐승의 살코기를 불에 익혀 먹는 정도였습니다. 그러다 농경 위주로 생활하게 되면서 사냥한 고기나 채집한 나물, 도토리 따위는 반찬이 되고, 논이나 밭에서 거둔 곡식이 주식이 되었어요. 그러자 사람들은 끓이고 삶고 찌고 조리고 절이는 여러 조리법을 개발했답니다.

고조선 사람들이 주로 먹었던 음식은 쌀과 조, 그리고 기장, 수수, 피, 콩 같은 알곡 작물이었습니다.

그러나 쌀밥은 힘이 센 지배자나 부자만 먹던 음식이었고, 백성들은 대부분 조, 기장, 수수, 피와 같이 경작하기에 그리 힘들지 않고 야생에서 쉽게 자라는 곡식을 먹었지요. 보리나 밀도 가꾸어 먹었다고 합니다.

진주 대평리에서 나온 질그릇의 바닥(왼쪽)에는 볍씨 자국이 찍혀 있었다. 천안 백석동에서 나온 질그릇 바닥의 볍씨 자국을 확대했다(오른쪽).

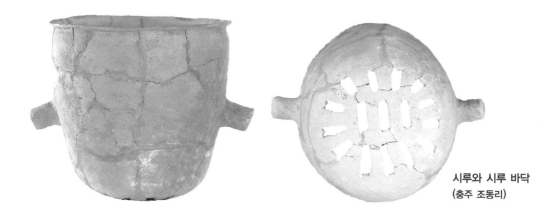

시루와 시루 바닥
(충주 조동리)

모두가 쌀밥을 먹지는 못했지만 고조선 사람들은 여러 가지 알곡으로 밥이나 죽을 해 먹었으며, 쌀밥을 절구에 쳐서 떡을 만들기도 하고, 쌀가루를 반죽해서 시루에 쪄 먹기도 했습니다.

곡식을 익히는 도구로는 시루를 많이 사용했습니다. 솥에 곡식을 끓이거나 삶기도 했지만, 수증기를 이용해 음식을 익히는 시루 덕분에 다양한 음식을 개발할 수 있었지요.

부여의 영토였던 중국 지린 지방은 콩의 원산지입니다. 우리 겨레는 일찍부터 콩을 이용한 여러 음식을 개발했습니다. 부여에서 이미 콩으로 간장과 된장을 담가 먹었다고 합니다. 먼저 콩을 찐 다음 으깨서 메주를 쑨 뒤 그늘에 말렸다가 장을 담그는 것은 우리 겨레에만 전해지는 장 제조법이랍니다.

사람의 몸에는 소금이 꼭 필요합니다. 염분이 없는 곡식을 주식으로 삼게 되면서 염분을 따로 섭취해야 했기 때문에, 일찍부터 소금을 조미료로 사용하게 되었습니다. 장을 담그는 데에도 소금이 빠질 수 없습니다.

그리고 갖가지 채소를 소금에 절여 두면 쉬 상

시루를 사용하는 방법을 보여 주는 토기
화덕에 물을 담는 큰 솥을 올려놓고, 그 위에 시루를 얹어, 수증기를 이용해 음식을 익힌다. 화덕에 불을 지피면 솥에 든 물이 끓고, 그 끓는 물의 수증기가 시루 바닥에 뚫린 구멍을 통해 시루 속으로 올라가, 음식이 잘 쪄진다. 서양 요리는 직접 열을 가해 먹는 '구이'가 발달했다면, 우리 겨레의 요리는 이와 같이 찌는 조리법, 곧 '찜'이 발달했다.

하지 않고 오래 가서, 채소가 자라지 않는 겨울을 날 수도 있었습니다. 이것이 우리가 매일 밥상에서 만나는 김치의 시작입니다. 이 무렵의 김치는 그냥 물을 붓고 소금에 절여 만든, 오늘날의 단무지나 물김치 같은 것이었습니다. 김치라는 말이 한자의 '침채(沈菜)', 곧 '채소를 물에 절인다'는 말에서 나왔다는 주장은 매우 설득력이 있어 보입니다.

밥만 먹고는 못 살아 – 반찬과 잔치 음식

고조선 사람들은 밥과 김치말고도 다른 음식을 통해 다양한 영양소를 섭취하면서 건강하게 몸의 균형을 유지했을 것입니다. 청동기 시대 사람들이 밥 외에 먹었던 음식은 짐승 고기와 물고기, 그리고 푸성귀(야채)를 요리한 것들입니다.

짐승 고기로는 소와 돼지, 닭 같은 집짐승과 사슴, 멧돼지, 노루 같은 산짐승을 잡아먹었습니다. 그리고 물고기는 송어와 연어, 고등어와 명태를 주로 먹고, 대합과 굴 같은 조개류도 많이 먹었습니다. 이 밖에 지금 사람들도 즐겨 먹는 밤과 대추, 배나 도토리 같은 과실과 산에서 나는 열매를 많이 먹었습니다. 고사리, 미나리, 도라지, 더덕, 참나물, 달래, 쑥과 같은 산나물도 빠뜨릴 수 없지요.

이러한 고기나 푸성귀를 그냥 삶아 먹거나 날로 먹는다면 건강에는 좋을지 모르나 그다지 맛은 없겠지요. 맛을 내려면 마늘이나 소금 같은 조미료를 넣어야 했을 테고, 그 과정에서 다양한 조리법이 등장하고 음식 문화가 발전하게 되었습니다.

간장과 된장

여섯 식구를 기준으로 할 때 한 말 정도 간장과 된장을 만들면 1년을 족히 먹을 수 있다. 메주는 추워지기 전에 쑤어서, 손(해)이 없는 이듬해 음력 정월 아흐렛날이나 그믐날에 장을 담근다. 이 때 담근 장이 제 맛이라 하여 전통으로 이어져 내려온다.

간장과 된장 담그는 법
① 콩을 잘 삶아 절구에 찧는다.
② 잘 찧은 콩을 다독여 벽돌 모양이나 공 모양으로 메주를 만든다.
③ 따뜻한 방에서 메주를 말린다.
④ 겨울이 다 갈 무렵 메주에 흰 곰팡이가 피면 새끼로 묶어 처마 밑에 매달아 그늘진 곳에서 바람을 쏘인다.
⑤ 정월에 메주를 씻어 큰 항아리에 담고, 소금물을 부어 둔다.
⑥ 봄이 오는 3월 초에 우러난 간장을 퍼서 불에 달인 뒤 식혜 장독에 보관하면서 필요할 때마다 꺼내 먹는다. 메주는 꺼내 항아리에 다져서 삭혀 된장을 만들어 7~8월부터 먹는다.

이 때에는 술도 널리 마신 것으로 알려졌습니다. 《삼국지》 동이전을 보면 나라에 중요한 행사나 축제가 열릴 때면 사람들은 밤새워 술을 마셨다고 합니다.

술은 곡식을 발효하여 만든 맑은 술이나 막걸리였고, 소주는 아직 만들지 않았습니다. 밥과 누룩을 섞어 버무린 지에밥을 술밑으로 삼아 물에 담가 오래 두었다가 윗물을 떠내면 맑은 술이 되고, 술밑과 물을 같이 체에 걸러 물만 받아 내면 그것이 막걸리입니다.

변소는 고고학의 보물 창고

고조선 사람들이 평소에 즐겨 먹던 음식이 무엇이었는지 어떻게 알수 있을까요? 고조선 시대에는 집집마다 부엌이 있었을 텐데, 아직부엌 유적은 발견되지 않았답니다.

그런데 최근 당시 사람들의 식생활을 알 수 있는 좋은(?) 방법이개발되었습니다. 그것은 바로 광주 신창동처럼 낮고 습한 땅에 살던사람들의 집에 딸린 변소를 조사하는 것입니다. 변소야말로 당시 생활의 흔적을 고스란히 품고 있는 보물 창고라고 할 수 있습니다. 사람들이 먹고 남긴 배설물이 땅 속에 묻혀 썩었는데, 그 썩은 배설물이 섞인 흙을 과학적인 방법으로 조사하면 당시 사람들이 무엇을 먹었는지 알 수 있기 때문입니다.

그런데 광주 신창동 유적의 변소로 추정되는 곳에서 고대의 살구씨 하나가 나왔습니다. 처음에 학자들은 고대에 살구 나무가 있었기때문에 나온 것으로 단순하게 생각했습니다. 그것이 왜 변소에서 나왔는지 그 까닭은 설명하지 못합니다. 그런데 어떤 상상력이 풍부한어린이가 이러한 생각을 한다면 너무 우스운 이야기가 될까요?

**광주 신창동의
살구 씨(왼쪽)
회충 알(가운데)
편충 알(오른쪽)**

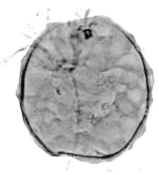

어떤 사람이 이웃집에서 귀한 살구 하나를 얻었습니다. 당시에 살구는 무척 귀해서 사람들이 쉽게 먹지 못하는, 맛있는 과일이었습니다. 이 과일을 얻은 주인공은 자기 혼자 그것을 다 먹겠다고 변소에 숨어들었습니다. 그리고 열심히 살구를 먹는데, 마침 집안 식구 한 명이 배가 아파 변소 문 앞에 와서 헛기침을 했습니다. 살구를 혼자 몰래 먹던 주인공은 깜짝 놀라 먹던 살구를 그만 꿀꺽 삼키고 말았습니다. 얼마 지나 워낙에 단단한 살구 씨인지라 소화되지 못하고 변에 섞여 그대로 배출되었습니다. 그것이 오늘의 고고학자들에게 발굴된 것이 아닐까요?

신창동 유적에서는 회충 알과 편충 알도 나왔습니다. 당시 신창동 변소를 사용한 사람들 뱃속에 살던 회충과 편충이 오늘날의 학자들에게 그 모습을 드러낸 것입니다. 고고학자들은 이처럼 변소 유적의 흙에서 채취한 기생충 화석을 분석하여 당시 사람들의 음식과 질병을 알아볼 수 있답니다.

숟가락과 밥그릇

다양하게 조리한 음식을 먹기 위해서는 그것을 담을 다양한 그릇이 필요합니다. 음식을 담는 그릇으로는 흙으로 만든 단지와 보시기, 사발과 접시가 있었습니다.

고조선보다 나중에 생겨난 낙랑군의 유물 중에는 청동으로 만든 부뚜막도 있습니다. 그 때 벌써 주전자와 잔, 국자와 수저, 도마가 있어 식생활의 도구가 매우 다양했음을 알 수 있습니다. 낙랑군의

나무 주걱과 수저
(대전 월평동)

낙랑의 청동 부뚜막

삼한 시대의 국자(산청 소남리, 광주 신창동)**와 도마**(무안 양장리)

이러한 도구들을 고조선에서도 역시 사용했을 것입니다.

우리 겨레 사람들은 물기가 많고 차진 음식과 국을 즐겨 먹기 때문에 숟가락과 젓가락 문화가 일찍부터 발달했습니다. 고조선 시대부터 이미 개인용 수저와 그릇을 사용했던 것으로 보입니다.

여러분 중에 아직 젓가락질을 잘 못하는 친구가 있나요? 그렇다면 우리 전통 습관을 배운다는 생각에서 조금만 노력하길 바랍니다. 금세 익숙해질 거예요.

지방마다 가지각색 민무늬 토기

질그릇은 음식을 조리하고 보관하기 위해 인간이 고안해 낸 발명품입니다. 신석기 시대의 빗살 무늬 토기는 아주 큰 항아리부터 작은 단지까지 여러 가지가 있고 무늬도 다양하지만, 그 모양이나 쓰임새는 대개 비슷합니다.

청동기 시대에 들어서니 밥을 하는 데, 먹는 데, 고기를 찌는 데, 반찬을 담는 데, 물을 뜨는 데, 술을 따르는 데 등등 그 쓰임새에 따라 단지와 보시기·접시·바리와 같은 음식 그릇, 시루 같은 조리 용기, 항아리 같은 저장 용기 등 그릇의 종류가 다양해졌습니다.

이 질그릇들은 대부분 어두운 갈색을 띠며, 재료가 된 흙 속에는

한 가족의 그릇
(광주 신창동)

굵은 모래가 섞여 있습니다. 바닥은 평평하며 표면에 아무런 무늬를
새기지 않은 것이 많습니다. 이 때문에 청동기 시대를 '무늬 없는 토
기(민무늬 토기, 무문 토기) 시대'라고도 합니다.

이들 민무늬 토기는 다른 지역에서는 볼 수 없는 우리 겨레의 독
특한 유산으로, 다른 곳에서 유입된 게 아니라 우리가 독자적으로
만들고 발전시킨 문화입니다.

그러나 민무늬 토기라고 해서 다 같지 않고, 지방마다 개성이 있
었지요. 랴오둥 지방과 평안 북도에서는 미송리형 토기, 평안 남
도와 황해도 지방에서는 팽이형 토기를 즐겨 사용했지요. 그런
데 함경도 지방에서는 아가리를 빙 둘러 구멍을 낸 구멍 무늬 토기,
겉면에 산화철을 발라 붉은색이 나도록 하고 반질반질하게 문지른
붉은 간 토기를 사용했습니다. 그리고 한강 이남 지방에서는 아가리
에 진흙 띠를 덧붙인 덧띠 토기와 검은 간 토기, 그리고 몸통에 가지
모양 무늬를 그린 가지 무늬 토기가 나왔습니다.

굽이 달린 접시(신창동)

질그릇에도 짝꿍이 있다

고조선 사람들은 표주박에서 꼭지를 잘라 낸 모양인 미송리형 토기와 팽이형 토기를 가장 많이 사용했습니다. 그 모양이 각각 표주박과 팽이를 닮아 오늘날의 학자들이 그렇게 이름을 붙였지만, 당시 사람들은 그릇의 용도에 따라 목이 있는 단지와 속이 깊은 항아리를

랴오둥 · 평북 지방
미송리형 토기, 덧띠 토기

함경도 · 강원도
붉은 간 토기, 구멍 무늬 토기

평남 · 황해도
팽이형 토기, 목이 긴 토기

송국리형 토기

한강 이남
덧띠 토기, 검은 간 토기,
가지 무늬 토기

한 짝으로 만들어 사용했던 것 같습니다.

고조선 사람들이 살았던 집자리나 무덤을 보면 미송리형 토기(목이 달린 단지)가 나오는 곳에서는 아가리에 점토 띠를 두르고 속이 깊은 항아리가 함께 출토되고, 팽이형 토기(속이 깊은 항아리)가 나오는 곳에서는 목이 긴 그릇이 함께 출토되기 때문입니다.

그러면 미송리형 토기는 어떻게 사용했을까요? 분명히 알 수는 없지만 주로 부엌 한쪽에 두고 물 같은 것을 담아 놓던 그릇이었으리라고 봅니다. 목이 있으면 물을 따를 때 잘 흘리지 않잖아요?

질그릇 공방 – 돌림판과 대량 생산

그 때까지 질그릇을 만들 때는 손으로만 빚었습니다. 그러나 고조선 시대 후기에 오면 물레, 곧 돌림판을 이용해서 그릇을 만들기 시작합니다. 빙글빙글 돌아가는 판에다 반죽한 점토를 놓고 손으로 빚으면 여러 가지 매끈한 모양새가 만들어집니다. 그릇을 만드는 재료인 점토 띠와 띠 사이의 이음새도 돌림판 위에서는 매끈하게 연결되지요.

랴오둥에서 서북한에 이르는 지역의 청동기 시대 후기 유적에서 나온 질그릇들 대부분은 돌림판을 가지고 형태를 빚은 다음, 공기를 차단한 가마에서 구워 낸 것으로 보입니다. 가마라는 갇힌 공간에서 바깥 공기를 차단한 채 불을 피우면 열이 밖으로 날아가지 않아 온도가 높아지고, 그릇 표면이 회색이 됩니다. 섭씨 1100°에 이르는 고온에서 구운 그릇은 그 전의 것보다 훨씬 더 단단했습니다.

특별히 눈길을 끄는 일이 하나 있습니다. 한 곳에서 발견된 질그

민수늬 토기 공방

① 불순물 골라내기
토기의 재료가 되는 흙을 체에 걸러 불순물이 섞이지 않도록 한다. 체를 사용하는 방법은 고조선 시대 후기에 들어서 개발되었다.

② 물레로 그릇 모양 빚기
윗박의 한가운데에 점토를 놓고, 윗박이나 밑박을 간간이 발로 차서 돌리면서 그릇의 모양을 빚어 낸다.

③ 가마에 굽기
비스듬한 비탈 면에 지하로 굴을 파서 들어간 다음 굴 끝에 굴뚝을 뚫었다. 굴 안에 구울 그릇을 넣고 굴 어귀에 땔감을 넣어 불을 피웠다. 삼국 시대까지 이러한 가마를 사용했다.

함안 묘사리의 토기 가마 유적 단면도
❶ 땔감을 놓아 불을 때는 곳인 봉통
❷ 구울 그릇을 놓는 부분
❸ 연기가 빠지는 굴뚝

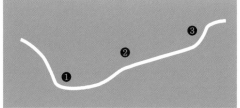

릇 유물들을 보면, 그 종류에 따라 크기가 거의 같고 무늬 수법도 같은 것이 대량 있다는 사실입니다. 이것은 질그릇을 아무나 필요할 때마다 만들지 않고, 전문 장인 집단이 필요한 규격에 맞추어 대량 제작했음을 뜻합니다.

널이 된 항아리 – 독무덤

평양 남경 유적에서 나온 항아리는 곡식이나 물을 담는 것이 아니라 사람의 시신을 넣는 데 사용되었습니다. 고조선 사람들은 크고 작은 항아리를 두 개 결합하거나, 큰 독 하나에 뚜껑을 덮어 관(널)으로 사용했어요. 이렇게 항아리에 시신을 넣어 땅에 묻은 무덤을 독무덤이라고 합니다. 세계의 다른 나라에서도 어린아이가 죽으면 대개 독무덤에 묻었지요. 그리고 간혹 어른이 죽었을 때도 살이 다 없어진 뒤에 뼈만 추려 독에 넣고 묻기도 했습니다.

**왼쪽 : 결합식 독무덤
(광주 신창동)
오른쪽 : 늑도 유적의
독널이 출토된 모습**

집이 커지고 울타리도 생기고

방어와 안전을 고려한 언덕 위의 마을

청동기 사회가 발전하면서 마을을 둘러싼 울타리가 등장합니다. 그리하여 생활의 터전인 동시에 적의 침입에 대비한 요새인 방어용 마

을이 세워집니다.

마을의 규모는 일정하지 않지만 대략 집 20~30채가 모여 한 마을을 이루었던 것 같습니다. 마을 주위에는 경계와 방어를 위해 나무 울타리를 세우고, 울타리 밖으로 마을을 빙 둘러 도랑을 파기도 했어요. 마을은 주로 들판이나 냇물이 가까운 야산 기슭에 있었지만, 야산 꼭대기에 마을이 들어서기도 했어요. 이런 마을을 '산상(山

울산 검단리의 청동기 시대 마을 유적

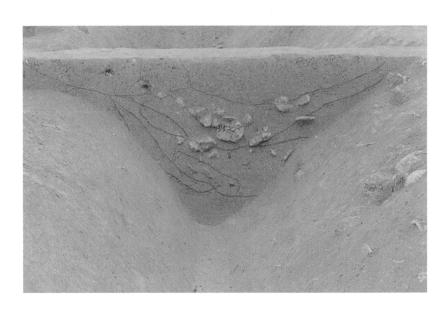
울산 검단리 유적의 해자

上) 취락'이라고 합니다.

　울산 웅촌면 검단리 유적은 대표적인 청동기 시대 마을 유적입니다. '환호'라는 둥근 도랑이 마을을 감싸고, 마을 터 안에 집터가 93채나 있는 큰 마을입니다. 환호는 마을을 타원형으로 빙 둘러서 구덩이를 파고 물을 채워서, 외부의 침입자들이 함부로 들어오지 못하게 한 방어용 도랑입니다. 이를 '해자'라고도 하지요. 이 마을은 언덕 꼭대기에 있어 주변의 경치가 잘 내려다보입니다.

　청동기 시대에 들어오면 인구가 많아지고 마을도 많이 이루어진 한편 전쟁도 자주 일어났기 때문에, 살기에 편리하면서도 안전한 자리를 골라 마을을 세워야 했습니다. 마을이 언덕 위에 있으면 멀리까지 내다보이기 때문에 적이 침입하는지 망보기도 좋고, 또 사방의 밭으로 내려가기도 좋지요.

움집에서 지상 가옥으로

청동기 시대 사람들은 움집에 살던 신석기 시대 사람들과 달리 집을 땅 위에 세웠습니다. 땅 밑을 조금 파고 바닥을 만들었는데, 그 평면 윤곽은 대체로 네모꼴이나 긴네모꼴인데, 부여 송국리의 청동기 마을 유적에는 둥근 집자리가 많습니다. 바닥의 깊이는 보통 40~50센티미터에서 10~20센티미터 정도입니다.

바닥 흙은 불에 태워 단단하게 만들고, 짚으로 엮은 삿자리나 나무 껍질, 널빤지를 깔아 그 위에서 생활했습니다. 흙바닥이 아닌 '방바닥'이 생긴 셈이에요! 벽에는 널빤지를 둘러 세우거나 나무 껍질을 대어 습기를 막았습니다.

움집을 지상 가옥으로 발전시킨 고조선 사람들은 열을 효과적으로 이용하고 보존하기 위해, 온돌이라는 매우 합리적인 난방 시설을 개발했습니다. 평안 북도 영변군 세죽리, 평안 남도 북창군 대평리의 고조선 말기 집자리 유적에는 곧은식 온돌과 꺾음식 온돌이 있습니다. 곧은식 온돌은 집 바닥의 네 모서리 가운데 한쪽 모서리에만 온돌을 일자로 설치한 것이고, 꺾음식 온돌은 두 모서리를 이어 만들어 그것이 'ㄱ'자나 'ㄴ'자 모양으로 한 번 꺾인 것을 말합니다.

우리 땅의 겨울은 매섭습니다. 추운 겨울을 나기 위해서는 방 안을 따뜻하게 해야 하는데, 전처럼 그냥 모닥불을 피우면 불 가까운 데는 너무 뜨겁고 좀 먼 곳은 온기가 미치지 못합니다. 게다가 바닥에 누우면 땅의 찬 기운이 올라오지요. 그리고 밤에 자다 보면 불이 언제 꺼질지 모르며, 매캐한 연기에 재가 날리면 숨도 편하게 쉬지 못합니다.

땅 위로 올라온 집
기둥을 세우고, 대들보를 놓고, 서까래를 세웠다. 1권의 신석기 시대 움집과 비교해 보면,
집을 짓는 구성 요소(기둥·대들보·서까래)는 똑같다는 걸 알 수 있다.

꺾음식 온돌

그런데 잠자리 공간만 돌을 깔고, 그 돌 밑에 불을 때어 데우는 온돌(쪽구들)은 매우 놀라운 발명품입니다. 우선 불이 꺼지더라도 달구어진 온돌의 온기가 오래 가고, 연기는 온돌 밑의 통로를 거쳐 집 밖의 굴뚝으로 빠져 나갑니다. 당시에는 지금처럼 방바닥 전체에 온돌을 깔지 않고 잠자리 부분만 깔았기 때문에, 한쪽에만 구들이 설치되었다고 해서 쪽구들이라고 합니다. 온돌은 나중에 고구려에서 더욱 널리 쓰였지요.

난방용 구들이 등장하면서 조리를 위한 화덕은 따로 설치하게 되었습니다. 신석기 시대에는 집 안에 불을 피우면 그것이 난로 겸 조리용 화덕이었지요. 그런데 신석기 시대의 불땐자리 유적을 보면 불땐자리를 둘러싼 돌들이 넓적하고도 반듯해, 열기를 전달하기에 적

부산 동삼동의 신석기 시대 불땐자리

세죽리의 온돌 유적
덮개돌은 사라지고 연기가 지나는 통로만 남았다.

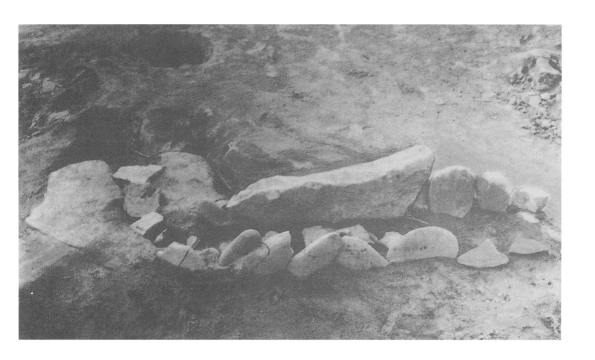

당하겠다는 생각이 듭니다. 돌을 데워 방을 따뜻하게 한다는 생각의
실마리는 신석기 시대에 시작되었던 것입니다.

신석기 시대에는 네모꼴보다는 둥근 모양으로 집을 많이 지었는
데, 청동기 시대에는 집의 크기가 더 커지고, 공간을 나누어 이용하
기 좋도록 네모꼴이나 긴네모꼴 집이 많아졌습니다.

집이 커지고 공간도 나누고

청동기 시대가 되면 이미 빈부의 격차가 심해지고, 신분이나 사회적
지위에 따라 집과 방의 크기가 달라졌습니다. 그리고 인구가 늘어난
만큼 함께 사는 식구의 수도 늘어, 대체로 집의 규모가 커졌지요.

집 안쪽에서는 주로 여성들이 거처하며 밥을 짓고 잠을 잤습니다.
외부의 침입을 막는 일은 남성들 몫이었기 때문에 남성들은 주로 문
앞에서 잤습니다. 남성들은 밤에도 번갈아 문을 지켰답니다.

대체로 지상 가옥의 집자리 크기는 부모와 자녀로 이루어진 한 가

족이 살 만큼 되는 공간입니다. 어떤 집은 방을 나누는 칸막이를 설치한 듯, 집자리에서 흙을 다져 두둑을 쌓아서 바닥 면의 공간을 구분한 흔적이 나왔습니다.

그리고 새로 개발한 갖가지 연장과 집집마다 따로 보관하게 된 곡식을 넣어 두기 위해, 집채 곁에 곳간 같은 시설을 따로 만들기도 했지요.

제사는 산 사람들의 축제

고조선 시대에 우리 땅의 사람들은 농경 생활에 익숙해지면서 자연의 질서를 발견했습니다. 그리고 그 질서에 순응함으로써 생활을 안정시킬 수 있음을 깨닫게 되었지요. 이제 사람들은 자연의 질서에 따른 계절의 변화에 맞춰 생활했고, 자연에 순응한다는 자신들의 뜻을 집단행동을 통해 표현했습니다. 그것이 바로 종교적 제사 의례입니다.

봄에는 한 해 농사가 잘되게 해 달라는 뜻으로, 가을에는 농사가 잘되게 해 준 데 대한 감사의 뜻으로 하늘에 제사를 지냈습니다. 한편 제사는 곧 온 백성이 모두 모여 먹고 마시는 축제이기도 했습니다. 당시에도 1년 동안의 노고를 서로 위로하고 긴장을 푸는 시간이 필요했던 것이지요. 고조선 시대 사람들은 이러한 제례가 있는 날을 명절로 삼아 해마다 빠지지 않고 지켰습니다.

고조선에서는 시장에서 제사를 지냈다는데

처음의 고조선같이 왕의 힘이 강하지 못한 나라에서는 중요한 결정을 내려야 할 때, 왕이 무당이 되어 하늘 신이나 조상 신에게 제사를 지내서 문제의 해답을 찾았다. 고조선의 왕과 귀족들은 중요한 일이 있으면 신성한 장소에 모여 점을 치거나 거룩한 시조인 환인, 환웅, 곰 여자에게 제사를 지냈다. 신성한 장소를 '신시'라고 하는데, 사람들은 신시에 모여 나라의 중요한 일을 논의하고, 죄인을 재판하고 처형하기도 했다.

제사가 나라의 중요한 일이다 보니 제사 때 사람들은 신에게 바칠 물건을 가지고 신시에 다 모였고, 또 제사를 마치면 백성에게 나누어 주는 음식을 받아 가기도 했다. 이러한 과정에서 신시에 요즈음 시장과 같이 필요한 물건을 서로 맞바꾸거나 사고 파는 기능이 생겨난 것이다. 그리고 신시(시장) 한쪽에 제사를 지내는 공간을 따로 만들게 되었다.

임금과 족장들은 제사를 주관하면서 자신들이 하늘의 대리자임을 과시했습니다. 그리고 백성에게 한바탕 음식과 술을 베풀면서 스스로 권위를 높였고, 온 백성이 모여 같이 잔치를 준비하는 시간은 이러한 잔치를 지휘하는 지배자의 권위에 복종해야 함을 몸에 익히는 시간이기도 했습니다.

반면에 백성들은 공동의 집단 의식을 통해 족장이 지나친 수탈을 하지 못하도록 제한을 가하고, 자신들의 활동 범위를 넓히는 효과를 거두었습니다. 하늘의 은혜를 바라며 잔치를 베푸는 것은 족장의 부를 조금 나누어 주는 일이었기 때문입니다. 그리고 백성들이 한데 뭉쳐 일하는 힘을 보여 주는 기회이기도 했으니까요.

제천 행사의 사회학

제천 행사는 제사장이 신을 부르는 의례 도구들을 몸에 달고 무대에 등장하면서 시작됩니다. 제사장은 하늘과 교감한다는 의미에서 청동 거울을 들어 하느님을 불러들이고, 청동 방울을 흔들면서 잡귀신을 물리치는 의식을 합니다. 자신의 지배가 하늘의 뜻이고, 백성들도 하늘이 선택한 백성이라는 생각이 들도록 하늘을 향해 손을 들어 올립니다.

고조선을 포함해 초기 국가의 지배자들은 자신의 지배 권력을 이념적으로 뒷받침하기 위해 건국 신화를 만들어 냈습니다. 단군 신화는 고조선의 왕에게 정통성을 부여하고, 백성들이 국가의 존엄성을 느끼게 하려 한 당시 사람들의 생각을 반영한 것입니다. 고조선의 왕은 해마다 조상신인 하느님께 제사를 지냈을 터인데, 그 때 베푼 의식은 단군 신화의 내용을 다시 표현하는 형태였겠지요.

하늘에서 하느님의 아들 환웅이 내려오고, 그가 신단수에서 신시를 세워 인간 세상을 다스리는 장면이 먼저 연출됩니다. 그리고 곰과 범이 나와서 춤을 추다가 곰과 환웅이 만나는 장면을 재현하겠지요. 결국 새로운 지배자인 단군이 등장하는 것으로 제의는 끝났을 것입니다.

이러한 제천 행사 때는 왕이 족장들을 불러 모으기 때문에, 부족장 회의가 열리는 날이기도 했습니다. 부족장들도 모두 모여 왕의 권위를 새로이 인식하고, 또 나라를 잘 다스리기 위해 왕의 권한을 견제하기도 했습니다.

따라서 당시의 축제는 오늘날의 야유회와 달리 단순히 먹고 노는 자리만은 아니었습니다. 축제에는 항상 제사 의식이 우선했고, 신을 맞이하고 신을 즐겁게 하여 신의 노여움을 풀거나 혹은 신에게 소망을 비는 절차를 밟았습니다. 그 과정에 술을 마시는 음주와 춤을 추며 노래하는 가무가 따른 것입니다. 마지막에는 항상 부족장들이 모여 부족의 중요한 일을 논의하고 죄인을 재판하는 일을 했습니다.

고조선의 음악

제천 행사 때 춤추며 노래 불렀다면 당연히 흥을 돋우기 위한 음악이 있었을 것이다. 고조선 시대에 어떠한 악기로 어떤 음악을 연주했는지 전하는 기록은 없다. 그러나 함경 북도 선봉군 굴포리 서포항에서 나온 뼈로 만든 피리나, 광주 신창동에서 나온 현악기는 고조선과 삼한 사람들이 관악기와 현악기를 연주했음을 알려 준다.

악기의 기본은 북과 같은 타악기인데, 게다가 관악기와 현악기까지 연주했다면 당시 사람들의 음악 수준이 꽤 높았다는 이야기이다.

고조선 남쪽에 있었던 삼한 사회에서는 추수할 때면 귀신에게 제사를 지냈다고 한다. 제사를 지낼 때는 중국의 '탁무(방울춤)'와 비슷한 춤을 추면서 노래를 불렀다. 이 춤은 여남은 명씩 어울려서 발로 땅을 밟으면서 손발을 박자에 맞춰 움직이는 춤이라는데, 지금 우리가 놀 때 어깨를 서로 걸고 빙빙 돌면서 다리를 들어 올리기도 하는 것과 비슷하다고 생각한다. 고조선과 부여 사람들도 삼한 사람들과 비슷한 놀이를 즐겼을 것이다.

서포항 출토 뼈피리(오른쪽, 길이 17.3센티미터)
신창동 출토 현악기 유물과 복원품(왼쪽, 길이 77.2센티미터)

고인돌이 말해 주는 것

죽음에도 위아래가 있었다

옛날 사람들은 사람이 죽은 다음 저승에 가서 다시 현실 세계와 같은 생활을 누릴 수 있다고 믿었습니다. 그래서 지배자의 무덤에는 저승에서 쓸 수 있도록 청동 단검을 비롯해 창과 같은 무기, 거울과 구슬 같은 치레거리, 수레와 그릇 같은 생활 용품을 함께 묻었습니다. 이 시대에 수레는 운반 기구도 되었고, 조선 시대의 가마처럼 신분을 나타내는 수단도 되었으며, 전쟁에서 네 마리 말이 끄는 전차도 되었습니다.

청동기 시대 사람들은 시체를 두려워하는 마음도 있었으나 기본적으로 자기 핏줄, 친구, 웃어른의 시신을 정중히 대하고 돌보려는 생각을 가지고 있었습니다. 그래서 신분이 높아 일꾼을 많이 동원할

아래가 훤히 내려다보이는
높은 곳에 있는 황해 남도
은율 관산리의 고인돌

수 있는 사람들은 널찍하고 평평하게 다듬은 판돌을 세우거나 길가의 막돌을 모아서 시신과 껴묻거리를 넣을 무덤 방을 성의껏 만들었습니다. 그럼 일반 평민의 무덤은 어떠했을까요? 자료가 없어 알 수 없지만 아마 땅에 구덩이를 파고 그냥 묻었을 것입니다.

노비를 소유한 부여의 귀족들은 여름에 사람이 죽으면 시신이 곧바로 썩지 않도록 무덤 방 안의 시신 둘레에 얼음을 두르기도 했다고 합니다. 그리고 장례 기간을 몇 달로 정하고, 그 동안 식구들 모두가 흰 상복을 입고 지냈답니다.

청동기 시대 족장의 세력과 권위를 나타낸 것이 족장의 무덤인 고인돌이라고 할 수 있습니다. 고인돌을 왜 탁자 모양으로 만들었는지는 분명히 알 수 없습니다. 단순하게 생각해 보면, 사람이 죽어서 살 집을 만든다고 생각했기 때문에 네 면의 벽을 먼저 세우고 나중에 지붕을 덮었는데, 만들고 보니 탁자 모양이 되지 않았나 생각해요.

탁자 모양 고인돌은 다리가 두 개인 것과 세 개인 것, 그리고 네 개인 것도 있습니다. 여러분은 지금까지 텔레비전이나 사진에서 다리가 두 개인 고인돌을 많이 봤을 것입니다. 그래서 혹시 고인돌은 원래 다리가 두 개인 줄로만 알지 않았나요? 현재 남아 있는 고인돌 중에는 중간에 앞뒤 막음돌 없이 두 다리만 세운 것이 많지만, 다리 부분의 세 면이 남아 있는 것도 있고, 랴오둥 지방과 북한에는 네 면 모두 벽처럼 멀쩡히 서 있는 것도 많습니다. 아마 처음에는 판돌을 네 개 세워 사방이 막힌 방처럼 무덤 방을 만들었을 것입니다.

고인돌에는 죽은 사람이 저승에 가서 잘 살기를 비는 마음과, 남은 후손을 위한 기도의 마음이 함께 깃들었던 것이 분명합니다.

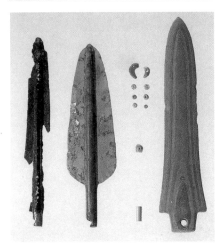

승주 우산리의 내우 고인돌 떼와 나온 유물들
고인돌의 덮개돌을 들어 올렸더니 무덤 방이 드러났다. 무덤 방에서 간돌검과 청동검, 옥 치레거리가 나오기도 했다.

고인돌의 사회학

고인돌은 지배자의 무덤으로 볼 수 있습니다. 아무래도 보통 사람이라면 그렇게 거대한 돌로 무덤을 만들기가 쉽지 않았을 테니까요. 그러나 고인돌이 한 지역에 수십 개씩 모여 있는 경우가 많고, 또 규모가 작거나 껴묻거리가 매우 적은 경우도 많아서 과연 지배자만의 무덤인지 의문이 생기기도 합니다.

그래도 대개 수백 명을 동원해야 만들 수 있는 고인돌의 규모나 일부 고인돌에서 나오는 비파형 동검이나 돌검, 옥으로 만든 물건 따위를 보면, 귀족 계급이나 족장은 되어야 이러한 무덤을 만들 수 있었으리라 생각됩니다.

고인돌을 만들 때는 마을 사람 모두가 나와서 함께 참여했습니다. 고대 사회에서 족장과 같이 지위가 높은 사람들은 거대한 무덤을 만들어 살았을 때의 힘과 위세를 죽어서까지 자랑하려고 했습니다. 그것을 잘 보여 주는 것이 바로 고인돌이지요.

탁자 모양 고인돌은 넓적하고 평평한 판돌을 땅 위에 네모난 방처럼 짜 맞추고, 그 위에 덮개돌을 지붕 삼아 덮은 형태입니다. 시신은 네모난 방처럼 맞추어진 곳에 안장합니다. 고인돌의 덮개돌은 자연 암석을 그대로 이용하거나 큰 바위에서 일부를 떼어 낸 것으로 짐작합니다. 무덤 방이 지상에 있기 때문인지 탁자 모양 고인돌에는 껴묻거리 유물이 남아 있지 않습니다.

바둑판 모양 고인돌은 무덤 방을 지하에 만들었습니다. 구덩이를 파고 그 벽에 넓적한 돌을 세워 돌벽을 만든 뒤 그 안에 시신을 안장하고 덮개돌을 덮었지요. 덮개돌 밑에 짧고 굵은 다릿돌을 받쳐 마치 바둑판 같다 해서 바둑판 모양 고인돌이라고 합니다. 고인돌 중에는 지상에서는 아예 덮개돌만 보이는 것도 있습니다. 그런 것은 개석식 고인돌이라고 하지요. 사실 우리 땅에는 시신을 넣는 널을 만들고 그 위에 덮개돌만 덮은 개석식 고인돌이 가장 많습니다.

지위가 높은 사람들은 온 마을 사람을 동원해 커다란 돌을 산에서 캐다가 무덤을 쓸 장소로 옮깁니다. 강화도 부근리의 고인돌은 그 덮개돌 하나만 해도 무게가 80톤이나 되는데, 실험을 해 보니 요즘의 대형 화물 트럭 10대 정도가 있어야 움직일 수 있었습니다. 이렇게 큰 돌을 움직여 고인돌을 만들려면 힘센 장사 500명은 있어야 합니다. 따라서 집집마다 식구가 다섯 명이라 치고, 한 집에서 한 명씩 나와 일한다고 하면 주민이 2500명 정도는 돼야 이 정도 고인돌을 만들 수 있습니다. 2500명쯤 되는 주민을 밑에 두고 부릴 수 있다면 그 지배자의 힘은 매우 셌을 것입니다. 그러한 지배자가 다스리는 사회가 청동기 시대에 우리 땅 곳곳에 존재했던 것입니다.

이러한 고인돌이 만들어진 시기는 청동기 시대의 초기 단계로, 거대한 고인돌이 있는 곳은 그 시대에 그 지역에서 권력을 쥔 정치 집단이 나타났음을 뜻한다고 하겠습니다.

고인돌의 이름

요즘에도 남한에서는 탁자 모양 고인돌을 북방식 고인돌, 바둑판 모양 고인돌을 남방식 고인돌이라 한다. '북방식'과 '남방식'이란 용어는 일제 강점기에 우리 땅의 고인돌을 연구, 조사한 미가미〔三上次男〕를 비롯, 일제 총독부 아래 있던 학자들이 붙인 이름이다. 탁자 모양 고인돌이 랴오둥 지방과 북한 지방에 많고, 바둑판 모양과 개석식 고인돌은 한강 이남에 많아서 그렇게 이름을 붙였다고 한다.

그러나 전라 북도 고창이나 전라 남도의 여러 곳에 탁자 모양 고인돌이 있고, 한강 이북에도 바둑판 모양이 꽤 많다. 따라서 북방식이나 남방식이란 용어는 이제 쓰지 말아야 한다고 본다.

북한에서는 탁자 모양 고인돌을 가리켜, 처음에 황해 북도 연탄군 오덕리에서 집중 조사되었다고 해서 지명을 따 '오덕형 고인돌'이라 한다. 그리고 바둑판 모양은 황주군 침촌리에 많다 해서 '침촌형 고인돌'이라 한다. 오덕형 고인돌은 대개 고갯마루에 홀로 서 있고, 침촌형 고인돌은 널따란 구역 안에 여럿 모여 있다.

그리고 남한에서는 땅 위에 받침돌 없이 덮개돌만 보이는 고인돌을 개석식이라 하는데, 북한에서는 '묵방리형 고인돌'이라 한다. 남한의 개석식은 그 모양이 매우 다양하지만, 북한의 묵방형 고인돌은 대개 널 둘레에 돌무지를 쌓고 그 위에 덮개돌을 덮은 형식이다.

지난 2000년 남한의 강화도, 화순, 고창에 있는 고인돌 떼가 세계 문화 유산으로 등록되었다. 고인돌 모양은 지방에 따라 특색이 있게 마련이므로, 남한에서도 화순식 고인돌, 고창식 고인돌, 강화식 고인돌로 이름을 붙이는 건 어떨까?

❶ 평양 상원 방울뫼의 침촌형(바둑판 모양) 고인돌
❷ 평양 상원 장리의 오덕형(탁자 모양) 고인돌
❸ 개천 묵방리 31호 고인돌

묵방리 30호 고인돌의 덮개돌을 들어 냈더니 돌로 벽을 차곡차곡 쌓은 무덤 방이 드러났다.

고인돌 만드는 방법

① 바윗돌 쪼개기

먼저 쓸 만한 돌을 찾아낸다. 바윗덩이에서 돌판을 떼어 낼 경우, 바위의 결을 따라 난 틈에다 깊은 홈을 파서 나무 말뚝을 박고 홈을 물로 채운다. 나무가 물에 불어 팽창하면 쩍 하고 바위가 갈라진다. 이렇게 해서 돌을 떼어 낸 채석장 유적이 우리 땅의 여러 군데에 있다.

화순 도곡 모산의 채석장 유적에는 돌을 잘라 낸 흔적이 남아 있다.

② 바윗돌 옮기기

떼어 낸 돌을 옮기려면 먼저 길을 따라 큰 통나무들을 마치 기찻길처럼 깐다. 그리고 그 위에 다시 빗겨서 통나무를 얹고, 이들 통나무 위로 돌을 옮겨 놓고 밀면 통나무가 바퀴처럼 굴러 돌이 앞으로 나아간다. 때로는 뗏목에 싣고 물길로 옮기기도 했다.

③ 굄돌 세우기

무덤을 쓸 곳에 돌을 다 옮기면 먼저 받침으로
굄돌 두 개를 세운다. 굄돌 양 옆에는 굄돌이 넘
어지지 않도록 쐐깃돌을 박는다.

④ 덮개돌(뚜껑돌) 올리기

굄돌을 세울 때 받침돌을 양쪽에 세우고 뒷면
에는 막음돌을 세운 다음 비탈길을 만들어 덮
개돌을 꼭대기에 올린다.

⑤ 무덤 방에 시신 안치

흙을 제거하고 가운데 무덤 방에 시신을 안치
한 뒤 막음돌(마구리돌)을 막으면 고인돌이 완
성된다.

무덤 방이 마치 돌널 같은 평양 만경대 1호 고인돌

고인돌은 신전이 아닌 가족 무덤

탁자 모양 고인돌은 대개 사방을 멀리 내다볼 수 있고, 또 아래에서 잘 올려다보이는 높은 곳에 있습니다. 이렇게 아래가 잘 보이는 높은 곳에 무덤을 쓴 것은 바로 죽은 자의 위엄을 과시하고, 죽고 나서 하늘과 곧바로 연결되기 위해서이지요.

주변의 다른 곳보다 특별히 높은 언덕에 세워진 고인돌은 무덤인 동시에 마을 사람 모두가 모여서 제사 의식을 치르는 거룩한 장소, 말하자면 신전이었습니다. 마을 사람들은 중요한 행사가 있거나 다른 지배자가 죽게 되면 이 곳에서 제사를 지냈습니다. 고인돌이 장례 의식을 하는 제단으로 사용된 것이지요.

탁자 모양 고인돌은 사방 10~20킬로미터 범위에 하나를 설치하여 그 일대를 관장하는 지배자의 위엄을 과시했습니다. 하지만 탁자 모양 고인돌처럼 지배자 혼자 묻히는 것이 아니라 한 가족 전체가 같이 묻히는 고인돌도 많았습니다. 그리고 동네의 공동 무덤인 고인돌도 있었지요. 가족 중 한 사람이 죽으면 가족 무덤이나 동네 사람들과 함께 쓰는 공동 무덤 구역에 매장하기도 했고, 부부는 합장하기도 했습니다.

랴오닝 성(요령성) 하이청시(해성시) 쓰무청(석목성) 고인돌
주변을 조망할 수 있는 높은 구릉 위에 제단을 만들고 고인돌을 세웠다.

평안 남도 황주군 침촌리에 있는 고인돌 떼는 한집안 사람들의 무덤이 줄을 지어 설치된 것으로 보입니다. 이들 고인돌 가운데 일부는 지하에 무덤 방이 없는 것도 있는데, 그런 것들은 그저 무덤 구역을 나타내는 표시로 세워진 듯합니다.

세계 문화 유산으로 등록된 우리 나라 고인돌

2000년 12월 2일, 유네스코 세계 유산 위원회(WHC)는 전남 화순, 전북 고창, 강화도의 고인돌 떼를 세계 문화 유산으로 등록했습니다. 한반도에 존재하는 고인돌의 가치를 세계가 인정한 것이지요. 세계에서 유례를 찾아볼 수 없을 만큼 많은 고인돌이 몰려 있고, 탁자 모양과 바둑판 모양 등 형태가 독특한 거석(큰 돌) 기념물이기 때문입니다. 특히 전 세계에서 우리 땅에 고인돌이 가장 많은 점을 주목한 것입니다. 무척 자랑스러운 일이지요?

고인돌은 한반도 전체에서 골고루 발견할 수 있습니다. 대동강 유역을 중심으로 한 평안 남도와 황해도, 영산강 유역에 자리한 전라도까지 서

강화도 부근리 고인돌

해안 지역에는 더욱 많이 몰려 있습니다. 전남 지방에만 300여 곳에 약 2만여 기가 퍼져 있고요. 이 가운데 앞서 말한 세 곳의 고인돌만 세계가 보존해야 할 문화 유산으로 지정한 이유는 다음과 같습니다.

화순의 고인돌 떼를 보면 별로 훼손된 데가 없이 잘 보존되었고, 채석장 유적부터 시작해서 갖가지 다양한 고인돌이 한데 몰려 있습니다. 돌을 캐는 채석 단계부터 고인돌의 갖가지 면모를 한 곳에서 다 볼 수 있어, 고인돌에 관한 산 교육장이라는 측면에서 세계 문화 유산으로 등록되었지요.

고창의 고인돌은 그 규모가 매우 커 높이가 제 키(177센티미터)의

화순 대신리 고인돌 떼

두 배가 넘는 것도 많습니다. 그렇게 큰 돌로 고인돌을 만드는 방법과 기술을 연구할 수 있고, 바둑판 모양에서 탁자 모양에 이르는 다양한 고인돌이 대규모로 모여 있다는 점에서 매우 신비롭고 중요한 유산으로 인정받은 것이지요.

강화도 부근리 고인돌은 남한에서 가장 큰 탁자 모양(북방식) 고인돌이라는 점에서 세계 문화 유산으로 등록되었습니다.

그런데 랴오둥 지방과 한반도 서북 지방에도 잘 다듬은 판돌로 만든, 남한의 고인돌보다 더 큰 고인돌이 여럿 있습니다. 덮개돌의 길이가 8미터가 넘는 랴오둥 석붕산이나 황해도 은율의 고인돌은 정말

고창의 한 고인돌 곁에 선 글쓴이

여수 오림동 고인돌은 바위 그림이 있어 특이하다.

무덤이라기보다는 제단이나 종교적 기념물로 보일 만큼, 잘 설계하여 완벽하게 건축한 조형물 형태를 갖추었습니다. 이것들은 비록 세계 유산에 등재되지 않았지만, 앞으로 세계의 문화 유산으로서 보존해야 할 중요한 유산이라 할 수 있습니다.

우리 땅의 고인돌은 굄돌 위에 덮개돌을 올린다든지, 무덤 방을 마련해 장례식장 기능을 겸비한다든지 하는 점이 세계의 다른 거석물과는 다른 점입니다. 세계의 다른 거석물은 그냥 커다란 돌이 덩그렇게 서 있는 경우가 많고, 다른 사회적 기능이 없이 단지 어떤 문화를 상징하는 기념물로 세운 것이 많습니다. 동남 아시아나 러시아,

화순 효산리 고인돌

그리고 프랑스에도 고인돌이 있지만 다리 받침돌이 따로 구별되지 않거나 거석을 첩첩이 쌓아 올린 형태이지요.

고인돌이 서북한 지방과 전라도 지방에 집중해 있다는 것은, 당시 그 곳에 존재했던 주민 집단과 정치 권력의 성격이 어떠했는지 유추할 수 있는 자료가 됩니다. 문헌 자료에는 청동기 시대 한반도 서북부 지방에 고조선이 있었고, 전라도 지방에는 마한이라는 나라가 있었다고 합니다. 따라서 고인돌은 우리 역사에서 청동기 시대의 사회상과 초기 국가의 형태, 나아가 청동기 시대 사람들의 생활과 정신세계를 분석하는 데 매우 소중한 자료라 할 수 있습니다.

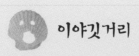

고조선 사람들이 흰옷을 좋아한 까닭은?

고조선 사람들을 포함해 고대의 우리 조상들은 흰색 옷을 즐겨 입었다고 합니다. 지배층 사람들이야 오색 찬란한 비단 옷을 입었을 테지만 말이지요. 고조선의 옷에 관한 기록은 없지만, 그 이웃 나라인 부여의 옷에 관한 기록을 보고 고조선 사람들이 어떤 옷을 입었는지 짐작할 수 있습니다.

부여 사람들은 흰옷을 좋아하여 하얀 베로 소매가 넓은 포와 바지를 지어 입었다고 합니다. 그러나 외국에 나갈 일이 있을 때는 수를 놓은 비단으로 지은 옷과 털가죽 옷을 입었다고 해요. 같은 시기에 고조선 사람들이 묻힌 무덤에서 나오는 물건이 부여의 것과 비슷한 것으로 보아, 고조선 사람들의 옷도 부여 사람들 것과 비슷했으리라 봅니다. 부여에서는 장례를 치를 때에도 여자든 남자든 모두 흰색 옷을 입었습니다.

흰색 옷을 즐겨 입기는 그보다 나중 시대인 삼국 시대에도 마찬가지였습니다. 중국의 여러 문헌에는 우리 땅의 삼국 사람들이 모두 흰색 옷을 좋아했다는 기록이 나옵니다.

신라를 세운 임금 중 한 사람인 석탈해를 도와 물심부름을 하던 하인 (평민)을 가리켜 '흰옷'이라고 한 기록도 있습니다. 이것은 흰옷이라는 말이 '일반 사람'과 같은 뜻으로 쓰였음을 알려 줍니다. 그러니까 일반 사람들은 거의 언제나 흰옷을 입었다는 뜻이지요.

어떤 사람들은 고대의 우리 겨레가 흰색 옷을 즐겨 입었던 것은 색깔을 내는 염료를 많이 만들지 못했기 때문이라고 합니다. 그러나 지금처럼 염색 기술이 발달하지는 않았지만, 고대 사람들은 나무 판에 새긴 그림에 색을 물들이기도 했습니다. 그렇다면 생각보다 염색 기술 수준이 꽤 높지 않았을까요?

우리 겨레에게 흰옷을 즐겨 입는 풍속이 있었던 것은 밝고 깨끗한 것을 좋아하는 정서가 옷에 반영된 결과라고 생각합니다.

4

철기 시대의 힘센 나라, 고조선
위만 조선과 8조 법

힘센 나라가 된 고조선

한 지역의 종족 집단으로 시작한 고조선은 대동강 유역을 중심 무대로 하면서 점차 랴오둥 지방까지 그 힘을 뻗쳤습니다. 각 지역의 족장들이 힘을 키워 갔고, 중앙의 왕도 족장들을 이끌 수 있는 실력을 갖췄지요. 왕은 족장들의 대표였고요, 중앙 왕실에는 박사와 대부라는 관리를 두어 왕의 정치를 도왔어요. 이것이 청동기 시대의 고조선 사회입니다.

서기전 4세기에 이르면 쇠로 만든 도구, 곧 철기를 사용하는 집단들이 중국에서 대거 고조선 땅으로 이주해 오기 시작합니다. 철기 문화가 밀려오기 시작한 것이지요.

　서기전 4～3세기 당시, 중국은 전국 시대라는 혼란기를 겪고 있었습니다. 중국은 한 나라로 통일을 이루기보다 각 지방을 근거지로 여러 나라가 일어서서 서로 힘을 겨루던 때가 더 많았습니다. 통일 국가였던 주나라도 드넓은 중국 땅을 여러 조각으로 나누어, 각 지방을 제후라는 지배자에게 맡겨 다스렸지요. 주나라 전체를 다스리는 황제 아래에 각 지방을 다스리는 제후가 여럿 있는 식이었는데, 주나라 황실의 힘이 약해지자 제후들이 다스리는 작은 나라 사이에 주도권 다툼이 일어났어요. 100여 개나 되는 제후국이 서로 힘을 겨루던 이 시대를 기록한 《춘추》라는 역사책이 있습니다. 그래서 이 시대를 춘추 시대(서기전 770년～서기전 476년)라고 하지요.

　그런데 춘추 시대가 지나자 제후국 가운데 일곱 나라, 곧 진, 초, 연, 제, 한, 위, 조의 힘이 매우 강해져 각자 주변의 약한 나라를 정복해서 자기 나라를 넓혔습니다. 결국 일곱 나라만 남아 서로 싸우거나 화해하며 어깨를 나란히 하게 되었어요. 이들의 역사가 《전국책》에 기록되었고, 그래서 이 시대를 전국 시대(서기전 475년～서기전 221년)라고 합니다. 전쟁이 자주 일어난 때였지요.

　중국의 백성들은 그 혼란을 피해 난리가 없는 땅을 찾아 떠돌아다녔습니다. 우리 땅의 여러 종족들보다 먼저 철기 문화를 일구었던 중국의 백성들 가운데 일부가 랴오둥 지방 일대에도 흘러 들어왔습니다. 그리고 고조선 사람들은 이들의 문화를 보고 듣게 되었고, 자연히 고조선 땅에서도 철기 문화가 일어났습니다.

　중국의 사마천이 쓴 《사기》에는 서기전 4세기 무렵 지금의 베이징 일대에 있던 연나라의 동쪽에 조선이라는 힘센 나라가 있었다고 나옵니다.

당시 역사를 적은 《위략》이라는 책에서는 서기전 4세기 무렵, 중국 동북부의 제후 나라인 연나라가 '제후'라는 칭호 대신에 더 높은 '왕'이라는 칭호를 쓰자, 고조선의 우두머리도 제후 칭호를 쓰지 않고 '왕'이라 했다고 합니다. 연나라나 고조선 모두 제후가 아닌 왕을 칭할 정도로 나라의 힘이 세었던 것이 분명합니다. 당시 고조선의 왕은 자신의 힘을 믿고 중국 연나라와 전쟁을 벌이려 합니다. 그러나 신하인 '예'가 승리할 가능성이 없다고 말리자 그만두었지요. 이 모든 사실은 서기전 4세기를 지나면서 고조선의 왕권이 매우 강해졌음을 말해 줍니다.

쇠로 만든 연장과 무기

고조선이 국가 형태를 다지는 데는 무엇보다도 쇠로 된 도구, 곧 철기를 사용한 것이 가장 큰 힘이 되었으리라 생각합니다. 철기는 서기전 4~3세기에 중국을 통해 우리 땅에 들어왔지요.

그런데 한 가지 짚고 넘어갈 일이 있습니다. 다름 아니라 함경 북도 무산의 범의구석 유적에서 서기전 6세기 것으로 보이는 쇠칼과 쇠화살촉, 쇠도끼 같은 철기 유물이 나왔다는 사실입니다. 여러분은 이 일이 왜 중요하다는 것인지 의문이 들겠지만 역사학자들에게는 매우 중요한 곳이에요. 왜냐 하면 동아시아 지역에서 연대가 가장 빠른 단계의 철기가 나왔기 때문입니다.

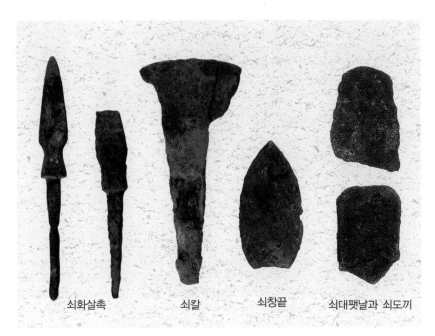

함북 무산 범의구석 유적에
서 나온 서기전 6세기의 철
기 유물

쇠화살촉　　　　쇠칼　　　　쇠창끝　　　쇠대팻날과 쇠도끼

범의구석에서 나온 철기는 중국 철기와 모양이 많이 달라 중국에
서 수입했다고 보기도 어렵습니다. 그러나 아쉽게도 이 곳말고 다른
곳에서는 서기전 6세기에 우리 땅에 철기 시대가 열렸음을 말해 주
는 증거가 전혀 나오지 않았습니다. 그래서 아직은 학자들이 "서기
전 6세기에 우리 땅에서 철기 시대가 시작되었다"고 분명히 말하지
못하고 있지요.

　우리 땅에서 본격적으로 철기를 만들게 된 때는 서기전 1세기 무
렵입니다. 서기전 108년 한나라에서 우리 땅에 낙랑군을 설치하면
서 철기를 본격 생산하게 된 것 같습니다. 그 전에는 주로 중국에서
들여와 사용했지요.

　그런데 도대체 철기가 얼마나 대단하기에 나라의 힘을 다지는 요

인이 되었다는 것일까요? 차차 알아보겠지만, 쇠는 돌보다 단단하고, 청동보다 훨씬 날카롭게 벼릴 수 있습니다. 돌처럼 잘 깨지지도 않고, 청동처럼 무르지도 않습니다. 나무처럼 잘 부러지지도 않고, 쉬 닳지도 않습니다. 쇠로 만든 농기구는 힘을 잘 받고, 쇠로 만든 검은 매우 위력 있습니다. 그리고 철을 뽑아 내는 원료

인 철광석은 우리 땅에 매우 풍부하기 때문에, 구리보다 쉽게 얻을 수 있었지요.

철기는 만드는 기술에 따라 거푸집에 부어 만든 주조 철기와 쇳덩이를 두들겨 만든 단조 철기로 나눕니다. 우리 땅에서는 거푸집에서 주조한 철기보다 두들겨 만든 단조 철기가 널리 쓰였어요. 단조한 철기는 주조한 철기보다 만들기가 어렵지만 훨씬 단단해서 농사 도구나 무기로 많이 사용했지요.

여기서 만드는 법을 간단히 소개할까요?

먼저 탄소를 어느 정도 지닌 철강을 불에 달구어 무르게 한 다음, 망치로 세게 두들겨 만들고 싶은 모양새를 만듭니다. 그리고 찬물에 갑자기 식히면 철기가 매우 단단해지지요.

이 때 철기를 불에 달군 뒤 두들기고 물에 담갔다가 다시 불에 달구고 하는 일을 여러 번 되풀이하는데, 이렇게 하

면 탄소 성분이 줄어들어 철기가 질기고 단단해지기 때문이에요. 탄소 성분이 많으면 철기가 약해서 잘 부러지거든요. 딱 맞는 비유는 아니지만, 중국 요릿집에서 손으로 밀가루를 반죽한 뒤 여러 번 나무 판에 두들겨야 쫄깃한 면발이 만들어지는 것과 같은 이치라고 생각하면 되겠습니다.

자연에서 철광석을 캐내고, 거기서 철 성분을 빼내는 방법, 그리고 이렇게 철기를 제작하는 기술을 터득하게 되자, 사람들은 각각의 기능에 맞는 다양한 농기구와 일부 전쟁 무기를 쇠로 만들었습니다. 서기전 2~1세기 무렵에 만든 쇠따비나 길쭉한 쇠도끼 따위는 한나라의 철기와는 다른 우리만의 방식으로 생산된 것입니다.

철기 가운데 납작 쇠도끼는 납작한 쇠날을 나무 자루에 끼워 사용했습니다. 납작한 쇠날을 'ㄱ'자 모양 나무 자루에 묶으면 자귀나 괭이가 됩니다. 그것을 가지고 나무를 자르거나 땅을 팠겠지요.

쇠로 만든 농기구 중에는 전에는 볼 수 없었던 새로운 발명품도 있습니다. 바로 날이 말굽쇠 모양으로 달린 따비와 쇠스랑입니다. 이것들은 요즘 농촌에서 사용하는 따비나 쇠스랑과 거의 같은 형태입니다. 쇠스랑은 날이 서너 갈래로 갈라져서, 가벼우면서도 흙을 잘 파고 들어갑니다. 논과 밭에서 흙을 부수고 땅을 고르는 데 아주 쓸모가 있지요.

이처럼 농기구가 발전하면서 고조선 사회의 농업 생산성은 급격히 높아졌고, 어느 사이에 고조선은 부강한 나라가 되었습니다.

오·너라, 철기!

처음 만들었을 때는 예리한 빛을 번득였을 철기들, 수천 년 동안 흙 속에 묻혔다가 세상의 빛을 쬐었을 때는 모두 녹슬어 그 멋진 위용을 잃고 말았습니다. 그러나 2000여 년 전쯤, 이들 철기는 무엇보다 쓸모 있는 도구요, 위력적인 무기였을 것입니다.

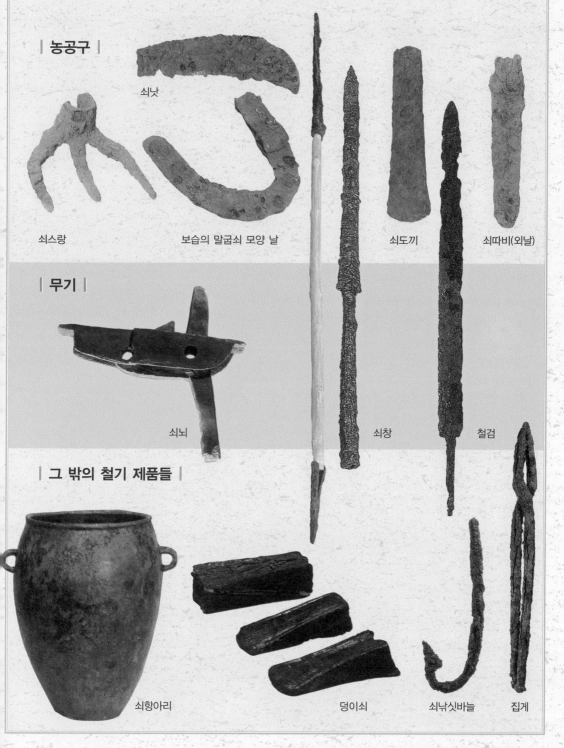

| 농공구 |

쇠낫

쇠스랑

보습의 말굽쇠 모양 날

쇠도끼

쇠따비(외날)

| 무기 |

쇠뇌

쇠창

철검

| 그 밖의 철기 제품들 |

쇠항아리

덩이쇠

쇠낚싯바늘

집게

철기 시대의 제철소

청동기를 제작하는 것과 마찬가지로 철광석에서 철을 얻어 내어 도구를 제작하는 과정은 많은 사람의 힘과 수준 높은 지식이 필요한 일이다. 경기도 양평 대심리나 가평 마장리 유적을 비롯해 경남 창원시 성산 야철지(철기 제작 터)와 경주 황성동 유적을 보면, 청동기 시대 끝 무렵에 우리 땅에서 직접 철기를 제작하던 현장이 여러 곳에 생겨났음을 알 수 있다.

이들 유적에서는 철광석을 녹이기 위해 화로에 바람을 불어 넣는 풀무와 쇠를 불에 달굴 때 튄 부스러기, 곧 쇠똥이 많이 출토되어, 오래 전에 이 곳에서 쇠를 생산하는 작업(제철)이나 쇠를 다듬어 철기를 만드는 작업을 했음을 알 수 있다. 쇠를 두드릴 때 필요한 작업 도구인 모루와 망치, 집게 같은 유물도 나왔다.

더욱이 경주 황성동 유적에서는 당시의 제철 과정을 알 수 있는 여러 유물이 나왔다. 철광석에서 철을 뽑아 내는 시설인 용광로(제련요) 1기와 뽑아 낸 철을 녹이는 용해로 9기, 철을 단련하는 단야로 2기가 발견되었다. 용광로 주변에서는 쇠 제품을 만드는 거푸집과 용광로에 바람을 불어 넣는 송풍관이 발견되었다.

고구려 고분 벽화에 나오는, 쇠를 단련하는 대장장이. 불에 달군 쇳덩이를 집게로 집어 모루에 올려 놓고 망치로 두드리고 있다.

국립 청주 박물관에서는 1997년 고대의 원형 제련로를 복원하여 실험했다.

나무로 만든 궤풀무는 아주 오래 전부터 쓰였지만 정확히 언제부터 사용되었는지는 알 수 없다.

　이처럼 철기를 제작하는 과정이 전문적으로 체계가 나뉘어 있는 것을 보면, 당시 철기 제작 기술이 상당한 수준이었음을 알 수 있다.

　철기를 체계적으로 생산하게 되고, 그 생산량이 늘어남에 따라 쇠를 다루는 전문 장인의 수도 늘어났다. 삼국 시대 이전에 전문 장인들은 정해진 지역에 살면서 쇠 제품을 제작하는 대장간을 운영했던 것으로 보인다.

집게(부산 복천동)

모루(부여 능산리)

쇠도끼 거푸집(경주 황성동)

새로 나타난 회청색 토기

쇠를 불리는 야철 기술이 발달하다 보니 불을 매우 높은 온도까지 끌어 올려 사용할 줄 알게 되었습니다. 땅굴을 파서 질그릇을 굽는 가마도 언덕의 비탈에다 아래에서 위로 경사지게 만들어, 연기가 점점 위로 가면서 열기를 고루 전달할 수 있도록 설계했습니다. 따라서 질그릇을 전보다 훨씬 뜨거운 온도에서 구울 수 있게 되었고, 그만큼 더 단단한 질그릇을 만들 수 있게 되었지요.

청동기 시대의 민무늬 토기는 모래가 섞인 흙으로 빚었지만, 이제 불순물을 걸러 내고 입자가 고운 찰흙을 주로 이용했습니다. 그릇 표면은 박자라는 나무 도구로 두드려 다듬었는데, 두드릴 때 이 박자에 새겨진 삿자리 무늬나 격자 무늬가 찰흙으로 빚은 그릇의 표면에 눌려서 찍히곤 했습니다. 그릇의 안쪽도 내박자라는 도구로 두드리거나 쓸어 올려 야물게 다듬었습니다.

그릇 표면에 무늬를 넣는 것은 장식을 위해서이기도 하지만, 그릇을 더욱 단단하게 하는 효과도 있습니다. 불에 구울 때 질그릇의 재료인 찰흙이 팽창하는데, 표면에 무늬를 새긴 질그릇은 그 무늬의

불순물을 걸러 내는 체

박자(강릉 안인리)

격자 무늬

삿자리 무늬

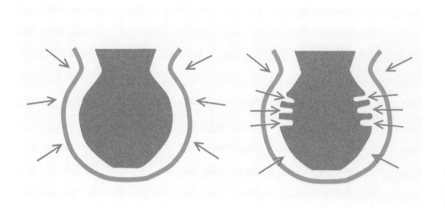

질그릇의 표면에 무늬를 새기면 열을 받는 표면적 이 넓어진다.

골골이 다 같이 팽창하면서 그릇의 표면 안쪽까지 열이 고루 전달되어 더 잘 구워지게 됩니다. 그리고 너무 온도가 올라가면 그릇이 일그러지거나 깨어질 수 있는데, 무늬를 새겨 넣으면 그런 현상이 줄어들지요.

질그릇의 질을 결정하는 요소는 무엇보다 어떠한 방식으로 굽느냐 하는 것입니다. 청동기 시대 초기까지는 노천 가마에서 구워 질

회청색 경질 토기
(강릉시 명주동)

회청색 경질 토기
(김해시 대성동)

그릇이 붉은빛을 띠었지만, 이제는 땅굴에서 바깥 공기를 차단하고 구워 냈기 때문에 질그릇은 붉은빛에서 차츰 회청색이나 회색을 띠게 되었습니다. 굽는 온도는 섭씨 1000° 이상이 되어 어지간한 힘으로는 그릇이 잘 깨지지 않을 정도가 되었고요.

이와 같이 단단한 이 시대의 회청색 질그릇을 '회청색 경질 토기'라고 합니다. 이 질그릇들은 물을 넣고 끓여도 물이 그릇에 스며들거나 물에 흙이 녹아 나오지 않았기 때문에 주로 부엌에서 요리를 하는 데 쓰였습니다.

석기도 다양하고 정교해졌다

여러분은 철기 시대라고 하면 모든 연장을 쇠로만 만들고, 또 모든 사람이 철기를 사용한 시대라고 생각하지는 않나요? 과거의 유물을 통해 감추어진 역사를 밝혀 내는 고고학자들이 유물의 이름으로 시대의 이름을 붙일 때는 그 유물이 그 시대의 특징이라 할 수 있기 때문이지, 그것이 모든 사람에게 다 활용되었던 물건이기 때문은 아닙니다.

청동기 시대를 대표하는 청동은 단단하지 못해서 농기구로 사용하기에는 부적합했고, 생산량이 적은데다 매우 귀한 귀중품이었기

정교해진 간석기 무기
맨 윗줄은 도끼의 날이
다. 별 모양 도끼 같은 것
은 실제 무기로 사용되기
도 했겠지만 주로 의례
도구나 장식용으로 쓰였
을 것 같다.

때문에, 주로 지배자의 꾸미개나 종교 의식에 사용하는 의례 도구를
만드는 데 사용했습니다. 일상 생활에 쓰는 도구는 돌로 만든 석기
와 나무로 만든 목기를 주로 사용했지요. 철기 시대에도 돌과 나무
로 만든 농사 도구는 계속 쓰였답니다. 다만
도구를 만드는 기술이 매우 발달하여 석
기의 종류가 다양해지고 모양도 틀이 잡
혔지요.

  곡식의 이삭을 따는 반달 돌칼, 곡식 단을
베는 낫, 땅을 파거나 밭을 일구는 괭이와 가래, 호미 같은

**전남 장성군 북이면 죽청리
에서 발견된 바퀴날 도끼를
가지고 그 원형을 되살려
보았다.(부산 복천 박물관)**

농기구와 도끼나 자귀, 대팻날과 끌 같은 공구를 돌로 만들어 썼습니다. 청동기 시대부터 지배층 사람 중에서는 자기 권위를 상징하기 위해 바퀴날 도끼나 톱니날 도끼를 지휘봉이나 무기로 사용한 사람도 있었습니다.

돌로 만든 도구로 가장 흔한 것은 무기와 사냥 도구였습니다. 화살촉이나 창날과 검을 돌로 만들어 널리 사용했는데, 이 시기에 이르면 돌을 갈아 만든 간석기가 매우 정교하고 매끈해집니다. 김해 무계리에서는 실제 사용하지는 않고 무덤의 껴묻거리(부장품)로 만든, 멋진 간돌검도 나왔습니다.

간돌검(김해 무계리)

위만 조선도 조선이다

우수한 철제 무기로 조선을 차지한 위만

중국에서 전국 시대의 혼란을 마감한 사람은 진나라의 시 황제였습니다. 서기전 247년 진나라의 왕이 된 그는 다른 여섯 나라, 곧 한, 조, 연, 초, 위, 제를 차례차례 정복하고, 마침내 서기전 222년 중국 땅의 황제가 되었지요. 그러나 진나라는 그로부터 겨우 15년 뒤에 유방이 세운 한나라에 무릎을 꿇습니다.

그런데 한나라가 국가 체제를 정비해 가던 중에, 지금의 베이징 일대를 다스리던 연나라 왕 노관은 부하와 주민들을 이끌고 북방의 흉노국으로 도망해 버립니다. 왜 그랬을까요?

유방의 죽마고우로 그 덕분에 연나라 왕 노릇을 하던 노관은, 유방이 나라를 세운 뒤 유능한 신하들을 하나씩 제거한데다가 일등 공신 한신마저 제거하는 것을 보고 위협을 느꼈습니다. 한신은 죽으면서 '토사구팽'이라는 유명한 말을 남긴 사람입니다. 노관은 한나라에 맞서 일어난 반란군을 토벌하라는 유방의 명령을 어기고, 오히려 그들과 짜고 싸움을 오래 끌다가 이 사실이 들통 나자, 군사력이 강한 흉노로 도망친 것입니다.

당시 노관의 부관으로 위만이란 사람이 있었습니다. 자신이 모시던 상관이 하루 아침에 흉노로 망명해 버리자 위만은 진로를 놓고 고민합니다. 그는 흉노로 가는 것이 싫어서 결국 연나라 동쪽에 있는 조선의 변방에 와서 조선 준왕의 신하가 되었지요.

조선의 준왕은 위만이 지혜롭고 사람들을 잘 통솔하므로 서쪽 땅 100리를 주고 그 지역 주민을 다스리도록 했습니다. 위만은 조선의 서쪽 변경 지대에서 살면서, 계속해서 이주해 오는 중국 사람들을 정착하게 해 주고, 또 그 일대에 사는 조선 주민들을 잘 다스려서 신망이 높아졌습니다.

어느 정도 힘이 커지자 위만은 왕 자리가 욕심 났습니다. 서기전 194년 무렵, 드디어 위만은 자신을 따르는 주민과 관리들의 힘을 빌려 준왕을 몰아내고 정권을 잡습니다.

먼저 위만은 준왕에게 한나라 군대가 열 군데로 나누어 쳐들어온다고 거짓 보고를 합니다. 그러고는 자신이 조선의 도성인 왕검성을

토사구팽(兔死狗烹)
토끼를 모두 잡고 나면 사냥개가 쓸모없어져 삶아 먹는다는 뜻.

지키는 데 힘이 되고 싶다고 하여 군대를 이끌고 도성으로 들어와도 된다는 왕의 허락을 받아 낸 뒤, 왕검성을 차지해 버렸지요. 이렇게 해서 위만이 이끄는 새로운 조선 왕조가 탄생했습니다.

왕위를 빼앗긴 준왕은 할 수 없이 자신을 따르는 신하들과 일부 백성을 데리고 한강 이남으로 내려갔습니다. 그리고 그 곳에 정착하여, '한'이라는 종족 이름과 나라 이름을 사용하며 '삼한 시대'를 새로이 열었습니다. 우리 '한민족'의 이름은 여기서 비롯한 것입니다.

위만 조선은 고조선을 계승한 나라

서기전 2세기 초에 등장한 위만 조선은 어떤 나라일까요? 위만은 중국 연나라 사람으로서 준왕을 몰아내고 왕위를 빼앗았으니 고조선과 다른 새로운 왕조로 봐야 할까요, 아니면 똑같은 나라 이름을 사용했으니 앞의 고조선 왕조를 계승한 나라로 여겨야 할까요?

서기전 3세기 말 내란 상태에 빠진 중국을 한나라가 다시 통일했고, 그런 가운데 많은 사람들이 동쪽으로 이주해 왔는데, 위만도 그런 사람 중 하나였습니다. 위만은 왕위에 오르자 먼저 나라 안 문제를 해결하기 위해 노력했습니다.

정권을 차지한 위만은 새로운 왕조를 유지하기 위해 중국에서 흘러든 세력과 토착 조선 사람을 골고루 관리로 임명해, 두 세력 간에 생길 수 있는 갈등과 대립을 줄이고 정치의 안정을 꾀했습니다. 그리고 중국의 철기 문화를 재빨리 받아들여 군사력을 키웠습니다.

당시 한나라가 강한 나라로 군림하고 있자 위만은 주변 종족들이

읍루

부여

선비

시라무렌허

오환

라오허

두만강

옥저

압록강   고조선   동예

청천강

동 해

랴오허

대동강

● 왕검성
(평양)

서 해

한 강

삼한

낙 동 강

한

중국의 국경을 침범하지 못하게 하고, 또 중국과 교통하는 것은 막
지 않는다는 조건으로 한나라와 평화 관계를 맺었습니다. 한나라도
조선을 우리 겨레의 땅을 대표하는 나라로 인정해 주고 많은 물자를
도와 주겠다고 약속했지요.

　덕분에 위만 조선은 중국에서 온 사람들과 함께 따라 들어온 중국
문물을 받아들이고, 한나라의 위세와 물자 지원을 활용해 군사력을

강하게 키웠습니다. 게다가 한반도 남부에 생겨난 여러 작은 나라들이 한나라와 교역하는 것을 통제하면서 중간에서 중계 무역을 해서 많은 이익을 챙겼습니다.

이윽고 고조선은 더욱 굳세어진 힘을 바탕으로 이웃한 동옥저와 임둔, 진번 같은 작은 나라(소국)를 정복하여, 영토가 사방 1000리 (약 400킬로미터)에 이르는 정복 국가가 되었습니다.

위만은 준왕이 통치하던 때에 지방의 족장이었던 사람들을 중앙에 끌어들여 '상'이라는 관직을 주고 나라 일에 참여하도록 했습니다. 왕이라고 해서 모든 일을 마음대로 하지 않고, 각 지방의 일은 어느 정도 그 지방 사회에서 알아서 하도록 권한을 주었으며, 나라 전체에 관한 일은 상과 장군이 모인 귀족 회의에서 결정했습니다.

이렇기 때문에 위만이 반란을 일으켜 새 왕조를 세우기는 했지만 이는 고조선이라는 나라의 틀 안에서 일어난 변화라고 볼 수 있습니다. 그러므로 위만 조선은 준왕의 고조선 왕조를 계승한 나라라고 할 수 있겠지요?

고조선의 법과 질서

고조선의 왕

고조선은 청동기 시대부터 위만 왕조에 이르기까지, 최고 우두머리인 왕을 중심으로 해서 그 아래에 지방의 우두머리들이 층층이 여러 등급으로 나뉘어 지배하는 정치 형태였습니다.

처음에 왕의 지위는 불안정했지만 서기전 3세기 이후 왕권이 안정되었습니다. 부왕(준왕의 아버지)에게서 준왕으로 왕권이 계승되었고, 위만 조선에서도 위만이 아들(이름은 알려지지 않았습니다)에게, 그 아들은 다시 아들 우거에게 왕권을 넘겨 3대에 걸쳐 왕위를 대물림합니다. 이처럼 왕권이 아버지에서 아들로 계속 이어지는 것은 왕의 힘이 상당히 클 때 가능한 일입니다. 그만큼 고조선 사회가 국가로서 힘이 커졌다는 이야기이지요.

왕 아래 가장 높은 귀족 – 상

위만 조선이 정복 국가로 성장했을 때 중앙 정부의 문신은 '상(相)'이라 불렀고, 무신은 '장군(將軍)'이라고 했습니다. 나라를 다스리는 일은 대부분 상들이 했지요. 어떤 사람들이 상 자리에 있었는지 기록에 많이 나오지는 않지만, '니계'라는 지방(지금의 어느 지방인지는 알려지지 않았습니다)에 살았던 참을 비롯해 상들은 대부분 고조선 사람이었습니다. 그리고 중국에서 온 사람과 그 후손도 그 자리에 올랐습니다.

상은 왕 다음으로 높은 신분이었습니다. 이들은 나라의 중요한 문제를 놓고 왕에게 충고할 수 있었고, 왕 밑에 있으면서 실제로 관리들이 나라를 다스리는 일을 도와 주었지요. 상 자리에 앉은 사람들은 각 지방의 책임자(족장)들로, 중앙의 왕실과는 별도로 지방에 자기 기반을 두고 힘을 키운 사람들이어서 지방 사회의 일을 스스로

처리했습니다.

고조선이 멸망할 때 상 자리에 있었던 역계경은 2000여 명에 이르는 사람들을 거느리고 고조선 남쪽 진나라(삼한)로 망명했습니다. 이는 고조선의 토착민 지배자가 언제든지 왕과 결별할 수 있을 정도로 독자적인 세력을 지녔다는 이야기입니다. 고조선의 한 지역이었던 니계 지방에서 등용된 참은 자기 출신 지역을 다스리는 권한과 함께 중앙 정부의 관료로서 높은 지위를 누렸습니다.

그 밖에 '대신'이라 불린 성기나 장군 왕협 같은 인물이 있습니다. 둘 다 중앙 정부의 관료로서 활동한 인물입니다.

이처럼 고조선 사회에서는 이미 상류층과 평민으로 구분되는 신분층이 형성되어, 부모의 신분이 자식에게 이어졌습니다. 평양 상리에서 발견된 고조선 지배층의 무덤에서는 화려한 껴묻거리가 나와, 당시 고조선 사회의 상류 계급이 어떠한 위세를 부렸는지 잘 보여줍니다. 그들은 말이 끄는 수레를 타고 다녔는데, 수레에는 햇빛을 가리는 일산(커다란 양산)을 설치했습니다. 그리고 신분을 과시하기 위해 세형 동검을 몸에 차고, 갖가지 치레거리(장신구)로 꾸미고 다녔습니다. 때로는 전쟁이 나면 쇠로 만든 여러 무기를 가지고 전장에 나가 싸우기도 했습니다.

정가와자에서 출토된 말머리 장식을 복원한 그림

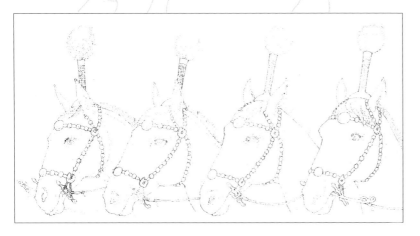

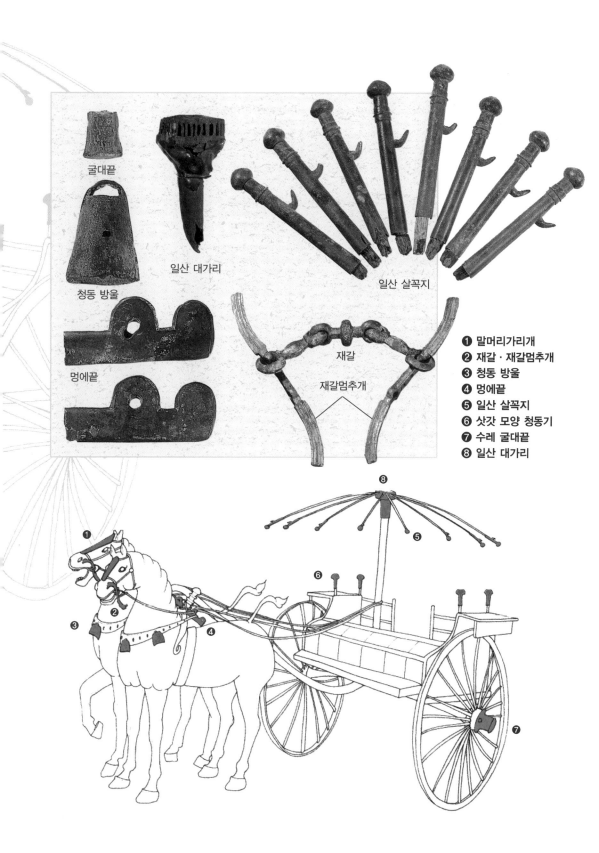

굴대끝

일산 대가리

청동 방울

일산 살꼭지

멍에끝

재갈

재갈멈추개

1 말머리가리개
2 재갈·재갈멈추개
3 청동 방울
4 멍에끝
5 일산 살꼭지
6 삿갓 모양 청동기
7 수레 굴대끝
8 일산 대가리

가난한 사람들을 울린 범금 8조

고조선 사회가 지배층과 일반 백성 사이에 생활의 차이가 심한 신분 사회였다는 점은 8조 법을 봐도 알 수 있습니다. 고조선의 지배자들은 일반 백성의 생활이나 물건 쓰는 일을 통제하기 위해 8개 조항으로 된 국법을 제정했지요. 이것이 곧 역사에 전하는 '범금 8조'입니다.

'범금'은 범하는 것, 곧 어기는 것을 금한다는 뜻이고, 8조는 여덟 개 항목이라는 뜻이지요. 이 여덟 개 중에 다섯 항목은 현재 알 수 없고 아래의 세 항목만 전합니다.

첫째, 사람을 죽인 자는 사형에 처한다.
둘째, 남에게 상해를 입힌 자는 곡식으로 갚는다.
셋째, 도둑질한 자는 노비로 삼되 노비를 면하고자 할 때는 50만 전을 내야 한다.

이 법은 매우 엄하여 막강한 권력자나 부유한 사람들에게는 아주 좋은 법이었습니다. 세 조항만 봐도 고조선 지배 계급의 생명과 재산을 보호하며, 일반 백성에게는 매우 불리한 법임을 알 수 있습니다.

도둑질을 할 지경에 몰린 사람은 매우 가난할 것입니다. 가난에 못 이겨 도둑질을 했는데 발각되었습니다. 그러면 꼼짝없이 도둑질을 당한 사람(도둑질을 당할 만큼 재물을 가진 사람은 지배층에 속하겠지요)의 노비가 되어야 합니다. 만약 자유로운 신분을 유지하려면 50만 전이나 내야 하는데, 도둑질을 할 수밖에 없는 가난한 사람에게 그렇게 큰 돈이 있을 리 없습니다.

50만 전의 값어치는 얼마나 될까요? 정확히 알기는 어렵지만 범금 8조가 중국의 역사책 《한서》에 기록된 것이니 중국의 사정을 통해 짐작해 보도록 하지요. 중국 한나라 때 사형에 해당하는 죄를 저지른 사람이 사형에서 벗어나려면 50만 전을 내야 했다고 합니다. 그러나 실제로 50만 전을 내고 풀려난 사람은 없었다고 합니다. 그 50만 전이 일반 사람으로서는 만지기 힘들 정도의 큰 돈임을 알려 주는 이야기입니다.

　남에게 상해를 입힌 경우에는 곡식으로 보상해야 한다고 했습니다. 부잣집에서야 남을 다치게 해도 곡식 섬이나 던져 주면 그만이지만, 가난한 사람들은 곡식을 내놓는 것이 엄청난 형벌이었지요. 또한 노비는 물건과 같이 취급되어 죽여도 죄가 되지 않았다니, 범금 8조가 모든 백성에게 평등한 법은 아니었네요.

　그러나 부지런하고 착한 고조선 사람들은 죄 짓는 것을 수치스럽게 여겨, 도둑질한 사람이 벌금을 물었다 해도 그 사람하고는 어느 누구도 혼인하지 않았다고 합니다. 그래서 도둑질하는 사람이 없었고, 다른 집 식구들이 드나들지 못하도록 집의 문을 닫아 거는 사람도 없었다고 합니다. 그러나 고조선이 망하고 한나라에서 고조선 땅에 군현을 두면서부터는, 다른 나라의 간섭을 받게 되니 사회가 분열되고 풍속도 나빠져 법령이 60여 조항으로 늘어났답니다.

평민과 노비

고조선 사회는 귀족과 평민, 그리고 노비라는 신분으로 나뉘어 차별

군현
한나라 행정 구역과 통치 기구. 자세한 내용은 213쪽에 있다.

이 있었습니다. 사회의 지배층인 귀족은 노비와 토지, 그리고 많은 재산을 거느렸으며, 마을을 대표하는 우두머리이기도 했지요.

대다수를 차지했던 일반 평민은 농사와 수공업 같은 기본 생산 활동을 담당하는 자유로운 신분이었습니다. 하지만 그들을 가까이서 다스리는 촌락의 우두머리와 왕실의 귀족 집단에게 이중으로 생산물을 빼앗김으로써, 실제로는 노비와 비슷한 처지였어요.

노비는 가장 낮은 신분으로, 주로 전쟁에서 포로로 끌려 온 사람들과 죄를 지은 사람들이었습니다. 고대 서양의 그리스나 로마 사회에서는 노예가 사회에 필요한 생산 활동을 거의 전부 담당했지만, 고조선에서는 그렇지 않았습니다. 고조선의 노비들은 수가 많았지만 주로 주인을 위해 힘든 일을 돕는 구실을 했을 뿐, 생산 활동의 대부분을 차지할 정도는 아니었지요.

유럽의 노예제 사회에서는 노예를 부려 물품을 생산하고 화폐를 이용하여 물건을 사고 파는 경제가 발달했으며, 또 일반 시민은 일을 하지 않아 일터에서 벗어난 소비의 터전으로 도시가 번창했습니다. 그러나 고조선에서는 일반 평민이 대개 농민이었기 때문에 도시가 발달하지 않았고, 스스로 생산한 물건을 다른 필요한 물건과 맞바꾸는 물물교환을 주로 했기에 화폐 경제가 그리 발달하지 않았지요. 우리 조상들은 대부분 남이 힘들게 일한 것을 빼앗아 사치를 누리지 않았으며, 스스로 열심히 일해서 얻은 것으로 생활하는, 정직하고 소박한 백성이었던 것입니다.

고조선의 도성은 어디에 있었을까?

왕의 권력이 더욱 강해지고 이웃 나라에 대해서도 우월한 위치에 서게 되자, 고조선의 지배자들은 자신들이 항시 거주하면서 백성을 다스릴 공간으로 도성을 계획하고 궁궐을 짓게 됩니다.

고대 어느 나라에서나 궁궐은 그 주변을 둘러싸는 도시와 함께 계획되어 도성의 중심에 위치합니다. 궁궐 하나 달랑 세우는 것이 아니라, 도시 계획을 세우면서 궁궐의 위치와 건설법을 같이 정하는 것이지요. 그리고 자연 지리 조건을 최대한 이용하여 명당 자리에 궁궐을 세웠습니다.

그러나 불행히도 우리는 고조선의 도읍이 어떤 형태였는지 알지 못합니다. 문헌에 고조선의 도성으로 기록된 왕검성의 유적을 찾지 못했기 때문입니다. 다만 고조선의 수도 왕검성이 있었던 곳에 한나라 사람들이 낙랑 토성을 쌓았다고 하니, 왕검성은 분명 낙랑 토성 유적이 있는 대동강 유역에 있었다고 짐작할 뿐입니다.

낙랑 토성
낙랑 토성은 당시 한나라의 랴오둥 군에서 나온 사람들이 조선 땅에 살면서 근방을 관리하기 위해 만든 통치용 성이다. 소수 지배층을 위한 성이라서 대동강 유역의 낮은 언덕에 자그마하게 쌓았다.

고조선의 지배자들은 대동강을 사이에 두고 남북에 걸쳐서 언덕과 낮은 산기슭에 흙을 층층이 다져 올려 토성을 쌓고, 그 안에서 살면서 통치를 했을 것입니다. 그리고 백성은 성 밖에서 살았으리라 생각됩니다.

대동강 유역 움 무덤과 널 무덤의 주인공

청동기 시대부터 랴오둥 지방과 대동강 유역 일대에는 예맥족 계통의 주민들이 살았습니다. 이들은 철기 문화가 들어오자 그 문화를 받아들여 지방별로 특색 있는 문화를 새로이 만들어 냈습니다. 한반도 서북 지방인 황해 남도 은율군 운성리나 성현리에서는 거대한 마을을 이루고 토성까지 축조한 지역 집단도 성장하게 됩니다.

각 지역의 지배자들은 모두 세형 동검과 주조한 쇠도끼 같은 귀한 물건을 지니고 다녔어요. 그리고 지배자가 죽으면 구덩이를 파고 그 안에 시신을 묻거나(움 무덤), 나무로 만든 곽에 시신을 넣고 구덩이에 묻는 널 무덤, 곧 나무 곽 무덤을 만들었습니다.

서기전 4세기 무렵부터 대동강 유역의 남포시 반천리와 황해 남도 재령군 고산리, 배천군 석산리 같은 곳에서 움 무덤이 만들어졌지요. 이들 지역에서는 다음 시대의 무덤인 나무 곽 무덤도 집중 발견되었습니다. 무덤 안에는 세형 동검과 청동 창, 그리고 수레의 부속품들과 주조한 쇠도끼, 쇠로 만든 무기 들이 있었습니다. 이들 무덤은 주로 들판이 내려다보이는 언덕에 있어 지배자의 무덤임을 뽐내고 있습니다.

널 무덤이 대동강 유역과 황해도, 함경 남도 남부 지방에 집중 분포하는 점도 눈에 띕니다. 고조선의 중심지였던 곳에서 널 무덤이 주로 나온다는 것은, 무덤의 주인공들이 고조선의 지배층이었음을 짐작하게 합니다. 이것은 당시 한반도 서북 지방에 정치 집단이 형성되어 있었고, 이들이 고조선이라는 나라를 통치한 계층이라는 사실을 알 수 있는 중요한 자료이지요.

움 무덤이나 널 무덤은 고인돌이나 돌무지 무덤에 비해 그리 웅장해 보이지 않습니다. 그러나 지배자들이 이 무덤을 쓰게 된 것은 시대가 변하고, 아마 중국 풍습의 영향을 받아 흙 구덩이에 널을 넣는 매장법이 유행했기 때문으로 보입니다. 이 무덤은 요즘의 우리 어른들이 만드는 무덤과 그 양식이 비슷합니다.

평양시 낙랑 구역 정백동 37호 무덤 (나무 곽 무덤)

그런데 고조선에서 살던 보통 사람들의 무덤은 어떠했을까요? 그것은 지금 알 수 없습니다. 대개 흙 속에 껴묻거리도 없이 시신을 그냥 묻었기 때문에 현재 그 흔적을 찾을 길이 없는 것이겠지요.

순장과 노비를 아시나요?

고대 사람들은 사람이 죽어 몸은 없어지더라도 영혼은 사라지지 않는다고 믿었습니다. 구름도 없어졌다가 다시 생기고, 겨울에 땅 밑에 숨었던 식물들도 봄이 되면 끊임없이 새로 피어납니다. 사람들은 이 같은 자연의 순환을 보고 모든 것이 부활한다고 생각했습니다.

따라서 죽음은 끝이 아니며 이승의 삶이 저승까지 이어진다고 생각했기 때문에 살았을 때 쓰던 물건들과 부리던 시종, 곧 노비를 함께 매장했습니다. 많은 경우 100여 명, 적은 경우 수십 명에 이르는 노비가 주인의 무덤에 같이 묻혔습니다.

이렇게 산 사람을 함께 매장하는 잔인한 풍습을 순장이라고 합니다. 순장은 현세의 지배자들이 죽음의 세계

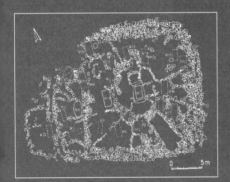

강상 무덤 전경과 실측도
랴오둥 반도 뤼다(旅大 : 여대) 시의 강상리와 누상리에 있는 고조선의 돌무지 무덤에서는 순장된 것으로 볼 수도 있는 많은 사람의 뼈가 불에 탄 채로 발견되었다. 그러나 이것은 순장이라기보다는 마을의 지배자가 사망할 때마다 그때 그때 묻힌 흔적일 가능성이 높다. 무덤에 시신을 묻을 때에는 일정한 의식을 치르고 불을 질러 널과 시신을 태우는 화장을 했다.

누상 무덤 발굴 사진과 실측도 큰 돌무지 아래 돌널이 여럿 있고 돌널마다 시신이 있었다.

에서도 현세 때의 영화를 누리려는 의도에서 만든 장례 방식입니다. 산 사람을 일부러 죽여 묻거나 때로는 산 채로 묻어 버리는 경우도 있었지요.

　노비들은 살아서는 힘든 생활의 연속이었고, 주인이 죽으면 따라서 같이 죽어야 하는 소모품에 불과했습니다. 그러나 시간이 흘러 고대 국가가 발전하면서 인간과 그 노동력의 가치가 소중함을 깨닫게 되었습니다. 이제 무덤에 사람 대신 더 다양해진 껴묻거리를 넣고, 무덤 벽에 주인공의 생활을 묘사한 그림(벽화)을 그리는 풍습이 생기게 됩니다.

　껴묻거리로는 생전에 주인공이 사용하던 물건뿐 아니라, 저승 갈 때 필요한 노잣돈이나 주인공의 영혼이 저 세상에 가도록 돕는 새 조각품, 오리 모양 공예품이 들어가기도 합니다.

　옛 문헌에는 고조선 사회에서 순장을 했다는 구체적인 기록이 없습니다. 다만 고조선 이웃에 있던 부여에서 왕이나 귀족이 죽으면 100여 명을 순장했다는 기록이 있습니다. 생활 수준이나 풍습이 비슷했던 이웃 국가에서 순장을 한 것을 보면, 고조선 사회에서도 순장이 이루어졌을 가능성은 높다고 보입니다.

중국 진 시황릉에서 발굴된 토용들
진 시황의 무덤에서 토용, 곧 흙으로 빚은 사람들이 발견된 것도 순장 풍습의 연장선에서 이해할 수 있다. 진짜 사람과 말은 현세에서 노동력으로서 매우 중요하니까 흙 인형을 만들어 함께 매장한 것이다.

역사학의 보고, 무덤

만약 고대의 무덤이 없었다면 우리는 삼국 시대 이전에 우리 겨레가 어떻게 살았는지 거의 알지 못했을지도 모른다. 분명 2000년 전에 이 땅에서는 사람들이 일하고 사랑하며 갈등을 빚고 새로운 것을 창조하며 슬픔과 기쁨을 나누는 문화가 있었을 텐데, 그걸 알려 주는 기록은 매우 적기 때문이다. 무덤에 같이 묻힌, 당시 사람들이 귀하게 여기던 물건들과 생활 용품이 있었기에 우리는 당시의 '산 역사'를 느낄 수 있다.

고조선 시대 후기에 이르면 돌을 써서 무덤을 만드는 경우는 줄어들고, 나무 널이나 항아리(독)를 이용해 무덤을 만드는 것이 유행했다. 한강 남쪽 일부 지방에서는 청동기 시대부터 유행한 고인돌이나 돌널 무덤도 계속 만들었다.

돌널 무덤

돌널 무덤은 고인돌과 같은 시기에 유행한 무덤이다. 땅을 판 뒤 두께가 5센티미터 정도인 얇은 판돌로 긴네모꼴 상자 모양을 만들고, 그 위에 역시 두께 5센티미터 정도 되는 판돌을 덮은 형태이다. 랴오허(遼河 : 요하) 강 옆에 흐르는 훈허(渾河 : 혼하) 유역을 중심으로 랴오둥 반도의 여러 곳에

서 돌널 무덤이 발견되었다. 돌널 무덤에는 어른 남자가 한 명씩 묻혔는데, 무덤 안에서 청동 단검 한 자루와 다른 껴묻거리도 조금씩 같이 나온다.

돌널 무덤이 있는 지방에는 고인돌도 있는 경우가 많다. 그러나 돌널 무덤은 고인돌에 비해 그 수가 적고, 무덤 안에 껴묻은 물건으로는 청동기보다 돌검이나 돌화살촉이 많다.

한편 부여 송국리에서는 근방에 고인돌이 없는데, 비파형 동검을 비롯한 청동기를 껴묻은 돌널 무덤만 발견되었다. 이것은 이 지역에 전에 없던 정치적 지배자가 새롭게 등장했다는 사실을 암시한다.

랴오양(遼陽 : 요양) 시 이도하자(二道河子) 마을의 작은 언덕 중턱에서 동서 약 20미터, 남북 약 100미터에 이르는 고대의 묘지가 발견되었는데, 그 안에 20여 기에 이르는 돌널 무덤이 있었다. 이들 돌널 무덤에서는 비파형 동검이나 미송리형 토기, 청동 꾸미개 등이 나왔다. 동검과 청동 꾸미개가 나왔다면 지배층의 무덤으로 볼 수 있다. 이 묘지 안에 많은 무덤이

창원 다호리의 널 아래 있었던 껴묻거리 바구니

돌널 무덤(부여 송국리)

널 무덤(창원 다호리)

모여 있는 것으로 보아 지배층의 공동 묘지라 할 수 있겠다. 돌널 무덤은 청동기 시대의 중국 동북 지방과 한반도 전체 지역에서 많이 만들어져 사용되었다.

널 무덤 · 덧널 무덤

고조선 시대 후기에 삼한 땅이었던 경남 창원 다호리에서는 나무 널이 거의 온전히 남은 널 무덤이 발견되었다. 구덩이를 깊이 파고 묻은 널은, 통나무를 반으로 자른 다음 속을 파내어 시신을 넣고 뚜껑을 덮은 것이었다. 널 밑에는 다시 껴묻거리를 넣기 위한 구덩이가 있어 그 안에 갖가지 유물이 차곡차곡 담긴 바구니가 묻혀 있었다.

구덩이를 파고 나무 곽을 만든 뒤 그 안에다 다시 나무로 짠 널을 넣는 덧널 무덤도 있다. 구덩이 안에 널만 넣는 널 무덤보다는 곽(덧널)을 짜고 그 안에 널을 넣는 덧널 무덤이 좀더 나중에 만들어진 것인데, 이것은 지배층의 권한이 더 강한 시대의 무덤이라 할 수 있다.

널 무덤이나 덧널 무덤 중에는 널을 덮은 흙 봉분이 네모난 것도 있다. 그리고 무덤에는 한 사람만 묻은 경우가 많지만 부부를 함께 묻기도 했다.

널 무덤과 덧널 무덤은 대개 청동기 시대 말

기인 후기 고조선 사회와 부여 및 삼한 사회 등에서 널리 사용된 무덤 양식이다.

독 무덤

항아리에 시신을 넣고 묻는 독 무덤은 영산강 유역에서 널리 유행했다. 독 무덤은 크기가 작아 아마 시신의 살이 없어지고 뼈만 남았을 때 그것을 추려서 묻거나, 어린아이가 죽었을 때 사용했을 것이다. 독 무덤은 처음에 커다란 독을 세워서 묻은 다음 돌로 뚜껑을 덮은 형태였다. 독 무덤에 쓰인 독의 바닥에는 무슨 까닭에선지 구멍이 뚫려 있다.

그러다가 철기 문화가 전래되면서 독 두 개를 맞대고 눕혀서 묻는 형태로 변한다. 그래서 전체 길이가 조금 길어졌다.

초기의 독무덤(높이 46.8센티미터)과 독의 바닥에 난 구멍(부여 송국리)

독무덤(마산 진동에서 출토했다고 전해짐), 길이 75센티미터.

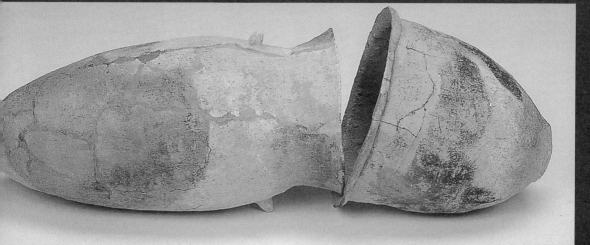

나라 밖 교류

중국 동북 지방, 과거에 만주라고도 했던 지역에는 중국의 연나라와 진나라가 쌓은 장성 유적(만리장성의 동쪽 끝 부분)이 있습니다. 장성이란 외부의 적을 막기 위해 국경 지역에 쌓은 방어용 성곽을 말하지요. 그 주변에서는 명도전이라는 전국 시대 연나라에서 만든 돈, 중국에서 만든 거울과 철기, 기와 같은 유물이 많이 나옵니다. 이것은 이 지역에 많은 중국 사람이 오가며 살았다는 증거입니다.

고조선 땅으로 장사하러 다니는 중국 상인들은 장성 근처에 정착해 살기도 하고 잠시 머무르기도 했는데, 그 일대에서 나오는 여러 중국 물건들은 그들이 거주하면서 사용한 것으로 보입니다. 이처럼 고대 중국과 고조선 사람들은 장성 일대를 교통로 삼아 자주 오가며 교류했습니다.

왼쪽:중국 화폐인 오수전(제주 거문도)
오른쪽:화천(제주 금성리)

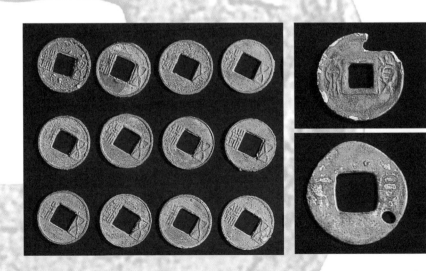

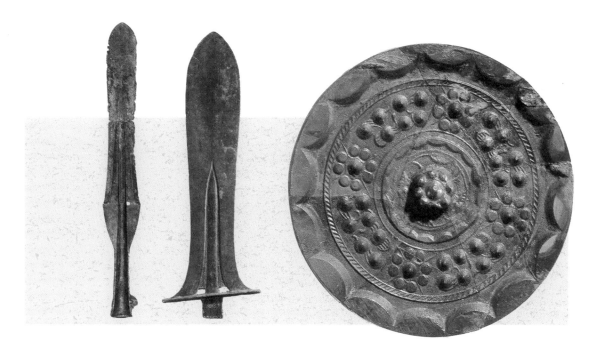

우리 땅의 청동기 시대 유적에서 중국 화폐인 화천이나 오수전, 한나라의 거울이나 점치는 뼈, 기와가 여럿 나오는 것을 보면 그 때 고조선과 중국이 매우 활발히 교류했음을 알 수 있습니다. 또 한강 이남 지방에서 고대 일본의 질그릇이나 너비가 넓은 꺾창이 나오는 것은 일본과 교류한 증거이지요.

왼쪽: **너비가 넓은 일본의 투겁 창**(김해 양동)과 **청동 꺾창**(대구 만촌동)
오른쪽: **한나라 거울**(창원 다호리)

바닷길 교류

고조선에서 나오는 물건들은 이익을 많이 남기며 외국에 팔 수 있었습니다. 고조선 사람들은 외국과 아주 좋은 관계를 유지하며 무역을 했습니다. 일찍부터 중국 산둥 반도와 한반도 서북 지방 사이에서는 바닷길과 바닷가 길을 따라서 많은 사람이 왕래했습니다. 산둥 반도의 척산(斥山 : 오늘날의 산둥 성 영성자진)은 국제 무역항으로 고조선에서 건너간 물건이 거래되던 곳이었지요.

고조선에서는 베나 곡식 같은 일상 생활 용품말고도 다른 나라에

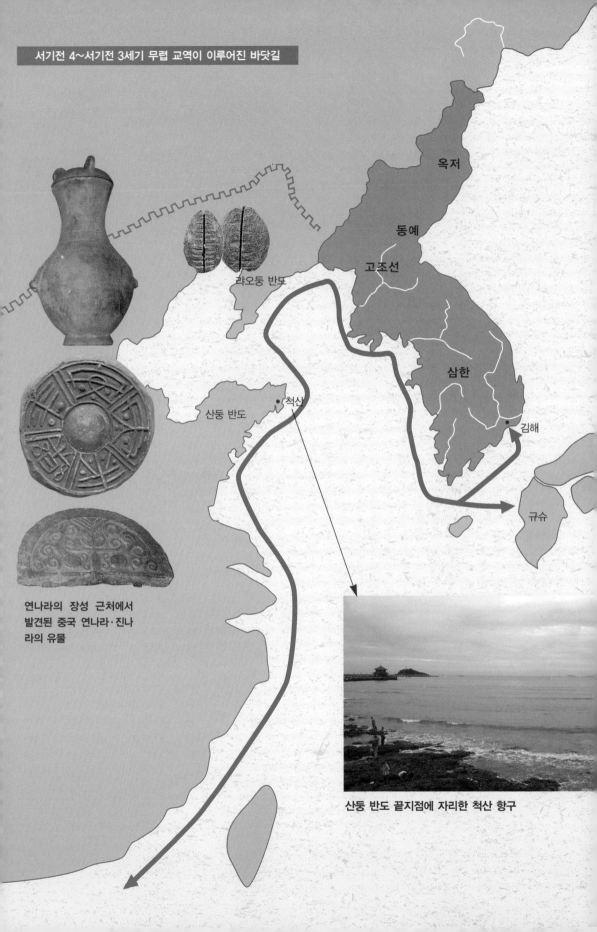

옥저

동예

고조선

삼한

라오둥 반도

산둥 반도

척산

김해

규슈

연나라의 장성 근처에서
발견된 중국 연나라·진나
라의 유물

산둥 반도 끝지점에 자리한 척산 항구

서 나지 않는 귀중한 물건들이 나왔습니다. 반점이 박인 짐승 가죽과 털로 만든 옷, 표범 가죽과 짐승의 털로 만든 옷감, 싸리나무로 만든 활과 화살, 그리고 말은 매우 유명해 외국에서 대단한 인기를 끌었습니다. 이러한 물건들이 중국이나 일본과 교역하는 주된 품목이었을 것입니다.

물물교환을 통해 물건을 구하던 시대에는 요즘과 같이 교통 수단이 발달하지 못해서 사람이 직접 걸어 다니며 교류할 수밖에 없었지요. 신석기 시대에도 배를 이용한 것 같지만, 청동기 시대에 들어와야 본격적으로 배와 같은 교통 수단이 발달하기 시작합니다.

고조선 시대에 고기를 잡거나 외국에 물건을 수출할 때는 우선 배를 이용했을 것으로 보입니다. 울산 태화강변의 반구대 바위 그림에는 배를 타고 먼 바다까지 나가 고래를 잡는 장면이 있습니다. 그림 속의 배는 고기잡이에만 쓰이지 않고 외국에 나가는 교통 수단으로도 쓰였을 가능성이 높습니다. 2000년 훨씬 전의 옛날 일이니 좋은 배를 만들지 못했을 것 같지만, 당시 바다를 넘나들며 교류한 사실을 보면 우리 생각보다 훨씬 튼튼하고 우수한 배를 만들어 사용했던 것 같아요.

그리고 부여와 고구려, 특히 동예(지금의 강원도 지방에 있었던 나라)의 말은 매우 유명했다고 합니다. 과수원의 사과나무 밑을 지나가도 나무에 걸리지 않을 정도로 몸집이 작아 과하마(果下馬 : 과수원 아래를 다니는 말)라는 이름이 붙었지만, 힘이 좋고 매우 날렵해 일을 잘했다고 합니다. 고조선 남쪽의 변한과 진한 지역에서도 말을 널리 이용했다는 기록이 있습니다. 청동기 시대를 지나면서 말은 빠른 교통 수단으로 가장 많이 이용되었음이 분명합니다. 철기 문화가 들어오면서부터는 마차도 등장합니다.

돈으로 사용된 쇠

우리 겨레는 서력 기원 전후, 곧 지금부터 2000년하고도 수년, 아니면 수십 년 전 무렵부터 본격적으로 철기를 생산합니다. 삼한의 가운데 지역에 위치한 변한에서는 철이 많이 나와 낙랑과 일본 땅으로 철을 수출하기도 했지요.

여러분은 쇳덩이가 돈으로 사용되었다는 말을 들어 보았나요? 우리 조상들은 쇳덩이가 매우 귀하고 중요한 물건이라 마치 화폐처럼 사용했습니다. 경남 창원 다호리 무덤에는 날을 세우지 않고 자루도 끼우지 않은, 거푸집에서 주조한 쇠도끼 2점을 엇갈리게 포갠 뒤 끈으로 묶어서 묻어 놓았어요. 쇠도끼를 무덤에 껴묻거리로 묻은 것은 그것이 돈만큼 귀중한 가치가 있는 물건이었기 때문이지요.

덩이쇠(창원 다호리)

돈과 똑같이 귀중한 쇠도끼를 묻어 이 곳에 묻힌 자가 얼마나 부자인지 과시하고, 또 무덤의 주인공이 저승에 갈 때 노잣돈으로 사용하도록 한 것입니다. 이것은 이들 쇠도끼가 도끼라기보다는 쇠 자체로서 매우 귀중한 가치를 지닌 물건이었다는 뜻이지요.

혹시 납작 도끼, 한자로 판상 철부라고 하는 말 들어 보았나요? 쇠를 이용해 물건을 만들기 위해 고조선 시대에 사용한 도구인데, 모양이 길고 납작한 도끼 모양이라 해서 붙여진 이름입니다. 이 납작 도끼는 특히 삼한 사회에서 많이 사용했습니다.

서기 1세기 이후에는 무덤 바닥에 자루 없이 납작 도끼만 까는 경향이 두드러집니다. 그러다가 4~5세기가 되면 도끼와는 다른 형태의 덩이쇠가 만들어졌어요. 납작 도끼는 4세기가 되면 오늘날의 금괴와 같이 규격화된 쇳덩이(철괴)인 철정으로 발전하지요.

덩이쇠는 제련소에서 정련 과정을 거친 것으로 불에 달구어 두드리면 얼마든지 원하는 형태의 도구를 만들 수 있었습니다. 따라서 철 제품을 만드는 중간 재료로서 화폐와 같이 거래되어 한반도 남부 지방은 물론 일본까지 수출되었고, 무덤에도 10매를 단위로 끈에 묶어 묻곤 했습니다. 무덤에 덩이쇠를 묻는 것은 땅 신에게서 무덤에 쓸 땅을 사 들이고 신의 보호를 기원하는 주술적인 뜻이 담겨 있다고 봅니다.

명도전의 정체

다른 나라와 교역을 하기 위해서는 그 나라의 물건 값을 치를 돈이 필요합니다. 고조선 사람들이 중국이나 일본과 교역을 했다면 분명 물건 값을 치르는 데 쓰는 돈, 곧 화폐가 있었겠지요? 그러나 문헌 기록에도 없고 실제 유물도 나오지 않아, 아직까지 고조선에서 사용한 화폐가 무엇인지 정확히 알 수 없습니다.

다만 가장 이른 시기에 사용한 화폐라는 보배조개가 랴오둥 지방

에서 나왔고, 전국 시대의 중국 연나라에서 사용하던 명도전이 고조선 영토에서 출토된 점으로 미루어 짐작할 수 있습니다.

명도전은 겉면에 한자로 '밝을 명(明)' 비슷한 글자가 새겨져 있고, 모양이 칼과 같아 '칼 도(刀)' 자를 써서 명도전(明刀錢)이라고 합니다. 그런데 학자들이 연구한 결과, 명도전에 새겨진 글자는 밝을 명 자가 아니라, 연나라에서 만들었음을 표시한 '연(匽(언)=燕)'이라는 글자라고 합니다. 이 명도전은 중국에서 만든 화폐이지만 고조선 안에서 사용되는 경우도 있었습니다. 특히 중국과 무역을 할 때는 명도전으로 값을 치렀을 것입니다.

랴오둥 지방에서 출토된 보배조개(위)와 명도전(평북 위원군 용연동)

한반도 남단에서 북방의 부여까지

한반도 남쪽 지역에서도 중국과 일본, 그리고 부여나 북방 유목민인 흉노족이 사용하던 물건이 나와 당시 대외 교류의 폭을 짐작할 수 있습니다. 중국 사람이 사용한 물건인 한나라 거울이나 청동으로 만든 세발솥이 여러 곳에서 나왔으며, 화천과 오수전을 비롯해 중국의 동전이 발견된 곳도 많습니다. 중국 북방의 유물로는 청동 솥이나 호랑이 모양 허리띠고리, 말 모양 허리띠고리 들이 나왔습니다. 남해안 지방에서는 일본의 청동기 시대(야요이 시대) 질그릇과 독널(항아리 무덤), 일본식 청동 투겁창이 이따금 발견된답니다.

청동 세발솥(울산 하대)
중국의 은나라, 주나라에서는 청동으로 그릇을 만들어 제사 지낼 때 제물을 담거나 무덤에 껴묻었다. 발이 셋 달린 청동 솥은 왕권을 상징하는 물건으로, 황제가 새로 보위에 오르면 청동 세발솥을 만들어 제후들에게 나누어 주었다.

허리띠고리(영천 어은동)

야요이식 토기

5

고조선과 삼국 시대

전쟁과 계승

전쟁은 언제부터 시작되었을까?

청동기 시대가 오자 한 집안의 어른인 가부장을 중심으로 하는 가족 단위의 생산 활동이 이루어집니다. 농업 기술이 발전해 수확량이 늘어나고, 생활에 필요한 물건 이외에 남는 물품이 쌓이고, 개인이 재산을 소유할 수 있는 권한이 생기면서 빈부 차이가 나타났습니다. 농기구나 공예품을 전문으로 만드는 장인도 등장해 서로 다른 사람들이 서로 다른 일을 해서 생산품을 교환하는 것이 흔한 일이 되었지요.

신석기 시대에는 평등한 위치에 선 지도자가 있을 뿐이었지만, 이

가부장
집안의 제일 어른인 아버지나 할아버지가 거역할 수 없는 권한을 쥐고 집안을 이끄는 경우, 가부장이라 한다.

제 누군가를 다스리는 지배자가 등장합니다. 하늘의 뜻을 대행한다는 지배자는 다스리는 일을 할 뿐 스스로 농사를 짓지 않습니다. 자신을 위해 일할 노비를 얻기 위해, 그리고 노비를 부려서 수확할 땅을 넓히기 위해 청동 무기를 소유한 지배자는 전쟁을 일으켜 이웃 족속을 정복합니다.

족장들과 그들의 대표인 왕은 지배 집단, 곧 상류층을 이룹니다. 족장이 아니더라도 부유한 이는 무기를 갖추고 자기만의 군대(사병)를 부리기도 합니다. 이러한 지배층은 재물과 권위 의식뿐 아니라 무력까지 갖추고 백성 위에 군림합니다.

이웃 족속과 전쟁이 일어나면 지배자는 자신과 부유한 이들이 거느린 군대를 동원하여 싸우게 했고, 가난한 일반 백성에게는 전사들의 식량을 나르도록 했습니다. 싸움에 전사(병사)로서 참여하지는 않았지만 백성 대부분이 자신의 의사와는 상관없이 식량을 보급하는 사람으로서 전쟁에 동원되었던 것입니다.

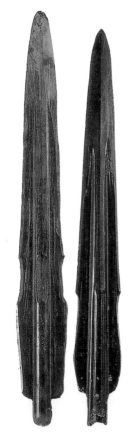

무서운 전쟁 무기들

고조선을 대표하는 무기는 세형 동검(좁은 놋단검)입니다. 세형 동검을 똑바로 세우고 위에서 내려다보면 십자(十) 모양으로 생겼습니다. 검의 날에는 피가 흐르는 통로로 기다란 홈까지 새겨져 있습니다. 상대를 찔렀을 때 외부 공기가 유입돼 칼날이 잘 빠지도록 만든 장치인데요, 전투할 때 많은 적을 상대하려면 칼날을 쉽게 뺄 수 있어야 했기 때문이지요. 손잡이 끝 부분에는 힘을 싣기 위해 묵직한

장식까지 매달았습니다.

세형 청동 창(좁은 놋창)은 다른 창보다 날 너비가 좁고 창끝이 예리하며, 잘린 창끝 부분이 잘린 세형 동검의 한 부분과 비슷한 특징이 있습니다. 역시 십자(十) 모양이고요.

청동 꺾창도 고조선의 특유한 무기로서, 창날 모양이 세형 동검과 비슷하고, 등대의 모가 솟은 점과 깊숙한 피 홈이 있는 점도 세형 동검과 같습니다. 꺾창은 날과 자루를 ㄱ 자 모양으로 연결하기 때문에 중간에 한 번 꺾인다 해서 붙은 이름입니다. 날의 끝 부분에 뚫린 구멍에 끈을 꿰어 자루를 연결합니다.

청동기 시대 후기의 고조선 지배자들 무덤을 보면, 전에는 볼 수 없었던 이러한 살상용 무기가 많이 출토됩니다. 그리고 상대의 공격을 방어하기 위한 갑옷도 많이 발견됩니다. 병사들은 쇠미늘을 꿰어 만든 갑옷(찰갑)을 입었습니다. 미늘 갑옷은 물고기의 비늘처럼 생긴 쇳조각을 가죽 끈으로 촘촘하게 이어 만든 갑옷입니다. 미늘 갑옷을 입으면 큰 철판을 붙여 만든 판 갑옷(단갑)을 입었을 때보나 훨씬 자유롭게 몸을 움직일 수 있습니다.

전투를 벌일 때는 말과 수레, 전차를 이용했습니다. 먼저 말을 탄 병사들이 한바탕 싸우고 나서 보병이 대대적으로 접전을 벌이는 것이 고대 전투의 기본 방식이었지요. 고조선 지배자들의 무덤에서는 주인공이 타고 다녔을 말의 갖춤새와 수레 부속품이 상당

세형 동검 손잡이 끝에 다는 묵직한 검자루(사천 늑도 유적)

**가야의 미늘 갑옷 조각
(부산 복천동)**

히 많이 나옵니다. 말은 머리 가리개를 비롯하여 재갈, 재갈멈추개, 고삐와 안장을 고정하기 위한 고리와 꾸미개 등 다양한 말갖춤을 주렁주렁 달고 다녔습니다.

지배자들은 말이 끄는 수레를 타고 전쟁에서 지휘를 했습니다. 소설 《삼국지연의》에 나오는 것처럼 규모가 엄청난 기마전이 벌어졌는지는 알 수 없지만, 고조선의 지배자들이 수레와 말을 타고 전쟁에 참가했던 것은 분명합니다. 고조선 시대에 주변 국가를 약탈하고 노비를 얻기 위한 전투가 치열하게 벌어졌다는 이야기이지요.

고조선 후기에 이르러 지배자들은 중국에서 쇠뇌나 긴 칼과 같은, 쇠로 만든 여러 무기를 들여왔습니다. 쇠를 이용할 줄 알게 되면서부터 전쟁은 더욱 치열해졌습니다. 쇠로 만든 긴 칼과 쇠뇌 같은 무기는 그 강도나 파괴력에서 전과는 비교가 되지 않을 정도로 강했습니다.

가야의 판 갑옷(부산 복천동)

쇠뇌는 지금의 석궁과 같은 것으로 방아쇠를 당겨 목표물을 맞히는 무기인데, 그 정확도나 파괴력이 활과는 비교되지 않을 정도로 월등합니다. 활은 손으로 시위를 당기기 때문에 팔힘이 세지 않으면 화살이 멀리 나가지 않고, 또 손끝이 흔들려 목표물을 제대로 겨누지 못할 수도 있습니다. 이에 비해 쇠뇌는 보통 260미터 정도까지 떨어져

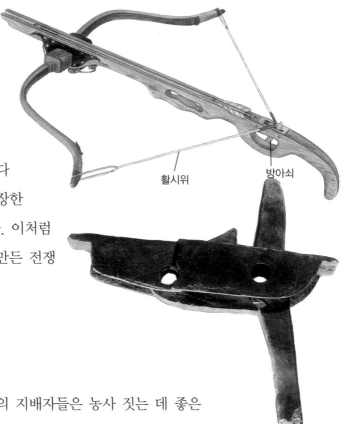

있는 물체를 맞힐 수 있다고 합
니다. 그리고 쇠뇌에는 성벽 위에
설치하는 큰 것과 개인이 소지하
는 작은 것이 있었습니다. 이보다
나중인 삼국 시대에는 쇠뇌로 무장한
부대가 따로 편성되기도 했답니다. 이처럼
고조선과 한의 전쟁에서는 철로 만든 전쟁
무기가 다양하게 쓰였습니다.

활시위   방아쇠

쇠뇌(평양시 낙랑 구역)
방아쇠를 당기면 팽팽하게
당겨진 시위가 풀려서 화살
이 튕겨 나간다.

전쟁에서 패한 자의 운명

청동기 시대에 한 마을이나 부족의 지배자들은 농사 짓는 데 좋은
장소를 차지하기 위해 백성을 전쟁으로 내몰았습니다. 부족 간에 싸
움을 벌여 우세한 부족이 약한 부족을 무력으로 굴복시키는 경우도
잦았겠지요.

최근 학자들이 고대 유적을 조사하는 과정에서 청동기 시대의 집
자리는 불에 탄 채 발견되는 경우가 많습니다. 어쩌다 잘못해서 집
에 불이 난 경우도 있겠지만, 가장 큰 원인은 부족 간의 무력 충돌이
었을 거예요. 이웃 부족이 공격해 들어와서 불을 놓은 것이지요.

충남 부여의 송국리 마을에서는 터를 둥그렇게 다지고 집을 지은
언덕 윗마을 사람들과, 집터를 네모나게 다진 아랫마을 사람들이 기
름진 언덕을 차지하기 위해 항상 싸움을 벌였습니다. 계속되는 마을
간의 공방 속에서 집터가 둥근 마을은 불에 탔고, 결국 집터가 네모

난 마을 사람들이 언덕을 차지하게 되었지요. 지금 유적으로 남은 언덕 윗마을의 둥근 집자리가 모두 불에 탄 채 나왔고, 아랫마을의 네모난 집자리는 그렇지 않은 데서 이 사실을 알 수 있습니다.

예전 같으면 부족 간에 다툼이 일어난 경우, 이긴 부족은 패배한 부족을 약탈하고, 모두 죽이거나 같은 부족으로 받아들였습니다. 그러나 농업 생산력이 높아져 양식이 넉넉해지자, 사람을 죽여 버리는 것보다는 포로로 잡아 와 노비로 일을 시키는 것이 더 이익이라고 생각하게 되었지요. 식량이 부족할 때는 입을 하나라도 줄여야 했지만, 이제는 사람이 많을수록 더 많은 땅을 일굴 수 있기 때문에 노비가 많을수록 부유해졌으니까요. 따라서 노비를 얻기 위한 전쟁이 더욱 격렬하게 일어났습니다.

전쟁은 자연 재해 때문에도 일어났습니다. 농사를 지어 거둔 곡식은 모두 먹어 버리면 안 됩니다. 이듬해 농사를 지으려면 씨앗을 남겨야 합니다. 그런데 가뭄이 들거나 홍수가 나서 추수량이 형편없이 적으면 다음 해를 위해 씨앗을 남길 여유가 없었을 것입니다. 이럴 때 이웃 마을로 쳐들어가 씨앗을 약탈해 옵니다. 약탈당한 마을 사람들은 또 다른 마을을 약탈합니다. 이렇게 마을 전체의 생사가 걸린 문제로 전쟁을 벌일 때에는 지배자들이 일반 백성을 직접 동원하여 싸움을 했습니다.

쇠뼈의 비밀

고조선의 지배자들은 전쟁과 같이 중요한 일을 앞두면 먼저 신에게 그 뜻을 물어보았습니다. 이 때 소 어깨뼈를 이용했지요. 소의 어깨뼈에 구멍을 미리 약간 뚫어 놓고, 그 구멍에 불에 달군 막대기를 넣고 비벼서 뼈가 갈라지는지를 보고 행동을 결정한 것입니다. 만약 뼈를 불로 지져 갈라지면 좋지 않은 징조라고 여겨 전쟁을 하지 않았고, 뼈가 갈

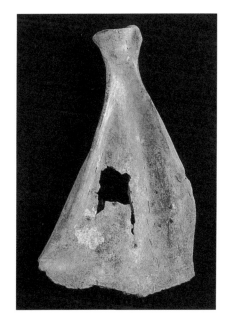

점뼈(해남 군곡리)

라지지 않으면 좋은 징조라고 생각하여 싸움을 시작했습니다.

고조선 시대에는 나라를 다스리는 일을 통치자 혼자서 할 수 있는 일이 아니라고 생각했습니다. 하늘과 조상에게 소원을 빌고, 제사나 굿을 통해 중요한 일을 결정했지요. 그래서 통치자는 제사를 주관하는 제사장이기도 하고, 하늘의 뜻을 알아맞히는 점쟁이이기도 했습니다. 맨 먼저 단군 조선을 세웠다는 '단군'도 실은 하늘의 뜻을 물어 어떤 일을 처리하던 무당이나 점쟁이를 뜻하는 말인 것, 잊어버리지 않았지요?

고조선의 이웃 나라인 부여에서는 소의 어깨뼈가 아니라 발굽을 가지고 점을 쳤다고 합니다. 소의 발굽을 칼로 내리쳐 만일 발굽이 갈라지면 전쟁이나 큰 공사 같은 중요한 일을 하지 않았답니다.

고조선과 한의 전쟁

국가로서 한창 성장해 가던 고조선은 서기전 108년 중국 한나라의 침략으로 멸망합니다. 한나라는 왜 고조선을 침략했을까요?

위만이 다스리던 고조선은 철기 문화를 바탕으로 임둔이나 진번 같은 주변 족속을 정복하고 관료 제도를 정비해 나갑니다. 그리고 북방에 사는 힘센 흉노족과 손을 잡고 중국의 힘에서 벗어난 강한 나라가 되려고 노력했습니다. 드디어 고조선은 '흉노의 왼팔'이 되었다고 기록될 정도로 흉노와 힘을 합쳐 강한 나라가 되었지요. 그리고 이전에 중국 한나라 왕과 한 약속, 곧 주변 나라를 잘 보살펴 준다는 맹세를 저버리고, 오히려 주변 나라를 힘으로 누르고 중간에서 중국과 무역하는 권리를 독점하여 많은 이득을 챙겼습니다.

힘이 세어진 고조선을 한나라는 그냥 둘 수 없었습니다. 약속에 대한 배신을 응징하고, 숙적인 흉노와 위만 조선의 연결을 끊어 동북 아시아 지역을 차지하고자 한나라는 전쟁을 일으킨 것입니다.

역사 자료를 바탕으로 고조선과 한의 전쟁을 복원해 보겠습니다.

고조선—한 전쟁

한나라의 지배자 무제는 흉노와 손을 잡으려는 고조선의 움직임을 차단하고자 섭하(涉何)라는 인물을 사신으로 보냅니다. 그러나 고조선은 한나라의 뜻을 따르지 않겠다며 섭하의 요구를 거절하지요. 이에 성과 없이 귀국 길에 오른 섭하는 배웅 나온 고조선 장수 장을 살해하고 패수(고조선과 한의 경계를 이루었다는 강, 지금의 청천강)를 넘어 도망칩니다.

한 무제는 돌아온 섭하에게 '요동군동부도위(遼東郡東部都尉)'라는 벼슬을 내립니다. 그것은 바로 고조선을 마주 보는 랴오둥(요동) 땅의 군사 책임자 자리였지요. 이에 분노한 고조선의 마지막 왕 우거는 군사를 동원해 섭하를 단칼에 죽입니다.

이 사건을 계기로 고조선과 한의 관계는 극도로 나빠집니다. 한나라 무제는 정벌군을 조직했고, 서기전 109년 가을, 육지와 바다 양쪽에서 대대적으로 고조선을 공격합니다. 한나라의 누선장군 양복(楊僕)은 7000명에 이르는 수군 병력을 이끌고 산둥 반도에서 고조선의 수도 왕검성을 향했고, 흉노를 정벌한 공이 있는 좌장군 순체(荀彘)는 5만 육군을 이끌고 공격에 나섭니다.

그러나 고조선에서는 험한 곳에 군사를 배치하여 첫 싸움에서 대승을 거둡니다. 싸움이 불리해지자 한 무제는 위산(衛山)을 사신으로 보내어 협상을 하려 했지요. 한편 고조선에서도 잠시 여유를 얻기 위해 거짓으로 위산에게 항복하는 척합니다. 우거왕은 위산에게 이렇게 말했습니다.

"저는 항복하기를 원했으나 순체와 양복 두 장군이 저를 속이고 죽일까 두려워 항복하지 못했습니다. 이제 중국 천자의 사신을 보았으니 항복하기를 청합니다."

'천자(天子)'란 중국의 황제를 가리키는 말입니다. 중국의 황제는 '하늘의 아들'이란 뜻으로 천자라고 했지요. 우거왕은 태자에게 말

호(戶)

여러분 중에는 할머니, 할아버지, 어머니, 아버지, 동생과 같이 한 집에서 사는 사람도 있고, 또 어머니와 형, 오빠와 같이 한 식구를 이루어 사는 사람도 있고, 또 아버지와 언니, 누나와 같이 사는 사람도 있을 것이다. 그리고 친구들과 삼촌과 같이 지내는 사람도 있고. 이렇게 한 식구를 이루어 같이 사는 집(가구)을 '호'라고 한다.

한 동네의 크기는 그 동네에 몇 호가 사느냐에 따라 결정된다. 요즘은 아파트 한 동에도 아주 많은 호(가구·세대)가 살고 있다.

고조선 시대에 보통 한 호를 이루는 식구는 다섯 명 정도 되었다. 물론 고조선 땅은 토지가 기름져 먹을 것이 많았으니 식구 수가 그보다 많은 경우도 있었을 것이다.

역계경이 2000여 호를 이끌고 진나라로 망명했다 하니, 한 호에 다섯 명씩만 쳐도 1만 명이나 되는 사람들이 고조선을 떠났다는 이야기가 된다.

5000필과 양식을 가지고 한나라 군대에 가서 사죄하도록 했습니다.

태자가 이끄는 고조선 사람 만여 명이 군량미와 무기를 가지고 막 패수를 건너려고 할 때, 한의 사신 위산과 순체는 그들이 변을 일으킬까 두려워 고조선 태자에게 "이미 항복했으니 사람들에게 병기를 버리라고 명하시오" 하고 말했습니다. 그러나 고조선의 태자 역시 위산과 순체가 자기를 속이고 죽일까 의심하여 결국 패수를 건너지 않고, 사람들을 이끌고 되돌아와 버렸습니다. 협상은 결렬되고 말았지요. 위산이 한나라 황제에게 돌아가 이러한 사실을 보고하니, 황제는 화가 나 위산의 목을 베어 버렸습니다.

그 뒤 간신히 왕검성 부근까지 쳐들어온 순체의 육군과 양복의 수군은 왕검성을 포위했으나, 고조선의 완강한 저항 앞에 별반 성과를 얻지 못합니다. 게다가 한나라 군의 두 지휘관, 곧 순체와 양복의 사이가 나빠지기 시작했지요. 좌장군 순체는 한에서 다시 보낸 사신 공손수(公孫遂)와 상의하여 양복 장군을 잡아 가두고, 군대를 합쳐 새로운 기세로 왕검성을 맹렬히 공격합니다.

처음에 크게 진 적이 있는데다가 고조선의 항전이 완강하여 시간을 오래 끌게 되자, 한나라는 정면 대결을 하면서 동시에 고조선의 지배층을 매수, 분열시키는 방법을 택했습니다.

한편 왕검성 안에서는 너무 오랫동안 포위당한 채 있게 되자, 화친을 주장하는 세력과 결사 항전을 주장하는 세력으로 갈려 갈등이 팽팽해집니다. 처음 누선장군 양복에게 항복하려고 했던 고조선의 대신들은 누선장군이 갇히고 좌장군이 계속 공격해 오자, 맞서 싸우기 두려워 항복하고자 했습니다. 그러나 우거왕은 끝내 항복하려 하지 않았습니다.

상 벼슬을 하던 역계경은 우거왕이 한나라를 막기 위한 자신의 계책을 받아들이지 않자, 2000여 호(戶)를 이끌고 한반도 남쪽에 있었다는 '진'이란 나라로 망명해 버렸습니다. 여러분은 앞에서 위만에게 왕위를 빼앗긴 준왕이 신하들과 백성을 이끌고 남쪽으로 내려갔다고 한 이야기를 기억하겠지요? 그 전에도 고조선 남쪽에서는 사람들이 공동체를 이루어 살고 있었지만, 이렇게 고조선에서 자꾸 사람들

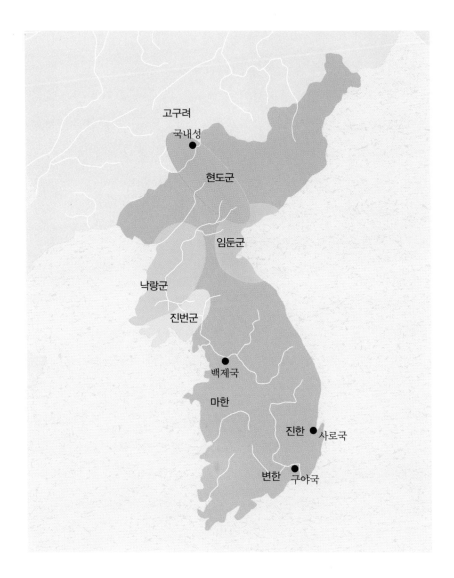

고구려
국내성
현도군
임둔군
낙랑군
진번군
백제국
마한
진한 ● 사로국
변한 ● 구야국

이 내려오면서 한반도 남쪽의 사회도 많이 변하기 시작했습니다. 한
반도 남쪽 사회에 대한 이야기는 6장에서 하겠습니다.

그리고 상 노인과 상 한음, 니계라는 지방 출신인 상 참, 장군 왕
협은 도망해 한나라 군대에 항복했습니다. 그 가운데 노인은 항복하

러 가는 도중에 죽었으나, 상 참은 사람을 보내 우거왕을 살해하고 결국 한나라에 투항했습니다.

왕자인 장까지 투항했으나 왕검성은 아직 함락되지 않았습니다. 고조선의 대신 성기가 성 안의 백성을 지휘하여 끝까지 항전했기 때문이지요. 그러자 장과 노인의 아들 최는 백성을 선동하여 성기를 살해합니다. 이리하여 마침내 왕검성은 함락되고 고조선은 멸망했습니다. 서기전 108년 여름의 일이었지요. 동북아시아의 강력한 국가 고조선은 이렇게 무너지고 말았지만, 그 정신과 전통은 고구려로 이어지게 됩니다.

중국의 사마천은 《사기》에서 이 전쟁에 대하여, "양군(육군과 수군)이 모두 욕을 당하고, 장수로서 공을 세워 나중에 공신에 봉해진 자가 없었다"고 평가함으로써, 비록 고조선이 멸망하기는 했지만 한이 그리 잘 싸우지 못했음을 인정했습니다.

한은 고조선 땅에 '군'이라는 식민지를 네 군데 두었습니다. 보통 이를 한 4군이라고 하지요. 그러나 낙랑, 임둔, 진번, 현도라는 4개 군 중 3개 군은 얼마 지나지 않아 폐지되고, 낙랑군은 우여곡절을 겪으며 존속하다가 서기 313년 고구려에 완전히 넘어갑니다.

한 군현

당시 한나라는 군현제라는 제도로 나라를 다스렸습니다. 요즘 우리나라의 지방 행정 체제를 보면 특별시, 광역시, 도로 나뉘어 있잖아요? 그리고 시에는 시장이, 도에는 도지사가 있어 그 지방 행정을

한 4군

한나라는 유주(지금의 베이징 일대)에 만주 지역을 통치하는 기구를 두어, 랴오둥에 설치한 요동군과 한 4군을 다스리도록 했다. 중국 학계에서는 낙랑군이 대동강 유역의 고조선 지방, 진번군이 낙랑군 남쪽 한강 북쪽의 옛 진번 지방, 임둔군이 함경 남도의 옛 임둔 지방, 현도군이 압록강 중류 훈 강 유역의 예맥 땅에 설치되었다고 보는데, 남한 학계에서는 거의 이설에 동의한다.

낙랑군의 유물인 칠국자와 칠렴
마치 오늘날의 도시락통처럼 생긴 칠렴은 화장품이나 치레거리를 담아 두는
상자였을 것으로 보인다. 나무로 만들고, 겉에 옻나무의 수액을 칠했다. 나무
로 만든 물건은 썩거나 상하기 쉬운데 옻칠을 하면 오래 간다.

책임집니다. 한나라의 군은 요즘으로 말하면 도나 광역시와 같고,
현은 시나 군과 같습니다. 고조선이 멸망한 뒤 그 땅에 네 곳의 군,
곧 낙랑, 임둔, 진번, 현도(이들을 한 4군이라 합니다)를 만든 것은 고
조선 땅을 자기네 영토처럼 다스리겠다는 뜻이었지요.

그러나 진번군과 임둔군은 다스려 보지도 못하고 곧 폐지되었고,
현도군도 고구려 세력이 힘을 키우자 자리를 랴오허 강 유역으로 옮
겼다가 멸망했습니다. 마지막으로 낙랑군은 313년까지 대동강 유역
을 중심으로 버티다가 결국 고구려에게 정복되었고요.

이들 한나라의 군, 특히 마지막까지 남았던 낙랑군은 우리 고대사
에서 어떠한 위치를 차지할까요? 과연 일제 강점기 시절과 같은 식
민 통치가 이루어졌을까요?

짧은 기간이었지만 우리 땅의 일부에 뻗친 한의 세력은 고조선 주
민 전체를 다스린 것이 아닙니다. 처음에 랴오둥 지방에서 온 낙랑
관리들은 적은 수에 불과했고, 고조선의 토착 지배자들을 관리로 임

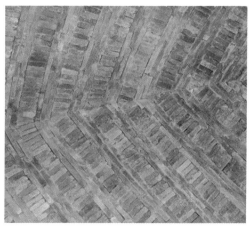

낙랑 구역에서 발견된 벽돌 무덤을 복원한 것 중 입구와 천장
대동강 남쪽 낙랑 구역에서는 수천 개의 벽돌 무덤이 발견되었고, 지금도 그 근처에 가면 오른쪽 아래와 같은 벽돌들이 널려 있음을 볼 수 있다.

명해서 고조선 백성을 다스렸습니다.

　낙랑군은 존재하는 동안 중국의 '식민지'라기보다는 고조선 땅에서 나오는 특산품을 중국으로 가져가는 중간 기지 구실을 했습니다. 따라서 낙랑군은 한때 중국 한나라의 힘이 미친 곳이지만 우리 역사의 한 부분으로서 이해할 필요가 있습니다. 낙랑군은 중국의 발전된 문물을 우리 땅에 전수해 주어 새로이 성장하기 시작한 삼국, 곧 고구려, 백제, 신라의 문화에 큰 영향을 미치기도 했습니다.

고조선과 삼국의 인연

고조선의 뒤를 이어 고구려, 백제, 신라가 나라를 세우는 과정은 고조선 역사의 연장으로 봐야 합니다. 고조선은 비록 한나라 군대에 멸망했지만 그 우수한 문화와 주민은 낙랑군으로 이어지고, 세 나라가 형성되는 기본 바탕이 되었습니다. 따라서 고구려나 신라가 국가로 성장해 가는 데 고조선 유민(망해서 없어진 나라의 백성)이 미친 영향을 분명히 밝히는 작업은 고조선 역사를 복원하는 데 꼭 필요한 일이지요.

이들 세 나라가 우리 역사의 주인공으로 등장하여 성장, 발전, 멸망한 시대를 삼국 시대라고 하지요. 초기에 이들 세 나라의 정치 체제는 기본적으로 고조선의 정치 체제와 비슷했어요. 여러 지역에 있던 부족 집단이 자율적으로 생활을 꾸리면서 필요할 때 뭉치는 부족 연맹 상태였지요.

나중에 이들 세 나라의 왕은 고조선 시대의 왕보다 훨씬 강한 힘을 휘두르게 됩니다. 초기에는 그렇지 않았지만요. 백제와 신라의 역사는 마한, 변한, 진한이라는 부족 연맹에서 비롯했어요. 이들을 통틀어 삼한이라고 하는데, 준왕이 위만에서 쫓겨 남쪽으로 내려가 '한'에 정착했다는 이야기, 기억하지요? 고조선이라는 나라의 역사와 경험은 한강 이남의 삼한 사회에서 청동기 문화가 발전하는 배경이 되었고, 고구려가 그 외곽에서 새롭게 성장하는 바탕이 되었음을 잊어서는 안 됩니다.

나아가 마한의 청동기 문화를 기반으로 백제가 성장했고, 진한과 변한은 신라의 토대가 되었어요. 이들 삼한이 철기 문화를 발전시키는 데 고조선의 유민이 커다란 구실을 했지요. 고조선은 한마디로 우리 고대 국가의 시작을 의미합니다.

6

우리 고대사의 숨은 고리

부여 · 옥저 · 동예와 삼한

삼국지 위서 동이전의 세계

고조선이 무너지자, 고조선 세력 안에 있던 여러 지역 집단은 각자의 길을 가게 되었습니다. 그들은 이제 자신들만의 나라를 세웁니다. 중국 동북 지방에서는 벌써부터 있었던 부여말고 새로이 고구려가 등장했고, 한강 이남에서는 고조선 유민이 내려가 삼한(마한, 변한, 진한)을 세웠습니다. 그리고 고구려 동쪽 땅에서는 고조선 후기 쯤에 등장한 옥저와 동예가 새롭게 성장합니다.

이들 나라도 고조선과 비슷하게, 여러 작은 부족 집단 가운데 좀 더 강력한 집단의 우두머리가 왕이 되고, 주변의 여러 부족을 통합하면서 나라 꼴을 갖추어 갔습니다. 부족 집단의 지배자들은 새로운 왕 밑에서 관리 노릇을 하는 한편, 원래 자기네 집단에서는 지배자로서 그 지위를 그대로 누렸습니다. 그리하여 때로는 왕이 자기 노릇을 잘하는지 감시하기도 했지요.

이들 나라는 각자 독특한 생활 풍습을 가지고 성장하면서 서로 다른 길을 걸었습니다. 고구려를 제외한 나머지는 결국 주변에서 힘을 뻗치는 국가나 새로 이주해 온 집단에게 주도권을 내주고 새로운 나라로 출발했습니다.

이들 나라 사람들이 어떻게 살았는지를 기록한 책이 있습니다. 바로 중국의 역사책인 《삼국지》〈위서〉‘동이전’입니다. 이 책은 서기 3세기 무렵에 쓰여졌는데, 그 때 이전에 만주와 한반도에 살았던 우리 겨레의 삶을 가장 잘 소개한 책입니다. 고구려, 백제, 신라가 있던 삼국 시대 이전 사람들의 생활 모습은 대개 여기에 실려 있는 내용을 가지고 이야기하는 것입니다.

이제 우리는 《삼국지》〈위서〉‘동이전’의 세계로 들어가, 고조선 주변의 여러 나라들을 살펴보려 합니다.

삼국지 위서 동이전이란?

여러분 가운데에는 옛 중국 사람 나관중이 쓴 소설 《삼국지》를 읽어 본 사람도 꽤 있을 것입니다. 중국을 통일하려는 여러 영웅의 활약상을 보면서 자기 자신을 한번 돌아보았을 줄 압니다. 이 소설의 원래 제목은 《삼국지연의(三國志演義)》입니다.

고조선을 멸망으로 몰아넣은 한나라도 300여 년이 지나자 그 힘이 다하고, 중국 땅은 다시 위, 촉, 오 세 나라의 세력 다툼 마당으로 변했습니다. 이들 세 나라가 서로 경쟁하던 시대의 역사를 기록한 책이 바로 진수(陳壽)라는 중국 학자가 편찬한 《삼국지(三國志)》입니다. 여러분이 많이 읽은 소설 《삼국지》와는 다른 책이지요. 어쨌든 두 《삼국지》 모두 같은 시대의 이야기를 담은 책인데, 하나는 정식으로 쓴 역사책이고, 다른 하나는 작가의 상상력이 많이 보태진 소설이란 점이 다릅니다.

역사책인 《삼국지》 가운데 위나라 역사를 기록한 부분이 〈위서〉입니다. 그런데 〈위서〉 안에는 위나라 동쪽에 있던 여러 나라에 관한 기

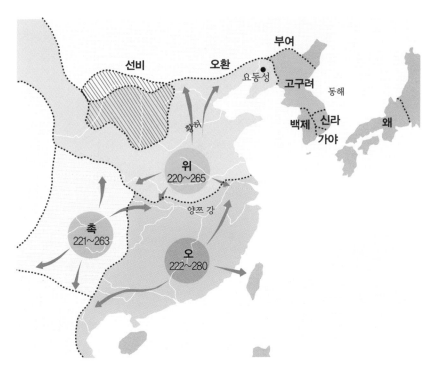

서기 3세기 무렵의
동북아시아

록이 있습니다. 그 부분이 바로 '동이전'입니다. 재미있게도 우리 땅에
서 고구려, 백제, 신라 세 나라가 성장하던 시기에 중국에도 위, 촉, 오
세 나라가 있었지요.

　《삼국지》〈위서〉 '동이전'에서는 예맥족이 살았던 고조선과 부여,
동예, 옥저, 삼한 같은 나라를 '동이(東夷)', 곧 '동쪽의 오랑캐'라고

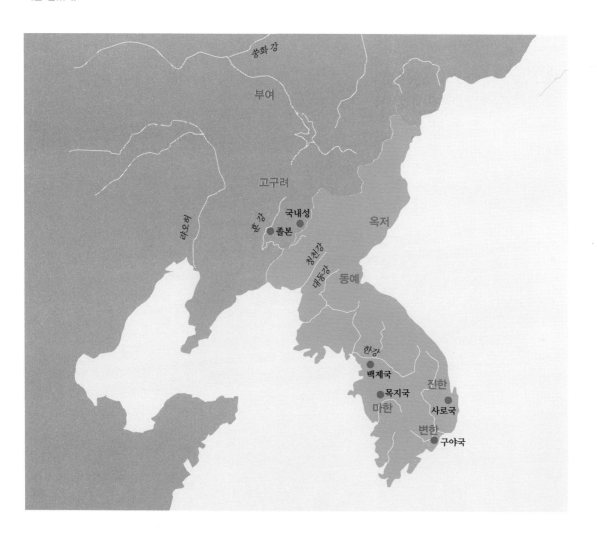

했습니다. 그리고 이들 나라의 풍습을 비교적 자세히 묘사했지요. 책을 쓴 시기가 서기 3세기 무렵이므로 책에 소개된 내용은 대개 서력 기원 전후부터 서기 3세기에 걸쳐서 나타난 풍속일 것입니다.

이 책은 우리 조상들이 기록한《삼국사기》나《삼국유사》에 나오지 않는 많은 내용이 들어 있고, 삼국보다 앞서 있었던 나라들도 비교적 자세히 기록해 놓았기 때문에, 우리의 고대 역사를 복원하는 데 매우 중요한 가치를 지닙니다.

우리 역사에서 놓치고 있는 나라, 부여

우리 역사 속의 부여

부여(扶餘)는 서기전 2세기 무렵부터 서기 494년까지 북만주 땅에 있었던 국가입니다. 부여를 세운 사람들은 예맥족이지요. 예맥족의 한 종족인 부여족은 일찍부터 쑹화 강(松花江 : 송화강) 유역을 중심으로 강 북쪽의 쑹넌(松嫩 : 송눈) 평원과 강 남쪽의 쑹라오(松遼 : 송요) 평원을 개척했고, 우리 역사상 고조선에 이어 두 번째로 국가를 세웠습니다.

부여라는 나라 이름이 어디에서 나왔는지에 대해서는 여러 주장이 있지만, 넓은 들판을 뜻하는 '벌'이나 '부리'에서 왔다는 주장이 그럴싸해 보입니다. 바로 부여가 위치한 곳이 평원 지대이기 때문이지요. 부여족이 주로 살았던 지역이 쑹화 강 연안의 중국 동북 평원 일대이고, '벌'이나 '부리'가 서라벌(경주 평야), 고사부리(김제·부안 평야) 등 고대 삼국의 지명 끝에 자주 등장하는 것을 보면 '부여'라는 나라 이름이 어떻게 생겼는지 이해가 됩니다.

《삼국지》 동이전 '부여조'에는 이 나라가 "매우 부유하고 선조 임금 때부터 남의 나라에 패한 일이 없었다"는 기록이 있습니다. 이처럼 부여는 경제 수준이 높고, 통치력과 군사력이 매우 강했습니다. 중앙에서는 왕이 귀족과 관리를 거느리고 나라를 다스렸으며, 그 주위 사방에 각 부족을 거느린 '대가'들이 살면서 서로 힘을 합쳐 나라를 다스렸습니다. 그러니까 부여도 여러 부족이 힘을 모아 나라를 이끌었군요.

부여족은 오랫동안 중국의 왕조들과는 자주 교류하면서 친하게 지낸 반면에, 선비족 같은 북방의 유목 민족이나 고구려하고는 세력을 다투면서 나라를 키웠습니다. 또한 주변의 동옥저나 읍루와 같은 부족 국가들을 신하로 삼으면서 만주 지방 역사를 주도해 나갔습니다. 그러나 부여는 뒤늦게 일어난 고구려에게 주도권을 내주고 맙니다.

부여는 우리 역사의 뿌리다

대체로 부여의 터전은 지금의 만주 쑹화 강 유역을 중심으로 했습니다. 그 곳에 있던 '동부여'에서 고구려의 지배층이 된 주몽 집단(계루부 왕실)이 나왔지요. 주몽 집단은 압록강 일대에 진출하여 졸본 부여, 곧 고구려를 세웁니다. 그러자 압록강 유역에서 먼저 살던 주민들 중 일부가 다시 남쪽으로 내려가 한강 유역에서 백제를 세웠습니다. 이들도 부여족이었기에 백제는 그 왕실의 성을 부여씨라고 했고, 시조인 동명의 사당을 두어 고구려를 세운 동명왕에게 제사를 지냈습니다. 또한 서기 6세기 중반에 이르러서는 나라의 이름을 남부여라고 고치기도 했습니다.

이처럼 부여는 고구려, 백제 왕실의 뿌리 구실을 했습니다. 고구려와 백제 모두 부여에서 떨어져 나간 집단 '별종'이라고 할 정도였지요.

최근 경상 남도의 가야가 있던 지역에서 청동 솥을 비롯한 부여의 유물들이 나오는데, 이것은 부여 사람들의 움직임이 한반도 남부 지방까지 영향을 미쳤다는 증거가 됩니다.

중국 송나라 때의 역사책 《무경총요》에서는 고구려를 계승한 발해도 "부여의 별종으로서 본디 예맥의 땅이었다"고 했지요. 발해의 시조 대조영은 발해를 세우고 나서 부여의 땅을 되찾았다고 말했을 정도로, 부여는 만주 일대에 나라를 세운 사람들의 조상이 되는 나라라고 할 수 있습니다.

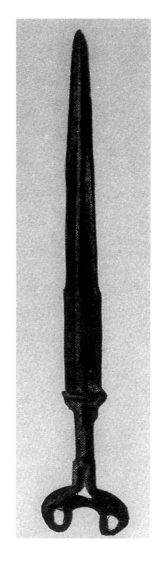
세형 동검(옌지 왕둔 유적)

이렇듯 부여의 세력이 커지면서 그 곳에서 떨어져 나온 세력 집단이 고구려와 백제, 나아가 발해를 세웠다는 점에서 부여의 역사는 우리 고대 국가의 출발 단계에서 중요한 디딤돌이었습니다. 그리고 부여족은 우리 겨레를 형성한 주요 종족의 하나가 됩니다. 여러분은 일제 강점기에 독립 운동을 하면서 우리 역사에 관한 많은 글을 남긴 신채호 선생님을 알지요? 그 분은 고대 동아시아 역사에서 가장 중심이 되어 활약한 민족〔주족:主族〕은 바로 '부여족'이고, 주변에 있었던 '중국족'이나 '일본족'은 역사의 조연일 뿐인 손님족〔객족:客族〕이었다고 이야기했습니다.

부여는 분명히 잃어버린 우리 역사이자 찾아야 할 역사입니다. 그러나 지금까지 부여는 고조선에 비하면 훨씬 관심 밖의 역사였고, 그다지 깊이 있게 연구된 바가 없습니다. 부여를 많이 연구하는 중국의 학자들은 부여를 중국 동북 지방 역사의 일부로 볼 뿐입니다. 한마디로 부여의 역사는 중국 역사이지 결코 한국 역사의 일부가 아니라는 것이지요. 따라서 우리 고대사를 올바로 찾기 위해서는 부여의 역사가 어떠했는지, 우리 고대사의 일부분으로서 명확히 밝혀야 한다는 막중한 과제가 남아 있습니다. 어쩌면 여러분의 몫인지도 모르지요.

부여, 역사 무대에 등장하다

부여가 나라를 세운 연대를 분명히 기록한 문헌은 없습니다. 다만 《사기》〈화식열전〉을 보면 중국 전국 시대의 일곱 제후 나라 가운데

연(燕) 나라에 대한 기사 내용에 고조선이 존재하고 있었을 때 부여가 그 위쪽에 있었다고 합니다. 여기서 고조선은 위만이 세운 왕조(위만 조선)를 말하는 것으로, 그렇다면 기원전 2세기의 사실로 볼 수 있습니다.

앞에서 보았듯이 중국 한나라는 서기전 128년에 고조선 지역인 압록강 유역에 창해군을 두었으며, 서기전 108년에는 낙랑, 임둔, 현도, 진번 등 4군을 두었습니다. 이러한 때에 중국 동북 지방에 있던 연나라가 "북으로 오환, 부여와 동으로 예맥, 조선, 진번과 교류했다"고 합니다.

서기전 2세기 말 즈음에 중국 연나라와 교류했다는 것은 부여가 역사 무대에 얼굴을 내민 때는 대체로 그보다 앞선 서기전 3세기에서 2세기 초 무렵으로 추정하고 있습니다.

부여라는 이름의 유래

부여라는 이름은 언제부터 사용하기 시작했을까요? 여러 주장 가운데, 평야라는 뜻을 지닌 '부리'에서 부여라는 나라 이름을 쓰기 시작했다는 설이 가장 먼저 나왔고 많은 사람의 지지를 받고 있습니다.

부여의 본디 뜻이 밝음〔神明〕에서 시작하여 개발→평야를 의미하는 '벌(伐, 弗, 火, 夫里)'로 변화하면서 나라 이름이 시작되었다는 주장이 일찍이 있었습니다. 그 근거는 앞서 말했듯이 부여의 중심 지역이 쑹화 강 연안의 중국 동북 평원 일대이고, '벌'이나 '부리'가 서라벌, 고사부리처럼 삼국 시대 평야 지역의 땅 이름 끝에 자주 등장하기 때문이지요. 부여족의 한 집단이 세운 고구려의 '구려(句麗)'라는 명칭이 '큰 고을' 또는 '높은 성'을 뜻하는 '홀', '골', '구루'에서 비롯한다는 사실을 생각하면 부여 이름에 대한 이런 주장이 많은 지지를 받는 것이 이해됩니다.

이러한 주장과 달리 부여는 '사슴'의 뜻에서 유래했다는 주장도 있습니다. 중국의 고대 기록인 《자치통감》에는 부여의 멸망 내용이 나오는데, 여기에 부여 사람이 살았던 지역에 '사슴 산〔鹿山〕'이라는 산이 있었다고 해요. 그래서 사슴〔鹿〕을 뜻하는 만주 말 '푸후(puhu)'와 몽골 말 '포고(pobgo)'에서 부여라 부르기 시작했다고 이야기합니다.

모두 가능성이 많은 주장입니다. 그러나 어느 하나의 이유를 찾기는 현재로서는 어렵군요. 두 주장 모두 '부여'란 이름이 평원을 뜻하거나, 강 이름 또는 산 이름 등에서 시작했다고 보면서 지리적 위치를 강조하고 있는 것이 눈에 띄네요.

하늘에서 내려온 부여 왕

부여가 처음 나라를 세우는 과정은 전해 오는 이야기, 곧 설화로 짐작할 수 있어요. 부여의 건국 설화에 따르면, 부여의 시조인 동명은 본디 북쪽 오랑캐의 나라(북이 : 北夷)인 탁리(橐離) 국왕의 시녀가 햇빛을 몸 속에 받아들여 태어났다고 합니다. 성장하면서는 남과 다른 능력이 많았으므로 국왕이 오히려 자기 자리를 빼앗길까 두려워하여 죽이려고 하자, 남쪽으로 달아나 부여 땅에 와서 왕이 되었다고 합니다.

《논형(論衡)》이라는 책에 쓰여진 설화의 내용을 한번 볼까요?

북방의 눈 강 유역에는 고대 조선 사람들이 세운 탁리국이라는 자그마한 나라가 있었다. 험준한 산과 원시림으로 둘러싸인 이 나라에서 백성들은 사냥도 하고 농사도 지으면서 살아갔다. 어느 여름날 탁리국 왕이 낮잠을 자는데, 갑자기 꿈에 눈부신 용차를 탄 하느님이 나타났다. 하느님은 엄숙한 목소리로 "장차 내 자손이 그대의 땅에 태어날 것이다"고 말했다. 잠을 깬 왕은 훌륭한 아들이 태어나겠다고 생각했다.

왕에게는 부인이 둘 있었는데, 어린 부인이 왕 모르게 아이를 갖게 되었다. 화가 난 왕이 부인을 죽이려 하자, 부인이 대답하기를 "달걀만한 기운이 하늘로부터 내려와 제 몸 안에 들어오더니 임신을 하게 되었습니다"고 말했다.

얼마 뒤 아들을 낳자 부정한 자식이라 생각해 돼지 우리에다 버렸더니 돼지가 입김을 불어 주어 죽지 않았다. 다시금 마구간으로 옮겨 말발굽에 밟히게 하려 했으나 말도 입김을 불어 주어 죽지 않았다.

왕은 갑자기 지난날 꿈이 생각났다. 이는 필시 하늘이 내려준 아들일 거라고 생각하고 그 어미로 하여금 다시 아이를 데려다 기르도록 했다. 그 이름을 동명(東明)이라 하고 말과 소를 기르게 했다.

동명이 성장하여 활을 잘 쏘자 왕은 그 용맹함을 꺼려 죽이려고 했다. 동명은 할 수 없이 남쪽으로 도망하여 엄사수(쑹화 강)에 이르렀는데, 건널 방법이 없어 하늘에 기도한 뒤 활로 물을 치자 물고기와 자라가 떠올라 다리를 만들어 주었다. 동명이 무사히 건너자마자 물고기와 자라 떼가 흩어져 버려, 동명을 추격하던 병사들은 강을 건너지 못했다.

이리하여 동명은 넓은 쑹화 강변에 도읍을 정하고 나라 이름을 부여라 했다.

우리 역사에서 부여는 이렇게 탄생했어요. 설화는 서기전 2세기 말 즈음에 탁리국에서 혼란이 생기자 동명과 그를 따르는 사람들이 예족이 살고 있는 남쪽 지역으로 와서 부여라는 나라를 세웠다는 사실을 말하고 있습니다.

개구리를 닮은 왕자

부여국은 나라를 세운 뒤 매우 빠르게 발전하여 오래지 않아 작은 지역 집단들로 나누어졌습니다. 서기전 1세기 부렵에는 많은 부여 사람들이 제2쑹화 강을 거슬러 올라가거나 동남쪽으로 옮겨 살기 시작했고요. 이러한 사실은 금와왕 설화에 잘 보입니다. 《삼국유사》에 실린 금와왕 설화를 한번 볼까요?

만주 쑹화 강 유역의 작은 부족들을 통합한 해부루는 '부여'의 왕이 되었다. 해부루는 늙도록 아들이 없자 산천에 제사를 드려 대를 이을 자식을 구했다. 하루는 그가 탄 말이 곤연이라는 연못에 이르러 큰 돌을 마주보고 눈물을 흘렸다. 왕이 이상히 여겨 사람을 시켜 그 돌을 옮기니, 그 밑에 개구리처럼 생긴 어린아이가 있어 찬란한 금빛을 내뿜었다.

왕은 기뻐하며 "이것은 바로 하늘이 내게 자식을 주신 것이다" 하고는 거두어 길렀는데, 이름을 금와(金蛙 : 금빛 개구리)라고 했다. 금와가 성장하자 태자(왕위를 이을 왕자)로 삼았다. 이 금와가 바로 부여의 두 번째 왕이 된 금와왕이다.

해부루 왕에게는 아란불이라는 재상이 있었다. 하루는 아란불이 꿈 이야기를 했다. 하느님이 아란불에게 내려와 "장차 내 자손으로 하여금 이 곳에 나라를 세우게 할 것이니 너희는 그 곳을 피해라. 동쪽 바닷가에 가섭원이라는 땅이 있는데, 토양이 비옥하여 오곡이 잘 자라니 도읍할 만하다"고 했다는 것이다. 아란불은 왕에게 도읍 옮기기를 권했고, 이에 가섭원으로 도읍을 옮겨 나라 이름을 동부여(東扶餘)라고 했다.

이제 부여의 역사는 동부여에서 다시 시작되었다.

《삼국유사》에 따르면 해모수의 아들 해부루가 이끄는 예족이 동해 바닷가 가섭원이라는 지방에 도착하여 동부여를 세웠다고 합니다. 이후 동부여는 왕의 자리가 부루(夫婁)에서 금와(金蛙)로, 그리고 다시 대소(帶素)로 이어졌다고 합니다. 아버지와 아들 사이에 왕의 자리가 이어졌다는 것은 부여라는 나라의 기틀이 일찍부터 세워졌음을 말해 줍니다.

서로 다른 부여의 건국 설화

'하늘에서 내려온 부여 왕' 이야기에서는 동명이 부여를 세웠다고 나오고, '개구리를 닮은 왕자'에서는 부여를 세운 이가 해부루라고 합니다. 이는 두 이야기가 서로 다른 배경에서 나왔음을 말해 줍니다.

동명 이야기는 중국 한나라의 왕충이 쓴 《논형》이라는 책에 처음 나오는데, 부여가 있을 때의 기록으로 북부여(북쪽 부여)에서 내려온 사람들이 '부여'를 세운 사실을 말하고 있습니다. 한편 금와 이야기는 부여의 초기 왕들이 계속 영토를 넓혀 동쪽으로 나아가는 중에,

새로운 권력자인 금와가 탄생하자 나라 이름을 '동부여'라 했음을 이야기하고 있고요. 그리고 동부여의 시작이 진정한 부여 역사의 출발이라는 뜻을 담고 있습니다.

두 설화의 관계는 분명히 알 수 없지만, 일단 동명 이야기는 부여의 건국 설화, 해부루와 금와 이야기는 동부여의 건국 설화라 할 수 있어요.

대소왕의 붉은 까마귀

고대 삼국의 역사를 기록한 《삼국사기》나 《삼국유사》를 보면 부여의 왕 자리는 금와왕과 대소왕으로 이어집니다. 그러나 금와의 아들 대소왕은 서기 22년에 고구려 사람에게 살해되고 맙니다. 그리고 고구려와 서로 경쟁하다가 서서히 고구려에게 밀리기 시작하지요.

아버지 뒤를 이어 왕위에 오른 대소는 부여에서 도망쳐 고구려를 세운 주몽을 치려 합니다. 먼저 사신을 보내 부여를 섬기라고 강요하자 고구려가 이를 받아들였지요. 그런데 서서히 고구려가 부여를 누르기 시작했어요. 《삼국사기》에 나오는 설화 내용을 한번 볼까요.

부여가 고구려에 대해 힘의 우위를 유지하던 어느 해 겨울 10월에 부여 사람 하나가 머리 하나에 몸이 둘인 붉은색 까마귀를 얻어 왕에게 바쳤다. 어떤 사람이 말하기를 "까마귀는 본디 검은 것입니다. 지금 변해서 붉은색이 되었고, 또 머리 하나에 몸이 둘이니, 두 나라를 아우를 징조입니다. 왕께서 고구려를 겸하여 차지할 것입니다." 했다. 이에 대소가 기뼈서 그것을 고구려에 보내고 아울러 그 사람의 말도 전했다.

그러나 까마귀를 받은 고구려 신하들은 도리어 이렇게 말했다.

"검은 것은 북방의 색인데 지금 변해서 남방의 색이 되었습니다. 또 붉은 까마귀는 상서로운(좋은) 물건인데 부여 왕이 얻어서는 자기가 가지지 않고 우리에게 보냈으니 우리에게 행운이 올 것입니다."

이 말을 들은 부여의 대소왕은 놀라고 후회했지만 이미 엎질러진 물이었다. 형제의 나라 고구려를 정복하려고 욕심 부리다 도리어 고구려에게 위협을 당하는 신세가 되었다.

설화에 따르면 결국 두 달 뒤인 그 해 겨울, 부여의 대소왕은 고구려 대무신왕이 보낸 군대에게 결정적 타격을 입고 고구려에 복속되었다고 합니다. 대소왕의 아우들은 자기를 따르는 사람들과 압록강 유역에 이르러 나라를 세우고 왕이 되었다고 하고요. 대소가 고구려 사람에게 죽임을 당한 뒤 부여 사회의 읍락 집단은 거의 모두가 고구려에 항복하여 연나부(捐那部) 땅에 살면서 락씨(洛氏)라는 성을 사용했다고 합니다.

집짐승 이름을 딴 대가들의 평의회

부여의 왕을 옆에서 도와 주는 평의회는 마가, 우가, 저가, 구가라는 대가들로 이루어졌습니다. 마가의 '마(馬)'는 말, 우가의 '우(牛)'는 소, 저가의 '저(猪)'는 돼지, 구가의 '구(狗)'는 개를 뜻합니다. 각 부족의 족장을 뜻하는 호칭에 집짐승의 이름이 들어가다니요? 이것은 다름 아니라 당시 부여에서 집짐승을 기르는 목축이 얼마나 중요한 일이었는지를 말해 주는 일입니다.

부여 사람들은 농사를 지으면서도 집짐승을 기르는 목축을 겸했고, 말, 옥, 담비, 구슬 같은 특산물을 중국에 수출하고 중국의 비단을 수입했습니다. 한반도보다 훨씬 북쪽에 있었던 부여의 터전은 논농사가 적당하지 않아 주로 밭농사를 지었고, 또 초원 지대가 많아 말을 기르는 데 적합했지요. 한반도에 자리 잡은 나라에서 목축은 농가의 부업이었지만, 부여에서는 그보다 훨씬 중요한 일이었던 것이지요.

대가가 모두 모이는 회의에서는 나라의 중요한 일을 결정했습니다. 그리고 대가들은 도읍을 중심으로 나라를 네 지방으로 나누어 한 사람이 한 지방씩 다스렸습니다. 또 '가' 아래에는 이름에 '사' 자가 붙은 벼슬이 있었지요. 이리하여 왕(王), 가(加), 사(使) 들이 중앙의 지배 세력이 되었습니다.

가(加)들은 서로 의논해서 왕을 추대하기도 했고, 가뭄이나 홍수가 들어 농사를 망치면 그 책임을 물어 왕을 갈아 치우거나 죽이기도 했습니다. 그러나 왕을 배출한 부족의 세력은 매우 강해서 궁궐, 성책, 감옥, 곳간 같은 시설을 갖추고 있었어요.

부여의 영토는 사방 2000리에 미쳤다고 합니다. 가운데에 도읍이 있어 왕이 다스렸고, 도읍 밖의 나라를 넷으로 나누어 대가들이 맡았다면 온 나라를 5개 지역으로 나누어 통치했다는 말입니다. 《삼국지》에서는 부여의 네 지방을 '사출도'라는 말로 표현합니다.

사출도의 '도(道)'는 길, 그러니까 교통로와 그 교통로가 통하는 지역을 뜻합니다. 따라서 사출도는 왕이 있는 도읍에서 사방으로 통하는 길로서, 도로와 그 주변 고을을 의미하는 말이라고 할 수 있지요. 넓은 땅을 다스리려면 영토 구석구석 관리들이 다닐 수 있어야 하는데, 그러려면 우선 말과 마차가 다니는 길을 내야 했지요. 이 사출도라는 말에는 그러한 길의 중요성이 들어 있다고 할 수 있습니다.

사출도라는 말은 단순히 나라를 다스리는 구역을 네 개로 구분했다는 사실말고도 도읍을 중심으로 동·서·남·북의 방위에 따라 사방을 나눈 것을 의미합니다. 부여와 비슷했다는 고구려의 행정 구역도 다섯 나부로 나뉘었지요. 우리 조상들은 동·서·남·북과 중앙을 합쳐서 다섯 방위를 지키는 신이 있다고 믿었습니다.

동방에는 청룡, 서방에는 백호, 남방에는 주작, 북방에는 현무가 있고, 중앙에는 천제가 있다고 했습니다. 청룡은 봄, 백호는 가을, 주작은 여름, 현무는 겨울을 주관합니다. 그리고 파란색은 동쪽, 흰

고구려 고분 벽화에서 중앙(천제)을 상징하는 황룡

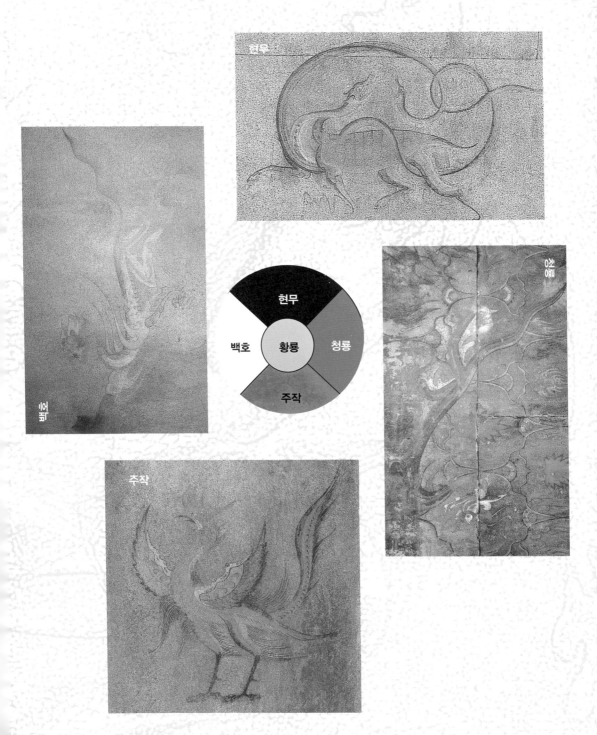

고구려 고분 벽화에 나오는 방위 신

색은 서쪽, 붉은색은 남쪽, 검은색은 북쪽, 그리고 노란색은 중앙을 상징한다고 합니다. 이러한 믿음이 부여 시대부터 있었을 거라고 짐작하는 것은 바로 사출도가 있기 때문이 아닐까요?

《아! 그렇구나 우리 역사》 3권 고구려 편에서 만나겠지만, 세계적으로 유명한 고구려 고분 벽화도 이러한 원리를 바탕으로 치밀하게 그려졌답니다.

윷놀이를 즐긴 부여 사람들

우리 겨레의 전통 놀이인 윷놀이는 막대기(윷) 네 가닥을 던져 그 중 몇 개가 엎어지고 잦혀졌느냐에 따라 말을 움직이는 놀이입니다. 네 가닥이 모두 잦혀지면 '윷', 모두 엎어지면 '모', 하나만 잦혀지면 '도', 두 개가 잦혀지면 '개', 세 개가 잦혀지면 '걸'이라고 한다는 것, 알고 있지요? 그런데 그 이름 도, 개, 걸, 윷, 모는 바로 부여의 관직 이름인 마가, 우가, 저가, 구가에서 비롯된 것으로 보입니다.

도는 돼지 돈(豚)에서, 개는 그대로 개, 걸은 양인데 분명한 것은 아니지만 양(羊)이란 한자가 걸(杰)과 통하기 때문이었을까요? 윷은 소 → 슣 → 윷으로, 모는 말 → 마(馬) → 모로 변한 것이라 생각됩니다. 이것을 두고 민속학자들은, 부여의 왕이 자신이 속한 부족까지 포함해 다섯 부족(사출도)에게 다섯 가지 집짐승을 나누어 주고 경쟁하며 기르게 했는데 1년 중 일정한 날 모여 서로 자기 부족의 집짐승이 많음을 자랑하는 가운데 윷놀이 풍습이 생긴 것은 아닌가 생각합니다.

부여에서는 농사를 짓지 않는 겨울철이면 남녀노소, 신분의 구별 없이 많은 사람들이 윷놀이를 즐겼을 것입니다. 오늘날에도 우리 나라 농촌에서는 농한기 때나 단오 같은 잔칫날 흥겹게 윷을 던지는 어르신들을 볼 수 있습니다. 여러분도 설날이면 온 식구가 모여 윷놀이를 해 본 경험이 있지요? 부여에서 이러했다면 이웃 고조선 사람들도 비슷한 놀이를 하지 않았을까요?

주인이 죽으면 노비도 함께 묻혀

부여 사회를 보면, 지배 귀족으로 노비를 소유하는 귀족과 호민이 있습니다. 귀족을 '가(加)'라고 했는데 '가'는 '간(干)', '칸', '한(汗)', '캉'과 같이 우두머리를 뜻하는 말입니다. 이 '가'에서 마가, 우가, 저가, 구가, 곧 '대가'가 나왔지요.

그 밑에 일반 평민 가운데 상류층에 속하는 호민이 있었습니다. 부유한 호민은 신분상 평민에 속했지만, 노비를 부리며 농업, 수공업 등을 경영하여 부를 쌓았습니다.

지배를 받는 계급으로는 일반 백성인 평민과 노비가 있었습니다. 평민은 생활이 어려워 마치 노비처럼 산다고 해서 하호(下戶:어렵게 사는 사람)라고도 했지요. 노비가 가장 낮은 신분이었는데, 그들은 전쟁 포로, 빚진 사람이나 사람을 죽인 자의 가족이었습니다. 호민이나 가들이 바로 이런 노비를 소유했지요.

하호는 스스로의 생산 수단을 가지지 못하고 호민이나 가 계급에 예속된 계층이었습니다. 그리 넓지 않은 자기 땅을 가지고 농사를

칸
북아시아 유목 민족의 나라인 유연, 돌궐, 위구르, 몽골, 원나라 등에서 군주, 곧 임금을 가리키는 말. 칭기즈 칸이 그 예.

짓기도 했는데, 생계가 어려워지면 언제든지 노비로 몰락할 수 있는 처지였지요.

부여에서는 왕을 비롯해 지배층 귀족이 죽으면 죽은 자가 평소에 사용하던 청동 칼이나 치레거리, 그리고 저승에 가져가서 사용할 그릇 따위를 함께 묻으며 노비들까지 순장했습니다. 이 때 함께 묻힌 노비의 수가 많을 때는 100여 명에 이르렀다고 해요. 부여의 왕과 귀족들은 생각보다 그 힘과 권위가 대단했던 것 같습니다.

말을 조각한 부여 지배층의 황금 허리띠고리
부여 사람들이 황금을 잘 다루었고, 또 말을 소중히 여기는 유목민 문화와 가까웠음을 알려 주는 유물이다.

얼음을 만들어 보관할 줄 알았다

영혼이 불멸한다고 믿고 장례 의식을 성대하게 치르는 것은 고대 사회의 공통된 풍습입니다. 사람이 죽으면 영원히 없어지는 것이 아니라 삶이 다른 세계(저승)로 이어진다고 생각하여, 많은 껴묻거리를 넣고 시중 들 노비를 순장했던 것이지요. 어떤 때는 무려 다섯 달 동안이나 장례를 치렀다고 합니다.

그런데 그렇게 오래 시신을 묻지 않고 장례를 치렀다면 더운 여름날에 죽은 사람의 시신은 어떠했을까요? 아마 하루도 안 되어 시신이 썩고 냄새도 많이 났을 거예요. 이것을 막기 위해 부여 사람들은 이미 얼음을 썼다고 합니다. 얼음을 이용하여 음식물이 상하지 않도록 보관할 줄 알았고, 시신이 썩어 버리지 않게 했다고 합니다.

점술이 유행했다

부여는 노비를 늘리고 세력을 넓히기 위해 전쟁을 자주 벌였습니다. 지배자들은 쇠로 만든 갑옷을 입고 기다란 칼을 사용한 전투 무사였지요. 일반 병사들도 방패와 여러 가지 무기로 무장하여 그 위세를 떨쳤고요. 그러나 그렇다고 해서 아무 때나 내키는 대로 전쟁을 일으키지는 않았습니다. 전쟁을 하기 전에 먼저 하늘의 뜻을 물었습니다. 바로 점을 친 것이지요.

전쟁뿐 아니라 나라의 큰일을 치를 때는 언제나 점을 먼저 보았습니다. 부여족은 "소를 죽여서 발굽으로 그 길흉을 점쳤는데, 소의 발굽이 갈라지면 흉한 것으로 여겼고 합쳐지면 길한 징조로 여겼다"고 합니다. 전쟁이 일어났을 때에도 하늘 신에게 제사를 지내고, 소를 죽여서 그 길흉을 판별했다고 하고요.

제사를 지내는 구체적인 방법을 알기는 어렵지만, 희생에 쓸 소를 미리 죽인 뒤 그 발굽 부분을 칼로 내려쳐서 발굽이 갈라지나 합쳐지나를 살폈던 것 같습니다.

맞이굿, 영고

부여에서는 1년에 한 차례 "12월에 온 나라 사람이 다 모여 하늘에 제사를 지내는데, 그것이 며칠씩 계속되었으며, 음식을 먹고 노래하고 춤을 추는데 이를 영고라고 했다"고 합니다. 또 "군대를 동원할 일이 있으면 하늘에 제사했다"고도 합니다. 하늘에 제사를 지내는 목적은 천지 만물을 주재하여 복을 내리는 신령이 하늘에 있다고 믿었기 때문이지요.

고구려에서도 10월에 동맹이라는 축제가 열렸고, 동예에도 역시 10월에 무천 축제, 마한에도 10월 축제가 있었습니다. 모두 씨족 사회 시절의 풍습을 계승한 추수 감사 제사였지요.

그런데 부여는 왜 고구려나 동예와 달리 본격적으로 사냥이 시작되는 은 정월(은나라의 달력에서 정월인 달, 요즘의 12월)에 추수 감사제를 올렸을까요? 아마 마을 구성원 모두 같이 사냥을 하던 전통을 계승했기 때문일 것입니다. 부여는 고구려나 동예보다 북쪽에 있었던 만큼, 겨울이 더 길어 다른 남쪽 나라에서보다 사냥이 더 중요했을 수도 있습니다.

'영고'라는 말은 무슨 뜻일까요? '추수 감사제'라는 뜻을 지닌 부여 말을 한자로 적은 것일 수도 있지만, 일반적으로는 '맞이굿'이라는 뜻으로 봅니다. 영고(迎鼓)라는 한자말은 맞을 영(迎) 자, 북 고(鼓) 자를 쓰기 때문입니다. '북을 치며 신령을 맞이하는 굿'이란 뜻으로 풀이할 수 있지요.

예맥족은 북이 활과 화살처럼 하늘과 통하는 신비한 힘을 지녔다고 믿었어요. 활과 화살은 멀리까지 쏘아 보낼 수 있고, 북 소리는 공중을 둥둥 울리기 때문이었을까요? 북은 노래와 춤으로 신을 즐겁게 하는 제사장에게 없어서는 안 되는 도구였을 것입니다. 둥둥둥 울리는 소리는 모인 사람들을 더 신나게 했을 테고, 이렇게 함께 모여 춤추고 노래하고 제사 지내며 온 나라 사람들은 더욱 굳세게 하나가 되었겠지요. 지금의 아프리카 원주민들 사회에서 마을 행사가 있으면 북을 치며 춤을 추는 것도 같은 의미일 테고요. 그러나 노비와 외국 사람들은 이런 축제에 참여할 수 없었답니다.

부여 주변에 살던 중국 북쪽의 유목 민족인 흉노족은 5월에 용성이란 곳에서 대회를 열어 그 조상과 천지 귀신에게 제사를 지냈다고 합니다. 또 선비족도 "계춘의 요락수에서 대회를 했다"는 기록을 보면, 영고와 같은 제천 행사는 북방 유목 사회의 공통된 풍속이었다고 할 수 있겠습니다.

부여에서는 남녀노소를 막론하고 또 때와 장소를 가리지 않고 항상 노래 부르기를 그치지 않았기 때문에, 중국의 역사책에서는 "노인 어린아이 할 것 없이 종일토록 노래 소리가 끊이지 않았다"고 했습니다. 그리고 부여 왕 위구태가 친히 중국 뤄양(洛陽:낙양)에 가서 조공을 바칠 때 한나라의 순제가 위구태 일행을 성대히 대접하고, 북과 나발을 불고 각저희라는 춤을 추며 배웅했다는 기록이 있습니다. 분명 부여 사람들은 춤과 노래를 매우 좋아한 것 같습니다.

제천 행사와 부족장 회의

도읍에서 영고를 벌일 때면 전국의 족장(가)들이 모여 왕을 중심으로 하늘에 제사를 지내기도 했지만, 제사말고도 지난 한 해를 정리하며 나라의 중요한 문제를 토론하고 결정했으리라 생각합니다. 농사가 잘 안 되면 왕을 살해하거나 바꾸기도 했는데, 바로 제천 행사 때 회의를 통해 그러한 결정을 내렸을 것입니다. 그리고 이 때 재판을 하고 죄수를 석방하기도 했겠지요.

아직 중앙에 있는 왕실의 힘이 나라 구석구석에 미치지 못하고 각부족들의 자치력이 강한 상황이었기 때문에, 영고는 민속 행사였을 뿐 아니라 정치적인 통합 기능도 지녔던 셈이지요.

엄격하고 불평등한 법

부여에서는 살인을 저지르면 사형에 처하고, 그 가족은 노비로 삼았다고 합니다. 살인을 금지하고 사람의 생명을 소중히 여겼던 것이지요. 도둑질한 사람은 도둑질한 물건의 12배를 배상하게 했고요. 이 법은 훔친 물건의 12배를 물렸다 하여 '1책 12법'이라 합니다. 아마도 재산이 많은 사람들이 자기 재산을 보호하기 위해 만든 법으로 보입니다.

부여의 법률에서 가장 눈에 띄는 것은 바람을 피운 사람은 사형에 처하고, 특히 여자가 바람을 피우거나 질투를 하면 사형에 처해 그 시체를 서울(수도) 남쪽 산에 버려 썩게 했다는 점입니다. 남자와 여자가 바람을 피웠을 때 여자만 벌을 받았다면, 부여 사회는 아버지와 남편의 권한이 매우 컸던 일부다처제 사회였을 것입니다. 남편 한 명에 여러 아내가 가정 생활을 꾸리고 사는 일부다처제 사회에서는 그 생활 방식을 지켜 주는 규범으로서 질투를 처벌하는 법률이 있게 마련이거든요.

지배자들의 무덤 구역으로 추정되는 모아산
부여에서 수도 남쪽 산 위에 시체를 놓아둔다고 했는데, 동단산 바로 옆에 있는 이 곳을 지배자들의 무덤으로 추정하는 사람들이 많다.

   부여에서도 일부다처제 아래에서 가부장의 권위를 지키기 위해 여자의 질투를 매우 엄중하게 처벌했던 것이지요. 바람을 피우거나 질투한 여자의 시신은 무덤에 묻지 못하게 하는 벌을 내렸는데, 이것은 죽은 자의 영혼이 저세상에서 부활하는 것을 막고자 하는 뜻입니다. 만일 여자의 시신을 묻으려면 당시의 귀한 재산인 소나 말을 갖다 바쳐야만 했고요. 이 정도로 여자의 질투에 대한 처벌은 가혹했습니다.

남편이 죽으면 시동생과 결혼을

부여에서는 형이 죽으면 동생이 형의 부인을 아내로 삼는 일이 흔했습니다. 형이 죽으면 형수를 취하는 혼인이라 해서 취수혼(娶嫂婚；levirate)이라고 하지요. 부여 사람들은 이를 바람직한 일로 생각했다는데, 유교 윤리가 엄격한 사회라면 나쁜 풍습으로 여겼겠지요.

242　고조선·부여·삼한

형수를 부인으로 맞이하는 결혼은 바로 자기 핏줄이 흩어지는 것을 두려워했기 때문에 생긴 것입니다. 정복 전쟁이 거듭되면서 젊은 남자들이 전장의 이슬로 사라지는 경우가 많았기 때문에, 당연히 남편 잃은 여자도 많이 생겼지요. 사람 수가 곧 힘이었던 당시에는 죽은 형의 재산과 어린 자식이 자기네 집안에서 떨어져 나가지 않도록 해서 가족의 혈통이 계속 유지되기를 바랐던 것입니다. 이러한 풍습은 고대 유목 종족인 흉노와 고대 중국, 고구려에도 있었고, 일본의 몇몇 지역에서는 오늘날까지 이어지고 있습니다.

일찍이 적에게 파괴된 적이 없다

이렇게 우리 나라의 역사를 일구어 온 부여는 서기 1세기 초부터 중국의 역사책에 자주 나옵니다. 부여가 흉노나 고구려와 함께 중국 사람들에게 위협적인 존재로 비칠 만큼 큰 세력으로 성장했기 때문이지요.

서기 49년에 부여 왕은 후한 광무제에게 사신을 보내 공물을 바쳤고, 광무제는 이에 많은 선물을 주지요. 늦어도 이 때에는 부여가 왕과 관리들을 많이 갖춘 국가로 성장했음을 알 수 있어요.

부여는 비슷한 수준으로 발전하고 있던 고구려나 유목 민족인 선비족과도 교류를 많이 했는데, 특히 중국 사람들과 잦은 교류를 하여 다양한 선진 문물이 발전했습니다.

서기 2~3세기 초까지의 사실을 기록한 《삼국지》〈위서〉 동이전 부여조에는 '그 나라(부여)는 매우 부유하고 조상 때부터 일찍이 한

번도 적에게 파괴된 적이 없다'고 쓰여 있습니다. 서기전 3세기에 등장해 서기 3세기까지 강한 나라로 발전하면서 부여가 도읍을 옮기거나 남에게 큰 타격을 입는 일이 없었음을 알 수 있는 대목입니다.

시련과 멸망

성장을 거듭하던 부여는 285년 랴오 허 상류에서 일어난 선비족 출신 모용외의 침략을 받아 위기에 처합니다. 저항다운 저항을 한 번도 하지 못한 채 부여 왕 의려는 자살하고 많은 자제들이 옥저 땅으로 망명합니다. 부여의 본디 나라에서는 의려가 자살한 다음 해에 의려의 아들 의라가 다시 나라를 일으켜 세웠으나, 이미 옛날의 모습을 찾아볼 수 없을 정도로 힘이 미약했어요.

중국 한족이 북방 오랑캐에게 쫓겨 남쪽으로 내려가자(316~317년) 부여는 더 이상 외부의 도움을 받을 수 없게 되었습니다. 완전히 고립된 부여는 4세기에 들어 고구려의 공격에 밀려 서쪽으로 근거지를 옮깁니다.

《자치통감》에는 "처음 부여는 사슴 산(鹿山)에 살다가 고구려의 침략을 받아 부락이 흩어졌는데, 서쪽으로 선비족의 나라인 연 가까이 옮기고는 방비를 하지 않았다"고 쓰여 있습니다.

고구려의 침략을 받은 부여는 서쪽으로 연나라 가까이에서 고립 상태로 있다가, 346년 전연(前燕)의 왕 모용황이 보낸 세자 모용준과 모용각, 모여근이 지휘하는 1만 7000여 군사들의 침략을 받아 국왕 현(玄)과 5만여 명의 백성이 포로로 잡혀가는 타격을 받았습니다.

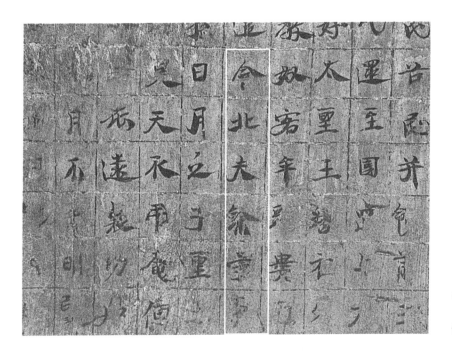

흰색 네모 안은 모두루가
'령북부여수사'라는 관직
을 가졌다고 기록한 내용.

이로써 부여는 중심 세력을 잃고, 전연과 전진의 나라에 신하로서
예를 갖추게 됩니다.

그런 중에도 부여 사람들은 나라를 다시 일으켜 세우려고 노력합
니다. 하지만 고구려는 4세기 중반 이후 쑹화 강 유역까지 나아가 부
여 왕실의 고향인 북쪽 부여를 직접 장악합니다. 그리고 대대적인
정복 사업을 벌인 광개토왕은 결국 부여의 항복을 받아 내지요.

광개토왕릉비에는 "동부여는 옛날 추모왕의 속민이었는데 중년에
배반하여 조공을 바치지 않게 되었다. 20년(410) 경술에 왕이 몸소
군대를 거느리고 가서 토벌하였다"고 새겨져 있습니다. 이제 고구려
는 모두루라는 인물을 보내 북부여를 다스렸습니다. 고구려의 가장
오랜 수도인 국내성 지역에(지금의 중국 지린 성 지안 시) 가면 지금도

모두루의 무덤이 남아 있지요.

이제 부여 왕실은 고구려의 지배를 받게 되었습니다. 그러나 왕실이 완전히 없어진 것은 아니고 5세기 말까지 간신히 그 세력을 유지하다가, 마침내 494년 국왕과 그 종족이 모두 고구려에 망명하고 항복하여 부여는 역사의 무대에서 사라지게 됩니다.

부여가 망한 뒤 부여 땅에 살았던 주민 집단 가운데 일부 사람들은 부여 땅에 그대로 남기도 하고, 일부는 서북쪽으로 터전을 옮겨 두막루국(豆莫婁國)이라는 새로운 나라를 세우기도 합니다.

옥저와 고구려

부여를 흡수한 고구려

고구려는 부여족에서 갈라져 나온 세력이 중심이 되어 세운 나라로, 주변 부족을 정복하면서 나라 힘을 키워 점점 더 큰 나라가 되었습니다. 처음에는 부여보다 나라의 힘이 약했지만 결국 부여를 누르고 동북아시아에서 가장 힘센 나라가 되었지요.

부여는 선비족인 모용씨의 공격으로 멸망했다가 그 뒤 나라를 다시 세웠지만, 고구려에 의지해서 버텨 오다가 결국 494년 고구려에 완전히 흡수되고 말았습니다. 고구려의 역사에 관해서는 《아! 그렇구나 우리 역사》 3권에 자세히 나와 있습니다.

옥저란 나라는?

옥저는 한반도 북쪽에 있는 개마 고원의 동쪽에서 동해 바닷가에 이르는 지역을 차지했던 나라입니다. 땅 모양새를 보면 동북은 좁고 서남은 기다랬습니다. 한반도의 동쪽에 있었기 때문에 '동옥저'라고도 했으며, 두만강을 경계로 남과 북에 각각 중심지가 있어 남옥저와 북옥저로 구분되었습니다.

옥저가 등장하기 전, 함경 남도와 강원도 북부의 바닷가 땅에 기반을 둔 지역 집단들은 서기전 2세기 무렵까지 '임둔'이라는 정치 세력을 이루고 있었습니다. 이후 고조선에 복속했다가 고조선이 멸망하자, 남옥저의 중심지인 함흥 지역에 한 군현의 하나로 같은 이름의 임둔군이 들어섭니다. 그리고 얼마 지나지 않아 임둔군이 폐지되자 일시적으로 현도군에 속했다가 다시 낙랑이 관리하던 동부도위에 속하게 됩니다. 서기 3세기 중엽에 이르러 함흥과 그 북쪽 지방의 주민들은 두만강 유역의 주민들과 합해서 '옥저'라는 이름을 얻게 되었습니다. 그리고 함흥 남쪽의 주민들은 '동예'라고 했습니다.

1930년대에 동관진에서 구석기 시대 유적이 발견된 것으로 보아 옥저 땅에는 구석기 시대부터 사람이 살았던 것 같습니다. 그리고 신석기 시대와 청동기 시대를 지나는 동안 우리 땅 동북부 지역 원시 문화의 중심지가 되었지요. 옥저 땅의 청동기 시대 유적에서는 아가리 부분을 빙 둘러서 구멍을 뚫은 질그릇, 곧 구멍 무늬 토기가 집중 발견되기도 했습니다.

그리고 서기전 4~3세기 무렵부터 옥저 사람들은 고조선의 세형 동검 문화를 본격적으로 받아들이기 시작했습니다. 이 때에는 이미 지역별로 크고 작은 공동체가 단순한 마을 공동체에서 벗어나 서로 연합하여 정치 집단을 이루었으며, 이들이 차츰 성장, 발전하면서 옥저라는 나라를 이루었습니다.

옥저가 있던 곳
한반도 동쪽에 있어 '동옥저'라고도 했으며, 두만강을 경계로 '북옥저'와 '남옥저'로 구분되었다.

남옥저를 이루는 중요한 고을들은 지금의 함흥만으로 흘러드는 성천강 하류의 함흥시와 함주군 일대에 있었습니다. 남옥저에는 대개 5000호가 살았다고 하니, 평균 가호 수가 2000~3000호였던 삼한의 작은 나라들보다 컸다 하겠습니다. 함흥시 이화동과 그 곳에서 500~800미터 떨어져 있는 치마동, 지장동에서 유적이 발견된 것을 보면 이 일대에 옥저의 중심 도읍이 있었을 가능성이 높습니다.

옥저는 처음에 위만 조선의 통제를 받다가, 위만 조선이 멸망한 뒤로는 한의 군현과 고구려 같은 힘센 세력의 지배를 받았습니다. 왕실 내부에서 강력한 정치 권력이 성장하지 못했기 때문이지요. 고구려, 백제, 신라가 고대 국가로 성장하던 3세기 중반에 이르러서도 옥저에는 여러 고을을 통합하여 다스리는 큰 군왕은 없었고, 고을마다 따로 우두머리가 있었습니다. 이들 고을의 우두머리들은 스스로를 가리켜 '삼로(三老)'라고 했는데, 마을의 연장자이면서 어른이라는 의미입니다.

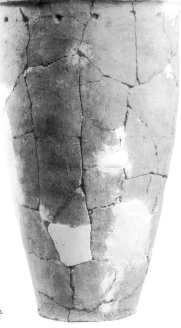

구멍 무늬 토기(함경 북도 회령군 오동 유적)

고상현의 무덤이 평양에 있는 까닭

서기전 1세기 후반에 낙랑군은 옥저 땅에 '부조현'이라 이름을 붙이고 관리를 파견해 그 땅을 다스렸습니다. 그런데 일본의 식민 통치를 받던 시절, 평양시 낙랑 토성 근처 정백동에서 사람 무덤이 하나 발견되었습니다.

'정백동 2호'라는 이름을 얻은 이 나무 곽 무덤의 주인공은 낙랑군 부조현의 우두머리였던 고상현으로 밝혀졌습니다. 이 무덤에는 서기전 14년에 만들었다는 글이 적힌 일산(우산)대, 은으로 '부조장인(夫租長印)'이라는 글자를 쓴 백동 도장 1개, '고상현인(高常賢印 : 고상현의 도장이라는 뜻)'이라는 글자가 새겨진 은 도장이 들어 있었습니다.

고상현이라는 인물은 과연 어떠한 위치에 있었기에 함경도 지역에 있던 옥저의 우두머리로 지내다가 평양 땅에 와서 묻혔을까요? 부조현의 우두머리 벼슬을 하던 인물이라면 옥저가 있었던 함흥 땅에 묻혔어야 할 텐데 말이에요. 쉽지 않은 문제이지만 우리는 몇 가지 가능성을 생각해 볼 수 있습니다.

하나는 고상현이 옥저 사람들을 너무 가혹하게 통치하다가 주민들이 저항하자 평양으로 쫓겨 왔을 가능성입니다. 당시에는 많은 고조선 사람들이 한나라의 지배에 저항하는 운동을 계속 벌였기 때문에 짐작할 수 있는 일이지요.

또 하나는 원래 고상현은 옥저 사람인데, 한나라가 부조 지역 토착 세력의 우두머리인 고상현을 볼모 삼아 자기네 군현의 중심지인 평양으로 불러들였을 가능성입니다. 어떤 것도 그 가능성만을 생각해 볼 뿐 역사적 진실은 타임 머신을 타고 그 시대로 가지 않는 한 알기 어렵다고 할 수 있지요.

하지만 문헌 자료가 매우 부족한 고대 역사를 이야기하다 보면 상황과 이치를 따져 추리와 추론으로 내용을 채워야 하는 경우가 많습니다. 그러다 보니 역사를 과장되게 해석하거나 흥미 위주로 쓰는 경우가 많습니다. 그러나 비록 추론을 해야 할 경우라도 앞뒤 맥락을 따지지 않고 황당한 주장을 하는 것은 반드시 경계해야 합니다.

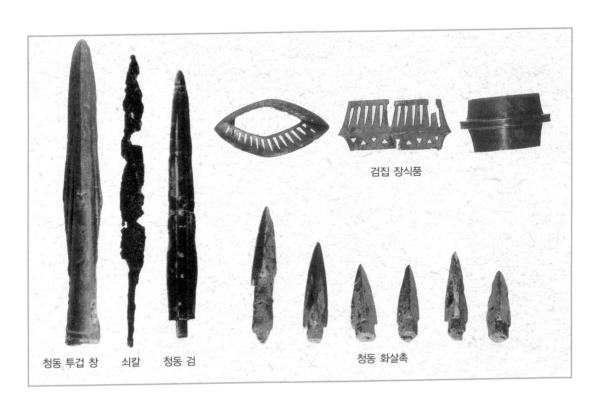

검집 장식품

청동 투겁 창   쇠칼   청동 검   청동 화살촉

정백동 1호 무덤에서
발견된 유물들

말재갈

　고상현 무덤에 관한 이 문제는, 한나라 정부가 지방 토착 세력을 중앙으로 끌어들여 지배 체제를 유지하겠다는 방침을 세우고, 평양 지방의 귀족 가운데 한 사람을 선발하여 부조현의 우두머리로 파견함으로써 이른바 '이이제이(以夷制夷 : 적으로써 적을 제압한다)' 정책을 펼친 결과라는 견해가 설득력을 얻고 있습니다. 그러니까 고상현은 평양 지방에 살던 위만 조선의 지배 계급인데, 옥저를 다스리는 관리로 파견되었다가 그 곳에서 죽자 다시 고향인 평양에 돌아와 묻혔을 것이라는 이야기입니다.

　이러한 사실을 증명해 주듯 고상현 무덤에서 겨우 100미터 정도

**정백동 1호 무덤에서 나온
부조예군 도장**

떨어진 곳에서 부조예군 무덤(정백동 1호)이 발견되었습니다. 이 무덤에서도 '부조예군(夫租薉君)'이라 새겨진 은 도장과 한나라의 철기, 그리고 위만 조선 지배 계급의 무덤에서 흔히 나오는 세형 동검과 청동 창, 그리고 청동으로 만든 수레 부속구와 화분 모양 질그릇 같은 것들이 출토되었습니다. '부조예군' 도장은 한나라 정부가 무덤 주인공을 '부조읍군', 곧 부조(=옥저)의 우두머리로 봉하면서 함께 준 것입니다. 이 부조예군이 자기 임무를 다 마쳤는지 그렇지 못했는지는 알 수 없지만 원래 고향인 평양으로 돌아와 무덤에 안장된 것으로 보는 쪽이 가장 그럴 듯해 보입니다.

고구려에 복속하다

평양에 고상현 무덤이 있는 것을 보면, 서기전 1세기 후반 무렵이 되면 한나라에서는 지방의 토착 지배 계급을 낙랑군 지배 체제로 끌어들여 자기네 지배를 굳건히 하려고 적극 나섰음을 알 수 있습니다. 그러나 이러한 한나라의 정책은 오래 지속되지 못했습니다.

서기 30년 낙랑군에서는 동해안 지방을 다스리던 기구인 동부도위를 없애 버렸고, 옥저 땅에 설치된 부조현은 한나라의 제후국이 되었습니다. 옥저 지역에 오래 전부터 살아온 지배자들은 후나 읍군의 벼슬을 받으면서 비록 한나라의 제후로서이지만 자기가 살던 지역을 스스로 다스릴 수 있는 힘을 다시 얻게 됩니다.

그리고 20여 년이 지난 뒤 옥저 땅은 고구려에 속하게 되었습니다. 이제 옥저의 지배자들은 고구려의 '사자'라는 벼슬을 받고 고구려 대가의 명령을 받았습니다. 대가는 세금을 거두어 들이고, 베나 물고기, 소금, 그 밖에 갖가지 해산물을 바치도록 요구하고, 옥저의 예쁜 여자들을 데려다가 노비나 첩으로 삼았습니다. 《삼국지》 동이전에 "고구려 사람들이 옥저 사람들을 노비처럼 대했다"고 기록될 정도였습니다. 이제 옥저 사람들 전체가 고구려에 예속되었고, 결국 옥저는 국가의 틀을 세우지 못한 채 역사 속으로 사라지고 말았습니다.

영혼의 불멸을 믿었던 옥저 사람들

옥저 사람들은 주로 농사를 지어 생활했습니다. 옥저의 지형은 산을 등지고 바다를 향하는 모양인데, 바닷가 지방에서는 해산물이 풍부하고, 토지가 비옥해 오곡이 잘 자랐습니다. 함경 북도 무산 호곡동에서 출토된 불에 탄 기장·수수와, 중국 헤이룽장 성(黑龍江省:흑룡강성) 동령현(東寧縣) 단결(團結) 유적에서 나온 조 알갱이는 북옥저 지역에서도 일찍부터 잡곡 농사를 지었던 흔적입니다. 옥저에서는 장사 지낼 때 쌀을 함께 묻었는데, 이것은 옥저 사람들이 잡곡뿐 아니라 벼도 길렀음을 말해 줍니다.

옥저 사람들은 음식과 집, 옷차림, 예절이 고구려와 비슷했다고 합니다. 동령현 단결 유적

동령현 단결 유적지 전경

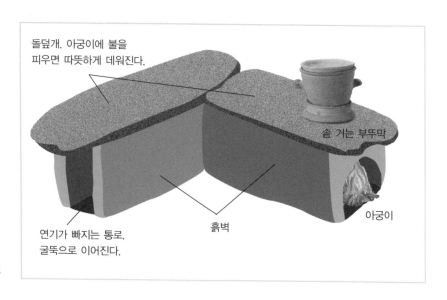

돌덮개. 아궁이에 불을
피우면 따뜻하게 데워진다.

솥 거는 부뚜막

연기가 빠지는 통로.
굴뚝으로 이어진다.

흙벽

아궁이

ㄱ자 모양 쪽구들의 구조

에서는 북옥저 사람들의 주거 생활을 보여 주는 집자리가 많이 발굴
되었습니다.

집자리는 집 안 면적이 70평방미터, 깊이 35센티미터 정도 되는
기다란 반지하식 집인데, 주춧돌을 놓고 그 위에 기둥을 세웠습니
다. 집 안의 모서리에 부뚜막과 아궁이가 있고 'ㄱ'자 모양으로 쪽구
들을 마련했습니다. 쪽구들은 고구려의 것과 비슷한데, 길이 10여
미터, 너비 50센티미터, 높이 30센티미터 가량 되게 흙으로 벽을 쌓
고 위를 돌로 덮은 터널 형태입니다.

《삼국지》동이전에서는 "북옥저 사람들은 읍루(나중에 말갈족이 된
종족) 사람들이 배를 타고 와서 노략질하는 것을 두려워하여 여름철
에는 산속 바위굴에서 지내고, 뱃길이 통하지 않는 겨울철이 되어서
야 마을에 내려와 살았다"고 합니다. 그런데 최근 옌지(延吉:연길)
용정현 등지에서 높은 산에서 마을 유적을 찾아낸 연구 결과가 나

와, 동이전의 기록이 사실임을 알게 되었지요.

옥저에서는 사람이 죽으면 사람이 열 명 정도 누울 수 있을 만큼 큰 나무 곽을 만들어 한쪽에 문을 내어 두고, 일단 임시로 시신을 묻었다가 살이 다 썩으면 뼈만 가려 나무 곽 안에 안치했다고 해요. 그 나무 곽에는 온 가족의 뼈를 함께 넣었고, 한 사람의 뼈를 넣을 때마다 죽은 사람의 생전 모습을 나무 곽 겉면에 새겨 두었고요. 그리고 질그릇 솥에 쌀을 담아 나무 곽의 문에 매달아 놓았다고 합니다. 이러한 장례 풍습으로 보아 이들은 죽은 다음의 세상이 있다고 믿었음을 알 수 있습니다.

이것은 당시 압록강 중류와 훈 강, 독로강 유역에 살던 고구려 사람들이 강돌을 쌓아 돌무지 무덤을 만든 것과는 다른, 독특한 장례 풍습입니다.

옥저에는 소와 말이 적었다고 합니다. 부여에 집짐승이 많았던 것과는 대조되는 일이지요. 그리고 옥저 사람들은 기다란 창을 가지고 창 싸움을 잘했다고 합니다.

옥저에는 민며느리 제도가 있었습니다. 신랑의 집에서, 혼인을 약속한 여자 아이를 데려다 성장할 때까지 기른 뒤 며느리로 삼는 것입니다. 그런데 여자 아이가 어른이 되면 일단 원래의 자기네 집으로 돌아가고, 신랑 집에서 신부 집에 돈을 내면 신부가 다시 신랑 집으로 갔다고 합니다. 이러한 혼인 풍속은 혼인하고 나서 첫 아이가 태어날 때까지 신랑이 신부 집에서 함께 지내면서 여러 가지 대가를 치르도록 한 고구려의 데릴사위 제도와는 아주 다르지요.

돌무지 무덤
시신을 넣은 널 위에 돌을 산처럼 쌓아 올리거나, 돌을 산처럼 쌓고 그 중간이나 꼭대기 부분에 시신을 넣는 무덤 방을 만든 무덤. 고구려의 독특한 무덤 양식이다.

지금의 강원도 북부에 있었던 동예

동예는 동해안 지방에 살던 예족이 세운 나라입니다. 그 곳에 살던 예족들은 본디 한반도 동북 지방에서 주로 나오는 민무늬 토기 문화의 주인공들입니다. 토기 아가리에 가지런히 구멍을 뚫은 구멍 무늬 토기를 만들어 낸 한반도 동북 지방의 민무늬 토기 문화는, 서북한 지방의 팽이 모양 토기, 압록강 중하류 유역의 미송리형 토기, 한강 서남부 지방의 송국리형 토기와는 갈래가 다른 문화를 형성하면서 동해안을 따라 남하하여 한반도 중부와 동남부 지방으로 퍼져 나갔습니다.

이들 동북 지방 사람들은 서기전 3세기 이후에는 고조선의 세형 동검 문화도 활발하게 받아들였습니다. 함흥과 영흥 일대를 중심으로 동해안 각지에서 출토된 세형 동검, 청동 꺾창, 청동 창, 청동 거울들은 고조선 땅에서 만들어진 것들이지요. 그리고 늦어도 서기전 2세기 무렵에는 동해안 예족 사회에도 이러한 청동기를 가진 정치 집단이 크고 작은 규모로 형성되었으며, 이들의 집합체가 문헌에 나오는 '임둔'이라 하겠습니다.

동예는 낭림 산맥 동쪽, 지금의 강원도 북부에 있었습니다. 북으로는 함경 남도 정평에서 옥저와 경계를 이루었고, 남쪽 경계는 평강, 회양, 강릉에 이르는 강원도 북부의 어느 지점이었을 것으로 추정됩니다. 동예 역시 낙랑군의 통치를 받다가 고구려 태조왕 때 고구려에 복속했습니다.

그런데 242년 고구려 동천왕이 랴오둥의 서안평을 공격하자, 이

에 대한 보복으로 2년 뒤 중국 위나라 장군 관구검이 군대를 이끌고
고구려와 옥저, 동예를 공격했습니다. 이 사건 뒤 동예의 각 현은 해
마다 특산물을 위나라에 조공으로 바쳐야 했습니다. 그리고 낙랑군
과 대방군에서 전쟁을 할 때면 동예 사람들에게도 세금을 내게 하고
장정을 끌어 가서, 마치 중국 백성을 다루듯 했다고 합니다. 그러나

동예가 있었던 곳

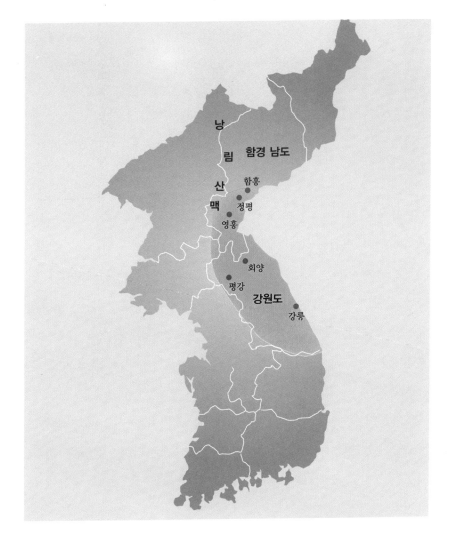

대방군

서기 2세기 말이 되자 낙랑군의 힘은 매우 약해졌다. 이 때 랴오둥 지방에서는 공손씨 일족이 그 힘을 키우고 있었다. 공손씨 세력은 204년 무렵 낙랑군 둔유현(지금의 황해도 황주) 남쪽에 있는 옛 진번군의 땅을 정복하고 '대방군'이라 하여 자기네 지배권 안에 두었다.

이 무렵 중국 땅에서는 한나라가 몰락하고 위나라가 그 뒤를 이었다. 위나라는 238년 공손씨 정권을 멸하고 대방군을 손아귀에 넣어 주변의 고구려와 백제, 마한까지 통제하려고 했다. 이에 토착 주민들은 저항했고, 마침내 고구려 미천왕 313년에는 낙랑군을, 그 이듬해에는 대방군마저 몰아내어 고구려가 대동강 유역의 옛 고조선 땅을 모두 차지하게 되었다.

고구려가 다시 힘을 길러 낙랑군을 몰아내자 동예는 다시 고구려의 통치를 받게 되었습니다.

동예의 인구는 약 3000여 호로 아래쪽에 있는 삼한의 작은 나라들과 규모가 비슷했습니다. 여러 현을 아우를 정도로 힘센 군장이 없어서 각 현은 끝까지 독립된 정치 집단으로 존재했지요. 그러므로 동예의 각 현은 삼한의 여러 작은 나라들처럼 불내국, 화려국 등 각자 다른 이름을 가졌습니다.

낙랑군이 동예를 지배할 때, 처음에는 각 현을 다스릴 지방관을 랴오둥에서 데려오다가 나중에는 토착민을 관리로 임명했습니다. 이것은 지방의 토착 세력을 한나라의 지배 구조 안으로 끌어들여 토착민의 반발을 무마하고 각 지방을 효율적으로 다스리기 위함이지

요. 현령이나 현장은 현의 여러 고을을 다스리는 한편, 각 고을의 우두머리를 '삼로'로 임명하여 그 권한을 인정해 주었습니다.

함경 남도 금야군 소라리의 토성이 바로 동예의 한 나라인 불내국의 중심 도성으로 보입니다. 소라리 토성은 영흥 평야 가운데를 흐르는 용흥강 하류의 강변 언덕 위에 있는데, 토성 안에서 세형 동검과 청동 단지 같은 청동기 유물과 철제 무기, 삿자리 무늬 토기 등 여러 시대의 유물이 섞여서 나왔습니다.

영흥 소라리 토성

영흥 소라리 토성에서 나온 쇠항아리, 수레 부속구, 검자루 끝 장식

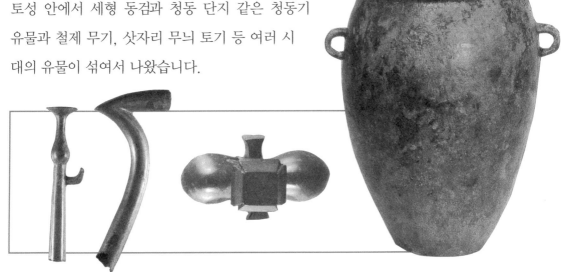

**정오동 1호 무덤(귀틀 무덤)
발굴 당시의 모습**

토성에서 1킬로미터 떨어진 곳에서는 귀틀 무덤이 발견되었습니다. 귀틀 무덤은 마치 귀틀집처럼 나무를 네모꼴로 차곡차곡 쌓아 널방을 만들고 그 안에 널을 넣는 무덤 양식을 말하는데, 낙랑의 무덤 형식입니다.

동예의 의식주 생활

동예 사람들의 언어와 풍습은 대개 고구려와 같았으나 옷차림은 달라 남녀 모두 목이 둥그런 옷(곡령 또는 단령)을 입었다고 합니다. 옷감으로는 삼베가 있었고, 누에를 길러 명주를 생산했다고 합니다.

남자들은 너비가 여러 마디(한 마디는 손가락 한 마디를 말함) 되는 은꽃을 옷에 장식으로 달고 다녔으며, 옥과 구슬을 보배로 여기지 않았다고 합니다. 이것은 삼한의 주민들이 금은과 비단은 진기하게

강원도 명주군 안인리의
불탄 몸자형 집자리(왼쪽),
凸자형 집자리(오른쪽)

여기지 않았으나 구슬을 귀하게 여겨 목이나 귀에 장식으로 달고 다
닌 것과 반대되는 관습입니다.

　동예 사람들은 대부분 움집에 살았는데, 바닥이 땅 밑으로 20～
50센티미터 정도 들어간 반지하 집이었습니다. 바닥 면은 긴네모꼴
이 많았으나 새로이 여(呂) 자 모양, 철(凸) 자 모양 집자리도 등장했
지요.

　강원도 강릉시 안인리의 유적을 보면 呂자 모양 집자리는 네모진
공간 두 곳을 이은 형태인데, 한쪽은 일상 생활을 주로 하는 공간으
로 바닥 면이 지하에 있고, 다른 하나는 작업 공간으로 바닥 면이 지
상에 있습니다. 그리고 두 공간은 비스듬히 경사진 통로로 연결되어
있습니다. 呂자 모양 집자리는 예족의 독특한 유적인데, 실내 공간을
기능에 따라 구분했다는 특징이 있고, 집의 넓이도 예전의 집자리보
다 크게 넓어졌습니다.

동예에서는 금지하는 것들이 많아 사람이 병들거나 죽으면 옛 집을 버리고 곧 새 집을 지었다고 합니다. 동해안에서 조사한 1~3세기 시대의 마을 유적 중에는 불에 탄 집자리가 곧잘 있는데, 이것은 동예의 풍습에 따른 흔적으로 보입니다.

만일 실수로 불이 났거나 외적이 침입해 마을을 불태웠다면 나란히 이어진 집자리가 모두 같이 불에 탔겠지요. 그런데 안인리 유적을 보면 불탄 집자리들이 나란히 있는 경우도 있으나, 그 사이에 멀쩡한 집자리를 끼고 서로 떨어져 있기도 합니다. 이것은 실수로 인한 화재라기보다 일부러 집을 불태운 것으로 볼 수 있는 여지가 많습니다.

동해안에 살았던 예족은 청동기 시대부터 주로 농사를 지어 생활했습니다. 이 지방의 집자리 유적에서는 반달 모양 돌칼과 나무를 깎아 농기구를 만드는 데 쓰는 청동 도끼가 많이 나옵니다. 안인리 유적의 집자리에서 불에 탄 쌀과 콩이 발견되어 당시 사람들이 잡곡과 벼를 길렀음을 알 수 있습니다.

무천과 책화

동예에서는 해마다 10월에 무천이라는 제천 행사를 치렀습니다. 구체적인 행사 내용은 알 수 없지만, 하늘(天)에 대해 춤을 추는(舞) 의식이 가장 중요했기에 무천(舞天)이라 하지 않았을까요? 무천은 곡식의 씨앗을 다 뿌리고 난 5월과 추수를 끝낸 10월 두 차례에 걸쳐 하늘에 제사 지냈다는 삼한의 풍습과 비슷합니다. 그리고 동예 사람들은 새해에 별빛을 관찰해 그 해에 풍년이 들지 흉년이 들지를 미리 예측했다고 합니다. 동예 사회에서 농사가 얼마나 중요한 일이었는지를 알 수 있지요.

한편 동예 지역의 집자리에서 돌화살촉이 매우 많이 발견되는 것으로 보아, 사냥과 고기잡이도 생활의 중요한 일이었으리라 봅니다.

동예에서 사냥이 얼마나 중요한 일이었는지는 '책화'라는 풍습을 보면 알 수 있습니다. 동예 사람들은 산과 냇물을 중요시하여 산과 내마다 각기 구별이 있어서 함부로 들어가지 않았다고 합니다. 산과 내는 나무와 사냥감, 야생 열매, 낚싯감의 보물 창고였으니까요. 그러므로 고을마다 활동 구역을 정하여 서로 침범하지 않았으며, 만약 이를 어길 경우에는 그 벌로 노비나 소, 말을 내놓았습니다. 이러한 풍습을 책화라고 했답니다.

책화 풍습은 동예 지역만의 특성으로 기록되어 있지만, 산과 내를 경계로 활동 구역이 나뉘었던 고대 사회 초기에는 다른 나라에도 모두 책화와 같은 풍습이 있었을 것으로 보입니다.

동예에서는 범을 신으로 여겨 제사 지냈다고 합니다. 이는 범을 산신으로 섬기던 원시 시대의 풍습이 남은 것으로 보입니다. 10월의 제천 행사 때면 범 신에게 제사 지내며 밤낮으로 술 마시고 노래 부르며 춤을 추었지요.

단군 신화에 나오는 곰과 범의 이야기를 생각해 볼 때, 동예에서 범을 숭배한 것은 고조

범이 나오는 산신도
(조선 시대 후기)

선에서 곰을 숭배한 것과 서로 비교할 만한 일입니다. 혹 팽이형 토기를 사용하던 고조선 영역과 구멍 무늬 토기를 사용하던 옥저와 동예 지역의 전통이 단군 신화에 반영된 것은 아닐까요?

그리고 동예에서는 같은 씨족끼리는 혼인을 하지 않는 족외혼 풍습이 있었습니다. 이는 더 좋은 혈통을 간직하고자 하는 가운데 나온 풍습이지요. 아무래도 같은 씨족끼리 결혼을 하면 기형아나 돌연변이가 나올 확률이 상대적으로 높다는 것을 동예 사람들도 알았던 것 같습니다.

사람을 죽인 자는 죽음으로 벌을 받게 했으며, 도둑질을 하는 자가 적었다고 합니다. 이는 고조선의 범금 8조와 비슷한 법이 있었기 때문입니다.

교역

동예의 특산물인 낙랑 박달나무 활(단궁), 반점이 박인 물고기 가죽(반어피), 무늬 있는 표범 가죽(문표), 과하마 같은 것은 중국에서 매우 인기가 있었습니다.

동예에서 만든 활은 낙랑군을 통해 중국으로 보냈기 때문에 '낙랑 단궁'이라 이름이 붙었는데, 고구려의 맥궁과 함께 매우 유명했지요. 과하마(果下馬)는 키가 석 자(약 1미터) 정도 되는 작은 조랑말로 과실나무 아래에서도 타고 지나갈 수 있다고 해서 붙은 이름입니다.

중국 쪽하고는 해마다 조공을 하는 형태로 교역했고, 주변의 다른 세력들과도 물자 교역을 했습니다. 마한과 한나라, 그리고 왜가 모두 변한, 진한에서 철을 사 갔듯이, 동예 사람들도 철을 얻기 위해

과하마는 아래 그림에 나오는 말처럼 생기지는 않았을 것이다. 사진은 중국 훈춘 시(옛날 옥저 지역) 교외에서 찍은 조랑말. 노새와 제주도의 조랑말을 보며 과하마의 생김새를 짐작해 보자.

동해안을 따라 지금의 경상도 지방까지 내려왔을 것입니다.

동예의 창은 길이가 석 장(약 10미터)이나 되어 여러 사람이 함께 잡고서 사용하기도 했다는데, 이처럼 긴 쇠창이 김해와 울산 등지의 나무 곽 무덤에서 곧잘 출토됩니다. 대동강 유역의 태성리에서도 긴 창(길이 128센티미터)이 하나 출토된 적이 있으나, 경남 지방에서 출토된 양이 훨씬 많아 동예에서 사용한 긴 창은 진한과 변한 지역에서 교역해 간 것일 가능성이 높습니다.

한반도 남녘의 삼한

마한, 변한, 진한을 아울러 말할 때 삼한이라 합니다. 마한, 변한, 진한은 서기전 2세기에서 서기 3세기 즈음까지 한반도 중남부 지역에 퍼져 있던, 크고 작은 정치 집단이지요. '한(韓)'이라는 이름은 오늘날 한국, 대한민국, 한민족이라 할 때 쓰는 '한' 자와 같은 글자인데, 위만에게 나라를 빼앗긴 고조선의 준왕이 남쪽으로 달아나 스스로 '한왕'이라고 칭한 데서 비롯되었다고 합니다.

위만 조선이 망한 뒤 많은 고조선 사람들이 남으로 내려왔고, 이보다 앞서 위만이 조선의 왕위를 빼앗았을 때에도 준왕과 함께 꽤 많은 고조선 사람들이 남쪽으로 옮아 왔습니다. 그리고 서기전 108년 한나라가 고조선 땅에 네 개의 군을 두고, 또 그 가운데 진번군이

쇠창과 투겁 창
왼쪽:부산 복천동, 130센티미터, 오른쪽:부산 노포동, 80센티미터.

폐지되는 등 사회 변동이 잇따르자, 적지 않은 백성이 살던 터전을 버리고 다른 땅을 찾아 나서게 되었지요.

한 단계 앞선 금속기 문화, 곧 세형 동검 문화를 지닌 고조선의 주민들이 이주해 옴에 따라, 한반도 중·남부 지역 사회에 변화가 일어났습니다. 오늘날의 대전-익산, 대구-경주, 김해-마산과 같은 곳에서 많이 발견되는 세형 동검 문화의 유적과 유물은 그 같은 사실을 말해 줍니다.

그 결과 이들 지역을 중심으로 마한, 변한, 진한이라는 나라가 형성되었습니다. 《삼국지》동이전에는 삼한 가운데 마한에 54개 나라, 진한에 12개 나라, 변한에 12개 나라, 모두 합하여 78개에 이르는 작은 나라(소국)가 있었다고 나옵니다. 그러니까 마한이면 마한, 진한이면 진한 그 자체가 한 나라로서 힘을 지닌 것이 아니라, 작은 나라들이 모여 연합을 이룬 것이지요.

삼한은 고을들의 집합

삼한을 이루던 작은 나라들의 규모는 큰 것은 1만여 호, 작은 것은 600~700호로 갖가지였는데, 평균을 내면 2000~3000호 정도 되었습니다. 작은 나라는 세력이 강하고 정치·경제의 주도권을 지닌 중심 고을(국읍)과 주변 고을(읍락) 몇 군데가 모여 이루어졌습니다.

중심 고을은 다른 고을보다 규모가 크고, 일반 고을과는 다른 특별한 기능이 있었습니다. 중심 고을에는 우두머리가 있어 백성을 다스렸는데, 세력이 큰 나라의 우두머리를 신지, 아니면 견지라 했고,

전남 순천 송광면 대곡리 의 삼한 시대 마을 유적

힘이 좀 약한 나라의 우두머리를 부례, 아니면 읍차라고 했습니다.

　중심 고을의 통치자인 신지의 가장 중요한 기능은 경제 활동과 깊은 관계가 있었습니다. 진한, 변한의 철을 동예에서 사 갔으리라는 이야기는 앞에서도 했지요? 삼한에서는 일본, 중국과 교역하기도 했고, 또 자기네들끼리도 교역을 했습니다. 교역이 활발해지니 교역하는 물건을 관리하는 조직적인 기구가 필요했지요. 그 결과 여러 고을을 대표하여 중심 고을의 우두머리가 이러한 교역 활동을 주관하고, 고을들이 서로 좋은 관계를 유지할 수 있도록 노력하게 됩니다. 혹 집단

사이에 다툼이 생기거나 외부의 세력에 공동으로 대처할 필요성이 생기면, 곧바로 중심 고을의 우두머리가 책임자가 되어 여러 고을의 족장들과 그들이 거느린 군대를 이끌고 나섰답니다.

중심 고을에서 여러 고을을 통솔할 때는 하늘에 제사를 지내는 의식이 매우 중요했습니다. 《삼국지》 동이전에 따르면 삼한에서는 귀신을 믿었는데, 중심 고을에서 '하늘 임금(천군)' 한 사람을 세워 '하늘 신(천신)'에게 바치는 제사를 주관하게 했다고 합니다. 정치나 경제 활동의 중심인 고을이 주도하여 고을 간의 구별을 뛰어넘는 절대자(신)에게 제사를 지냄으로써, 고을 간의 결속을 다지고 중심 고을 우두머리의 위상을 더욱 높이려는 뜻이었지요.

시간이 지나면서 작은 나라의 지배자는 서서히 무당이나 제사장으로서 권위를 세우기보다는, 경제 활동이나 군대를 거느리는 세속적인 힘을 통해 권력을 유지하게 됩니다. 나중에는 제사 지내는 일을 따로 제사장으로 세운 사람에게 맡겨 버리고, 자신은 세속적인 통치 행위만을 합니다. 한마디로 제시 활동과 정치 행위가 구분되기 시작한 것이지요.

북한에서는 단군 신화에 나오는 단군의 신하 '신지'를 실존 인물로 보고, 단군릉 앞에 신지 상을 세웠다.

삼한과 삼국은 무슨 관계?

한강 북쪽 지역에서 철기 문화를 누리던 주민들이 내려오자 작은 나라들 가운데 힘의 차이가 벌어지기 시작했습니다. 그 가운데 먼저 앞서 나가기 시작한 나라를 중심으로 작은 나라들 사이에 연합을 하게 되었지요. 이에 따라 서기 2~3세기 무렵에는 천안 일대에 있었던 목지국을 중심으로 한 마한, 김해의 구야국을 중심으로 한 변한, 경주의 사로국을 맹주로 한 진한으로 각기 통합되었지요.

그 뒤 마한은 한강 유역에 있던 백제국을 중심으로 하여 백제로, 진한은 경주의 사로국이 중심이 되어 신라로 발전합니다. 한편 변한은 가야국으로 발전했다가 신라에 흡수됩니다. 이처럼 삼한은 삼국이 역사 무대에 등장하게 되는 기본 바탕이 되었다고 할 수 있습니다.

저수지를 이용해 농사를 짓다

삼한에서는 토지가 기름져 조, 보리, 콩, 밀 등 밭에서 나는 작물을 고루 길렀습니다.

기후와 토양이 적합해 벼농사도 매우 발달했습니다. 벼농사는 대부분 무논(물이 늘 차 있거나 물을 쉽게 댈 수 있는 논)에서 이루어졌는데, 지역에 따라 밭에서 자라는 밭벼를 기르기도 했지요. 무논은 기본적으로 땅이 낮고 물기가 많은 저습 지대에 만들었지만, 인공으로 물길과 논둑을 만들기도 했답니다.

이제 돌로 만든 반달칼이나 돌낫이 사라지고, 쇠로 만든 손칼과 낫을 사용하게 되었습니다. 날이 잘 드는 쇠 연장을 가지고 쓱쓱 볏단을 베면 예전보다 적은 사람이 일해도 추수를 더 빨리 끝낼 수 있

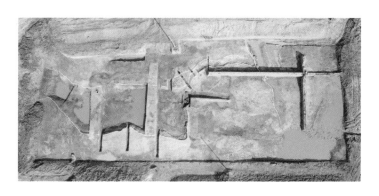

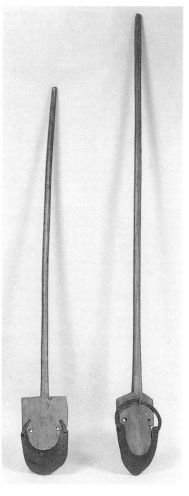

었지요. 추수하는 데 시간이 걸려 수확에 적당한 때를 놓치면 벼가 너무 익어 쓸모없어지는데, 그런 일을 크게 줄일 수 있으니 그것도 결국 이익이었습니다.

게다가 쇠로 만든 따비와 괭이가 있어 밭을 갈고 흙을 고르는 데 사용했고, 말굽쇠처럼 생긴 쇠날을 나무 자루에 끼워 사용하는 가래나 쇠삽을 이용하니 논의 물길을 만들거나 보수하는 것이 한결 쉬워졌습니다.

이렇게 새로 만든 물길에 물을 대기 위해 저수지도 여럿 만들었는데, 상주의 공검지가 그 시대의 유적입니다. 최근에는 우리 나라에서 시기가 가장 올라가는 것으로 보이는 청동기 시대의 저수지 유적이 안동시 저전리에서 조사되었지요.

안동 저전리 유적(왼쪽)과 현재 농업 박물관에 전시되어 있는 가래

고대에도 우리는 섬유 강국, 철강 수출국

삼한에서는 뽕나무를 기르고 누에를 쳐서 명주 실과 천을 만들어 냈다고 합니다. 그리고 변한 사람들이 생산한 베 옷감(포)은 폭이 넓고

섬세해, 진한이나 낙랑 사람들에게 귀한 물건으로 인기가 있었다고 하고요.

삼한 시대의 어느 날, 진한에서 낙랑을 습격하여 한(漢)나라 사람 1500명을 포로로 잡아서는 노비로 부렸습니다. 밭에서 새를 쫓거나 나무를 베어 오게 하는 등, 시키는 일이 너무 힘들어 3년 사이에 500명이 죽고 말았습니다. 이 사실이 낙랑 땅으로 가던 염사치라는 사람에게 발각되어 진한에서는 낙랑에 보상을 해야 했는데, 진한 왕은 진한 사람 1만 5000명과 변한의 베 1만 5000필을 내어 놓아 해결했답니다. 이처럼 변한의 베는 값이 나가는 귀한 물건이었다고 합니다.

삼한 사람들은 베 두루마기를 입고 짚신이나 가죽신을 신었습니다. 그리고 삼한 사람들은 금은과 화려한 명주를 그다지 소중히 여기지 않는 반면, 곱돌로 만든 옥 구슬을 귀중하게 여겨 옷에 장식하거나 목걸이, 귀고리로 달고 다녔답니다. 이러한 옥 치레거리(장신구)는 단순한 장식품이 아니라, 청동 거울과 함께 족장의 권한과 위세를 나타내는 중요한 상징물이었지요.

마한 사람들은 머리를 상투처럼 틀어 올렸고, 변한 사람들은 옷차림이 청결하고 머리가 길었다고 합니다. 《삼국지》 동이전의 '한(韓)조'에 나오는, 삼한 사람으로 낙랑군에 가서 벼슬을 살았던 염사치라는 인물의 이야기를 보면 중국 한나라 노비들은 머리를 짧게 깎았다고 합니다. 그렇다면 긴 머리나 맨상투 머리는 노비의 머리 모양이 아니라 보통 사람의 머리 모양이었던가 봅니다.

또한 진한, 변한에서는 철이 풍부하게 나서 철광석에서 뽑아 낸 쇳덩어리를 낙랑과 일본에 수출했으며, 다른 나라와 교역할 때 철을

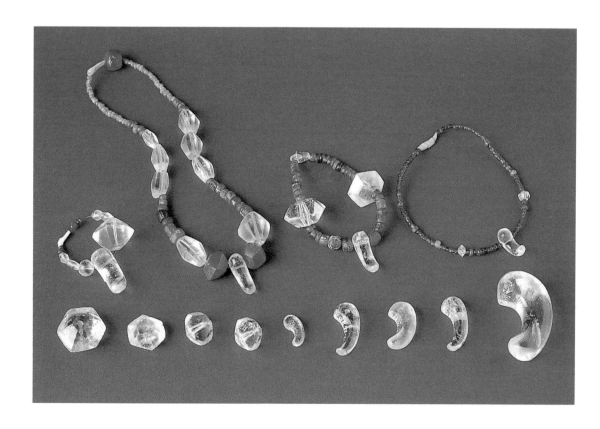

수정, 마노, 호박 등으로
만든 삼한 시대의 목걸이
와 굽은 옥(부산 노포동)

돈처럼 사용하기도 했다고 합니다. 변한 유적에서는 덩이쇠가 많이
출토됩니다. 이러한 내용은 앞에서 이미 살펴 보았지요?

쇠 연장을 만들 때에는 쇳물을 거푸집에 부어 물건을 만드는 주조
기술과, 불에 달군 쇠를 두드려 원하는 모양을 만드는 단조 기술을
모두 사용했습니다. 주민 대부분은 농사를 지었고, 쇠를 뽑아 내고
철기를 만드는 일과 질그릇을 빚는 분야에는 전문인이 등장했지요.
쇠는 아무 데서나 나는 것이 아니고, 또 쇠를 다루는 일은 전문 기술
이 필요하기 때문에 처음부터 전문가가 필요했습니다. 질그릇 만드
는 일도 서서히 전문화가 진행되었지요.

나는 지금 소도로 간다

삼한의 여러 나라에는 소도(蘇塗)라는 특별한 마을이 있었습니다. 마을 어귀의 큰 나무에는 북과 방울을 달아 놓았습니다. 귀신을 섬기는 지역인 소도는 거룩한 장소라서 죄를 지은 사람이 이 곳으로 도망하면 쫓아 들어갈 수 없었습니다.

소도에서는 어느 한 개인의 복을 빌거나, 나라 전체가 잘되기를 바라는 굿이 벌어지곤 했습니다. 하늘의 제사를 담당하는 임금인 천군(天君)이 제사를 주관했습니다. 우리 농촌의 마을 어귀를 지키는 솟대 신앙은 이 소도와 관련이 있으리라 짐작됩니다.

서양의 역사를 봐도 이 소도와 비슷한 장소가 있었습니다. 《구약성서》의 〈민수기〉 35장과 〈신명기〉 19장을 보면, 이스라엘 민족이 이집트에서 탈출해 가나안 땅에 정착하는 과정에서 소도와 비슷한

마을 어귀에서 마을을 지켜 주는 솟대

기능을 띤 '도피성'이라는 지역이 있었음을 알 수 있습니다. 이 곳에는 제사장들이 살았는데, 제사장은 이 곳에 살면서 죄를 짓고 도망나온 사람들을 보호하는 일도 했습니다.

크게 보면 소도는 어렵게 지내던 백성들이 혹 잘못을 저지를 경우 그들을 보호하기 위한 목적에서 일부러 만들어 둔 장소인 듯합니다. 그러니까 백성을 수탈하는 지배층과 일반 백성 사이의 갈등과 대립을 누그러뜨리는 장소로서 소도가 중요한 기능을 했다고 볼 수 있지요. 이전에 '이에는 이, 눈에는 눈' 식으로 엄한 형벌을 주었던 것을 생각하면, 사회가 발전하면서 사람의 생명을 소중히 여기기 시작했음을 말해 주는 셈입니다.

농경 축제와 방울춤

삼한에서는 씨앗을 뿌린 5월과 농사 일을 마무리한 10월 두 차례에 걸쳐 귀신에게 제사 지냈는데, 이 때 사람들은 중국 사람들이 흔히 추는 방울춤과 비슷한 춤을 추면서 노래를 불렀다고 합니다.

방울춤은 여남은 명씩 어울려서 발로 땅을 밟으면서 몸을 낮추었다 올리고, 손발을 박자에 맞춰 움직이는 춤이라고 합니다. 땅을 밟는 동작은 땅 신을 즐겁게 해서 작물이 잘 자라길 바라는 마음에서 나온 동작이라고 합니다.

우리 조상들이 추었다는 이 춤이 어떤 춤일지 상상해 보실래요?

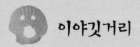

이야깃거리

우리 역사의 첫 문자 문명

조선 시대 초에 한글을 발명하기 전 우리 겨레는 한자를 그대로 가져다 쓰거나, 한자의 음과 뜻을 이용해 우리 말을 적는 이두를 사용했습니다. 그렇다면 한자를 받아들이기 전에는 어떠했을까요?

현재 남아 있는 원시 사회의 흔적을 보면, 대부분 어떤 물건이나 자연 현상을 본떠서 그린 그림 같은 기호를 글자처럼 사용했던 것 같습니다. 이런 것을 '회화 문자'라고 합니다.

울산 반구대의 바위 그림이나 청동기에 새겨진 여러 가지 무늬는 당시 사람들의 삶을 엿볼 수 있는 무척이나 흥미로운 자료라 하겠습니다. 고령 양전동, 울주 천전리 등지의 바위 그림이나 질그릇에 새겨진 부호도 청동기 시대 사람들이 어떤 의미를 나타내기 위해 사용한 상징 기호일 것으로 짐작됩니다.

하지만 청동기 시대에서 철기 시대에 걸친 고조선 시대 사람들이 의사 소통을 위해 문자를 사용했는지는 아직 분명히 알지 못합니다.

학자들이 대개 청동기 시대 고조선의 유적으로 보는 랴오둥 반도의 윤가촌 12호 무덤에서 세형 동검과 함께 높은 굽이 달린 접시가 출토되었는데, 이 접시의 바깥 면에 무슨 글자처럼 보이는 부호가 있습니다. 'x' 표시 양쪽에 점을 찍은 듯한 모양이지요.

　이 굽접시는 바탕 흙이 부드러운 회색 질그릇으로, 원통 모양인 굽 부분은 돌림판을 사용해 만든 것입니다. 그리고 그 부호는 그릇을 구워 낸 다음에 접시 부분의 바깥 면에 새겼지요.

　접시에 새긴 부호는 혹 관직이나 사람의 이름이 아닌가 하는데, 지금까지 알려진 한자 중에는 없는 글자입니다. 그래서 고조선에도 고유한 글자가 있었다는 것을 알려 주는 중요한 자료로 보기도 합니다. 그러나 아쉽게도, 고조선에서 고유한 글자를 사용했다는 증거로서 이 굽접시의 부호를 뒷받침하는 다른 물증이 없답니다. 따라서 이것을 단순하게 고조선의 글자로 보기는 어렵지요.

　글자가 직접 나오지는 않았지만 글자와 관련된 유물은 있습니다. 창원 다호리 유적의 1호 무덤에서 서기전 1세기 후반 무렵의 붓과 깎는 칼이 나온 것입니다.

붓은 모두 5점이 나왔습니다. 모두 길이가 23센티미터 전후인데, 전국 시대에서 한나라 시대에 이르는 시기의 중국 붓들과 길이가 비슷합니다. 또 나무 끝 부분에 구멍을 뚫어 붓털을 끼운 뒤 실을 감아 묶고 옻칠을 한 점도 중국에서 사용했던 붓글씨용 붓과 비슷하지요. 깎는 칼은 오늘날의 지우개와 같은 기능을 합니다. 종이가 발명되기 전에는 종이 대신에 대나무 쪽이나 나무 판에 붓으로 글씨를 쓰고, 글자를 잘못 적었을 경우 칼로 그 글자를 깎아 내고 다시 썼습니다. 따라서 붓과 깎는 칼은 연필과 지우개 같은 관계로, 글자를 쓰는 사람에게는 없어서는 안 되는 도구였던 셈이지요.

오늘날에도 그렇지만 교역을 하려면 글자가 반드시 필요했겠지요? 서로 소식과 정보를 주고받고, 중요한 사실을 잊지 않도록 기록하고, 또 물건을 주고받았다는 증거, 다시 말해서 영수증을 작성하는 데 필요하니까요. 나라와 나라 간에 교역을 하려면 자기 나라 말보다는 국제적으로 통용하는 말이 필요했을 테고, 고조선 시대에는 국제어로 한자(漢字)가 쓰였을 것입니다. 다호리의 붓과 깎는 칼은, 삼한에서 만들어 낸 덩이쇠와 중국 한나라의 청동 거울, 허리띠고리 같은 물건을 교역할 때 영수증을 작성하기 위해 사용했으리라 믿어지는 문방구입니다.

사마천이 쓴 《사기》 〈조선열전〉에는 고조선의 마지막 왕인 우거왕 시절에 한강 이남의 여러 나라들이 천자(중국의 황제)를 보고자 글을

써 보냈으나, 고조선이 방해해 그 뜻을 이루지 못했다는 내용이 나옵니다. 이것은 당시에 이미 외교 문서를 작성했다는 의미가 아닐까요? 그렇다면 고조선과 우리 땅의 여러 나라에는 국제 공통 말을 쓸 줄 아는 사람이 있었고, 나라 안에서는 고유한 글자를 쓰지 않았을까요?

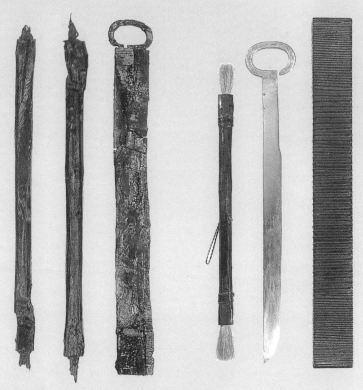

창원 다호리 1호 무덤에서 나온 붓과 칼 유물(왼쪽)을 새로이 복원한 것(오른쪽)
칼은 대쪽이나 나무 판에 잘못 쓴 글자를 깎아 내는 도구이다.

나는 역사 탐험가

강화도

강화 역사관 · 강화 지석묘 · 마리산 참성단--------------------

　오늘은 강화도로 여행을 떠나 봅시다. 강화도는 인천 광역시에 속한, 우리 나라에서 다섯 번째로 큰 섬입니다. 섬에 간다고 배를 탈 생각에 신난 친구가 있겠네요. 어쩌죠? 강화도에 딸린 작은 섬들은 배를 타고 가야 하지만 강화도는 강화대교로 육지와 연결된답니다.

　강화도는 바다가 가까이에 있어, 원시 시대 사람들에게는 삶의 터전이었고 근대 역사 속에서는 어려운 일을 많이 겪었습니다. 강화도가 겪은 우리 역사의 흔적은 지금도 고스란히 섬 전체에 남아 있습니다.

　대중 교통 수단을 이용하여 강화도에 가려면 서울 신촌 시외버스 터미널이나 영등포역, 인천 종합 버스 터미널, 경기도 부천과 안양의 시외버스 터미널 중에서 여러분이 가기 편한 곳을 골라, 그 곳에서 강화행 시외버스를 탑니다. 어른이 운전해 주시는 자가용을 타고 가려면, 김포로 들어가는 48번 국도를 타고 강화대교를 건너면 됩니다.

강화 역사관 ☎ 032)933-2178

■관람료 ┃ 어른:1300원 / 청소년·어린이:700원 / 7세 이하 65세 이상·장애인·생활보호대상자·국가유공자:무료 / 단체(30명 이상):어른 900원, 청소년·어린이 600원
■이용시간 ┃ 3월~10월 09:00~18:00 / 11월~2월 09:00~17:00(쉬는 날 없음)
■주차료 ┃ 무료

　시외버스를 타고 강화읍까지 간 뒤, 다시 그 곳에서 순환버스를 타고 검문소 정거장에서 내려가 보세요. 승용차로는 강화대교를 건너자마자 오른쪽으로 꺾어서 내려가면 강화 역사관이 나옵니다. 그 위쪽으로 갑곶 돈대가 있지요.

　강화 역사관은 강화도 전체의 역사를 한눈에 볼 수 있도록 꾸며 놓은 곳입니다. 1988년에 문을 열어 현재 전시실이 4개 있답니다. 그럼 1전시실을 볼까요? 중앙에 커

다란 강화도의 지도가 있어 누르면 그 곳의 위치를 찾을 수 있게 해 놓았네요. 우리가 찾아갈 곳을 한번 눌러 볼까요!

전시실 벽 유리창 안에 《아! 그렇구나 우리 역사》 1권에서 보았던 석기들이 있어요. 강화도에서 원시 시대부터 사람이 살았음을 알려 주는 증거들이지요. 그 옆에는 고인돌을 만드는 그림이 있네요.

좀 있다가 진짜 고인돌을 보러 가기로 하고, 전시관에 또 무엇이 있나 볼까요? 마리산 참성단을 모형으로 만들어 놓은 것도 있네요. 우리의 마지막 여행지가 바로 참성단이랍니다.

2전시실에 들어오니 무언가를 만들고 있네요. 아, 팔만대장경이군요. 옛날에는 이렇게 나무 판에다가 일일이 글자를 파서 책을 찍었답니다. 얼마나 힘이 들었을지는 짐작이 되지요? 고려 시대에 원나라가 쳐들어오자 강화도로 서울을 옮긴 조정은, 이렇게 공들여 불경을 만드는 과정을 통해 온 백성의 마음을 하나로 모으고, 또 부처님의 도움을 받아 외적을 물리치기를 기원했어요.

한 층을 올라가 보면 3전시실과 4전시실에서 고려와 조선을 거쳐 근대까지 우리 역사를 만날 수 있어요.

강화 역사관 뒤쪽에 있는 계단을 올라가면 외적의 침입 당시 조선군의 주력 무기였던 홍이포가 전시되어 있고, 당시 중요한 요새였던 갑곶 돈대가 복원되어 있습니다.

이 곳에서 강화 역사 탐험의 방향을 잡아야겠네요. 1전시실에서 보았던 청동기 시대의 흔적을 찾아 떠납시다.

■ 강화도 탐방 문의 안내
강화군청 관광진흥과 ☎ 032)933-8011
http://www.ganghwa.incheon.kr(강화군청 사이트/문화탐방)
■ 버스 다니는 시간
강화 종합 시외버스 터미널 5:40~21:30(10~15분 간격으로 운행) ☎ 032)934-0264
신촌 시외버스 터미널 5:40~22:00(10분 간격으로 운행) ☎ 02)324-0611

강화 지석묘

■ 이용 시간 | 24시간 개방   ■ 관람료 | 무료   ■ 주차료 | 무료

다시 강화·시외버스 터미널로 가서 창후리·외포리 방면 버스를 타고 강화 지석묘 정거장에서 내립니다. '지석묘(支石墓)'란 고인돌의 한자말입니다.

길 왼쪽으로 움집이 있고, 거대한 석상들도 보입니다. 석상들은 우리 나라 것 같지 않은데요. 어디 설명을 볼까요. 남태평양의 이스터 섬에 있다는 거석상 '모아이'를 복원한 것이네요. 우리 나라의 고인돌과 세계의 거석 문화를 비교해 볼 수 있도록 만들어 놓았어요.

안내판을 보니 강화도에는 이 곳말고도 고인돌이 많이 있네요. 하지만 바로 이 곳, 강화군 하점면 부근리의 고인돌이 가장 유명하답니다. 사적 137호로 지정되어 있지요. 가까이 가서 볼까요?

크기가 엄청나네요. 덮개돌의 무게만도 50톤이 된다고 해요. 옛 사람들은 저 돌을 어떻게 옮겼을까요? 이러한 돌을 옮기려면 많은 사람의 힘이 필요하고, 그 많은 사람들을 모으려면 힘이 있어야 할 겁니다. 고조선 건국 신화의 주인공인 단군 왕검은 그런 힘이 있는 사람을 가리킵니다. 그럼 단군 신화의 자취를 느낄 수 있는 곳을 찾아가 볼까요?

강화 부근리 고인돌 앞에서

마리산 참성단

■ 이용시간 | 06:00~18:00   ■ 입장료 | 어른 : 1500원 / 청소년(중·고생) : 800원 / 초등생 : 500원 / 7세 이하 65세 이상·장애인·생활보호대상자·국가유공자 : 무료 / 단체(30명 이상) : 어른 1200원, 청소년 600원, 초등생 300원   ■ 주차료 | 무료

강화 시외버스 터미널에서 마리산행 직행 버스를 타고 시골길을 30분쯤 달립니다. 마리산은 해발 468미터. 정상까지 계단을 잘 닦아 놓았습니다. 계단을 따라 오르다 보니 고대에 사람들이 행렬을 이루어 제단을 향해 올라가는 장면이 떠오릅니다. 계단이 상당히 길지만, 울퉁불퉁한 바위와 새파란 하늘이 신비롭습니다.

야! 드디어 꼭대기에 도착했습니다. 이 곳이 참성단이에요. 고려 시대부터 이 곳에서 단군 왕검을 기리는 제사를 지냈고, 지금도 개천절이면 여기서 제례를 지낸답니다. 맑은 날이면 저 북쪽 개성의 송악산이 보인다고 해요.

참성단 근처는 고대에 채석장이었다고 합니다. 부근리의 거대한 고인돌은 바로 이 곳의 바위들과 성분이 똑같대요. 여기서 캐낸 돌로 고인돌을 세운 거지요. 그러니까 참성단의 역사는 고려 시대부터라 해도, 그보다 1000년, 2000년 전에 이미 사람들이 마리산의 돌을 귀하게 사용했던 거예요.

자, 오늘의 강화도 탐방은 끝났습니다. 아쉽나요? 우리가 본 곳들은 강화도의 일부분일 뿐입니다. 시간이 된다면 하루를 묵고, 섬의 다른 곳을 탐방하는 것도 좋겠지요.

참성단에서

고조선 · 부여 · 삼한 이야기를 마치며

《아! 그렇구나 우리 역사》 2권 작업을 어느 정도 마무리한 뒤 가족과 함께 전남 화순에 다녀왔습니다. 오랜만에 가족 여행을 하는 것이 목적이었지만, 마침 때맞춰 열린 고인돌 축제에 참여해, 고인돌 쌓는 과정을 재현한 의식을 직접 볼 수 있었습니다.

운동장 한켠에 마련된 재현식장은 마치 신석기 시대 암사동 유적을 옮겨 놓은 듯한 느낌이었습니다. 원시 시대 부족의 추장이 죽자 새로운 추장을 뽑고, 죽은 추장의 무덤을 만들고, 중간 중간에 "우가우가" 하는 부족 사람들의 춤과 주문 외우기. 부족 사람들은 모두 화려한 짐승 가죽을 몸에 두른 원시인들이었습니다.

재현식을 보는 동안 저는 《아! 그렇구나 우리 역사》 2권을 읽은 친구들이 그 현장에 있었다면 어떤 생각이 들었을까 하는 고민에 빠졌습니다. 왜냐 하면 고인돌은 청동기 시대 지배자들의 무덤이고, 우리 겨레가 처음 세운 나라인 고조선과 삼한 사람들의 상징적 건축 조형물이기 때문입니다. 만일 재현식대로라면 고조선 사람들은 전부 원시 상태의 부족 사회에서 살았다는 이야기가 됩니다.

이것을 증명하듯 세계 문화 유산으로 인정받은 화순 고인돌 떼 무덤에 가 봐도 귀여운 원시인 인형이 안내 그림 앞에서 웃고 있었습니다. 원시 시대 사람들이 살았던 움집도 그 옆에 지어 놓았구요. 그러나 고조선에는 왕과 관료들이 있었고, 사람들은 흰색 베옷을 많이 입고 부유한 사람들은 금이나 구슬 같은 것으로 잘 꾸며 입었다고 합니다.

그렇다면 고인돌 쌓는 의식을 재현할 때, 화려하지는 못해도 평범한 베옷을 입은 마을 사람들이 부족장의 지시에 따라 움직이는 모습을 보여 주었어야 한다고 생각합니다. 재현 행사가 이렇게 잘못된 내용으로 치러진 것은, 아마 고인돌을 공부하는 전문 연구자들이 행사 준비에 참여하지 못한 데 가장 큰 이유가 있을 것입니다. 일부러 그런 것은 아니지만 과거 역사의 모습을 잘못 보여 주어, 보는 사람으로 하여금 그 시대에 대해 오해하게끔 하는 결과를 낳았습니다.

저는 여러분이 2권을 읽으면서, 그 동안 몇 가지 잘못된 생각을 가지고 있었다면 그러한 생각을 떨쳐 버리기를 희망합니다.

제일 먼저, 우리 땅에 처음 나라가 섰을 때 사람들이 미개하고 원시적인 생활을 했을 것이라는 생각을 바꿔야 합니다. 고조선·삼한 시대에는 이미 땅 위에 나무를 짜서 집을 지었고, 오곡 농사를 지어 쌀 외에 여러 곡식과 반찬을 갖가지 그릇에 담아 먹었습니다. 그리고 먼 중국 땅에 물건을 보내고, 장사치들이 오가며 무역까지 했던 시절이었답니다. 그렇다고 단군 할아버지 때부터 커다란 나라가 만주 일대에 있었다고 생각하는 것도 잘못입니다.

여러분은 그 동안 우리 땅에 처음 나라를 세운 분이 단군 할아버지라고 배웠을 것입니다. 그리고 교과서의 지도에서는 그 분이 세운 나라가 지금 중국 땅인 만주 지역을 거의 다 차지했다고 보여 줍니다. 하지만 단군은 어느 한 사람이 아니라, 청동기 시대 우리 땅에 살았던 부족 집단의 우두머리를 말합니다. 한 집단의 우두머리는 단순하게 힘만으로 백성을 통치하기 힘듭니다. 하늘에 기도하는 행사나 축제를 통해 사람들을 위로하고 상을 내려 주기도 하면서 부족을 이끌게 됩니다. 때문에 부족의 우두머리는 제사장이나 무당 같은 구실을 했고, 그러한 사람을 한자로 단군이라고 했던 것입니다.

여러분은 "로마는 하루 아침에 이루어지지 않았다"는 말을 들어 보았나요? 이 말은 지중해 연안을 비롯해 세계의 많은 땅을 차지했던 고대 로마 제국도 처음에는 작은 나라로 출발했다는 이야기입니다. 고조선도 똑같습니다. 처음에는 대동강 유역에서 자그마한 부족 국가로 출발해서, 나중에 고조선의 힘이 커졌을 때 사방 1000리 정도 되는 땅덩이를 차지했습니다. 그러나 제도와 문화 면에서는 중국 한나라에 뒤지지 않았습니다.

역사는 사람들의 삶을 배우는 것입니다. 어떤 사람들이 어떻게 살았는지가 중요합니다. 땅덩어리가 얼마나 크냐 작으냐는 중요하지 않습니다. 그리고 실제 차지하지도 못한 곳을 고조선의 땅이라고 주장한다고 해서 우리 민족이 위대한 민족이 되는 것도 아닙니다. 우리 조상들의 삶과 그 생활의 지혜를 배워 오늘날의 우리가 좀더 낫게 생활할 수 있는 지식을 얻는 것이 중요합니다.

끝으로 저는 이 책을 통해 고조선 외에도 주변에 있던 부여나 삼한, 옥저, 동예 모두가 우리 조상들이 세운 나라이고, 그들의 생활도 많은 교훈을 준다는 점을 말하고 싶었습니다. 부여는 700여 년이나 나라를 유지하고 수준 높은 생활을 했지만, 우리 머리 속에서 너무 오래동안 잊힌 채 있었습니다. 삼한도 고조선의 후예가 세운 나라로 소도 신앙 등 중요한 생활 전통을 우리에게 남겼습니다. 이들 여러 나라의 모습을 최대한 생생하게 그려 보려고 노력했고, 여러분의 관심을 기대하는 의미에서 2권의 제목을 고조선·부여·삼한 시대로 정해 보았습니다.

특히 이번 개정판을 내면서는 내심 더 알차게 다듬고 싶었으나 두루 여유롭지 못한 날의 연속이었습니다. 역사를 연구하는 입장에서 역사라는 주제 하나만 놓고 보아도 평생 해야 할 일이 산처럼 쌓여 있음을 실감하는 요즘입니다. 한 길을 올곧고 제대로 가고자 하는 모색이겠지요.

개정판이 진즉 나와야 했음에도 원고 정리가 늦어 마음 바쁜 여유당출판사와 이 시리즈를 기다리는 독자분들에게 죄송한 마음을 드립니다. 그래도 이 시리즈가 이 시대를 살아가는 10대들에게 우리의 뿌리를 제대로 들여다볼 수 있는 계기가 되었으면 좋겠습니다.

달여울 마을에서 송 호 정

고조선 · 부여 · 삼한의 세계

	고조선 · 부여 · 삼한	중 국	일본	서 양	로마
서 **기** **전**	2333년 단군의 고조선 건국(삼국유사). 10세기 전후 우리 땅에서 청동기 문화 시작하다. 8~7세기 고조선, 중국과 교역을 하고 세계 무대에 등장하다. 4~3세기 한반도에서 철기 문화 시작하다. 300년 무렵 고조선, 중국 연나라의 공격으로 일시 위축, 다시 국력 회복. 3~2세기 경 부여 · 옥저 · 동예 등장하다.	1600년 무렵 중국의 상(商)나라 열리다. 1320년 무렵 상나라, 은(殷)으로 도읍을 옮기다 (이후 은나라라고 하다). 1050년 무렵(11세기)~771년 주나라의 치세가 중국 전역 에 걸치다. 770년~476년 춘추 시대 475년~221년 전국 시대 221년 진(秦)나라 중국을 통일하다.	일 본 조 몬 시 대 (신 석 기 문 화)	334년 마케도니아의 알렉산드로스 대왕, 정복 전쟁 시작. 323년 알렉산드로스 대왕 사망. 317년~180년 마우리아 왕조, 인도 통일.	로 마 왕 정 509년 로 마 공 화 정

	고조선·부여·삼한 시대	중 국	일본	서 양	로마
서 기 전		**220년** 위·촉·오의 삼국 시대 시작. **206년** 한(漢)나라 일어서다.	200년		
	195년 무렵 위만, 고조선에 망명. **194년** 위만, 준왕을 밀어내고 정권을 빼앗다. 준왕 뱃길로 남쪽으로 망명, '한왕(韓王)'이라 칭함. 삼한의 시작. **190년 무렵** 임둔·진번, 고조선에 복속. **128년** 압록강 유역의 부족장 예군 남려, 28만 명을 이끌고 한에 투항. 한나라 창해군 설치. **126년** 창해군 폐지. **109년** 한 무제, 수륙 양군 5만 7천 명으로 고조선 공격. 수도 왕검성 포위, 고조선 지배층이 내부 분열되다. **108년** 고조선 멸망, 한 4군 설치되다. **82년** 고구려족, 진번·임둔 공격. 한 4군 재편, 낙랑군과 현도군만 남다.		서 기 전 2 0 0 년 ~ 서 기 3 세 기 야 요 이 시 대 (청 동 기 문 화)		로 마 공 화 정
서기				**서기27년** 로마 제정 시작.	

사진 제공

★ 여유당출판사에서는 이번 개정판을 내면서 이 책에 실린 사진에 대해 저작권자의 허락을 다시 받기 위해 최선을 다했습니다. 혹시 내용이 빠졌거나 잘못 기록된 부분이 있으면 연락주시기 바랍니다.

참고 문헌

사전

두산동아백과사전연구소, 《두산세계백과사전》, 두산동
　아, 1996

한국고고학사전편찬위원회, 《한국고고학사전》, 국립문
　화재연구소, 2002

한국민족문화대백과 편찬부, 《한국민족문화대백과사
　전》, 한국정신문화연구원, 1991

도감

《광주 신창동 저습지유적 I》, 국립광주박물관, 1997

《겨레와 함께 한 쌀》, 국립중앙박물관, 2000

《고고학이 찾은 선사와 가야》, 국립김해박물관, 2000

《낙랑》, 국립중앙박물관, 솔, 2001

《국립김해박물관》, 1998

《국립민속박물관》, 1997

《국립부여박물관》, 1997

《국립중앙박물관》, 2000

《동삼동 패총전시관 전시도록》, 부산박물관, 2002

《반구대 : 울주암벽조각》, 황수영·문명대, 동국대학교
　출판부, 1984

《발굴유적유물도록》, 강릉대학교박물관, 2000

《복천박물관》, 복천박물관, 2001

《북한의 문화재와 문화 유적》 II, 서울대학교출판부,
　2000

《선사와 고대의 문화》, 부산대학교박물관, 1996

《선사유적 발굴도록》, 충북대학교박물관, 1998

《선·원사인의 도구와 기술》, 국립광주박물관, 1994

《스키타이황금》, 조선일보사, 1991

《신화, 그 영원한 생명의 노래》, 예술의 전당, 2000

《어구전》, 부산광역시립박물관, 1999

《영산강의 고대문화》, 국립광주박물관, 1998

《우리민속도감》, 예림당, 1999

《우리문화재도감》, 예림당, 1999

《울산 반구대 암각화》, 울산대학교박물관, 2000

《유물에 새겨진 고대문자》, 부산광역시립박물관 복천
　분관, 1997

《제주의 역사와 문화》, 국립제주박물관, 2001

《조선유적유물도감》 1·2, 동광출판사, 1990

《중국국보전(中國國寶展)》, 朝日新聞社, 2000

《철의 역사》, 국립청주박물관, 1997

《전석길 교수 기증화폐 특별전 : 한국과 중국의 고전》,
　계명대학교박물관, 2000

《한국고대국가의 형성》, 국립중앙박물관, 1998

《특별전 : 한국고대의 갑옷과 투구》, 국립김해박물관,
　2002

《한국 고대의 문자와 기호유물》, 국립청주박물관,
　2000

《한국기독교박물관》, 숭실대학교박물관, 1998

《특별전 : 한국의 선·원사토기》, 국립중앙박물관,
　1993

《한국인의 얼굴》, 국립민속박물관, 1994

《특별전 : 한국의 청동기문화》, 국립중앙박물관·국립
　광주박물관, 1992

《한국의 활과 화살》, 육군사관학교 육군박물관, 2000

《한국 전통복식 2천년》, 국립대구박물관, 2002

통사·분야사

초등학교 《사회》 6-1 교과서

중·고교 《국사》 교과서

중학교 《사회과부도》

고교 《역사부도》

고교 《지리부도》

강인희, 《한국식생활사》, 상명사, 1978

국사편찬위원회, 《한국사》 3-청동기문화와 철기문화,
　1997

국사편찬위원회, 《한국사》 4-고조선·부여·삼한,
　1997

국사편찬위원회, 《中國正史朝鮮傳(譯註一)》, 1987

김병모, 《금관의 비밀》, 푸른역사, 1998

김용남·김용간, 《우리나라 원시 집자리에 관한 연구》,
　사회과학출판사, 1975

김원룡 감수, 《한국미술문화의 이해》, 예경, 1994

김원룡·안휘준, 《신판 한국미술사》, 서울대학교출판
　부, 1993

김원룡, 《한국고고학개설》, 일지사, 1973

노태돈 편저, 《단군과 고조선사》, 사계절, 2000

노혁진 외, 《한국미술사의 현황》, 예경, 1992

리화선, 《조선건축사》, 과학백과출판사, 1999

사회과학원 역사연구소, 《조선전사》 2, 과학·백과출판
　사, 1979

역사문제연구소, 《사진과 그림으로 보는 한국의 역사》
　1, 웅진출판, 1993

역사신문 편찬위원회, 《역사신문》 1, 사계절, 1995

역사학연구소, 《우리 역사를 찾아서》 1, 심지출판, 1994

오사카시학예원, 《한일 초기농경 비교연구》 한일합동 심포지엄 및 현지 검토회, 2002

윤명철, 《바닷길은 문화의 고속도로였다》, 사계절, 2000

윤무병, 《한국청동기문화연구》, 예경산업사, 1991

윤이흠 외, 《단군》, 서울대학교출판부, 1994

이기백, 《우리역사의 여러 모습》, 일조각, 1996

이병도, 《삼국사기》, 1977

이병도, 《삼국유사》, 1986

이선복, 《고고학이야기》, 가서원, 1996

이야기 한국사 편찬회, 《이야기 한국사》 1, 풀빛, 1985

이여성, 《조선복식고》, 범우사, 1998

이영문, 《고인돌 이야기》, 다지리, 2001

이종욱, 《고조선사연구》, 일조각, 1993

이춘녕, 《한국농학사》, 민음사, 1989

이형구 엮음, 《단군과 고조선》, 살림터, 1999

전국역사교사모임, 《미술로 보는 우리 역사》, 푸른나무, 1992

전국역사교사모임, 《살아있는 한국사 교과서》 1, 휴머니스트, 2002

정영호 감수, 《그림과 명칭으로 보는 한국의 문화유산》, 시공테크, 1999

조선기술발전사편찬위원회, 《조선기술발전사》 1, 과학백과사전종합출판사, 1996

최덕경 지음, 《중국고대농업사연구》, 백산서당, 1994

최몽룡·최성락 편저, 《한국고대국가형성론》, 서울대학교출판부, 1973

최몽룡·김선우, 《한국 지석묘 연구 이론과 방법》, 주류성, 2000

하문식, 《고조선 지역의 고인돌연구》, 백산자료원, 1999

하야시미나오 지음·이남규 옮김, 《고대 중국인이야기》, 솔, 1998

한국역사연구회 엮음, 《문답으로 엮은 한국고대사산책》, 역사비평사, 1994

한국역사연구회 편, 《역사문화수첩》, 역민사, 2000

한국역사연구회 지음, 《삼국시대 사람들은 어떻게 살았을까》, 청년사, 1998

한국사 편집위원회, 《한국사》 −청동기·고조선편, 한길사, 1994

한국생활사박물관 편찬위원회, 《한국생활사박물관》 02 고조선생활관, 사계절, 1997

한영우, 《다시찾는 우리역사》, 경세원, 1997

황기덕, 《조선의 청동기시대》, 사회과학출판사, 1984

논문·보고서

권오영, 〈삼한의 '국'에 대한 연구〉, 서울대 박사학위논문, 1996

송호정, 〈부여사〉 《신편한국사》 4−고조선·부여·삼한편−, 1997

송호정, 〈고조선국가형성과정연구〉, 서울대 박사학위논문, 1999

한국고고학회, 《마을의 고고학》 한국고고학전국대회 발표요지, 1994